O fim da
RELIGIÃO
e o renascimento da
ESPIRITUALIDADE

O fim da
RELIGIÃO
e o renascimento da
ESPIRITUALIDADE

Resgatando Todo o Potencial do Sentimento Humano

JOSEPH CHILTON PEARCE

Tradução
FLÁVIO QUINTILIANO

Editora
Cultrix
SÃO PAULO

Título original: *The Death of Religion and the Rebirth of Spirit.*

Copyright © 2007 Joseph Chilton Pearce.

Publicado pela primeira vez nos USA por Park Street Press, uma divisão da Inner Traditions International, Rochester, Vermont.

Publicado mediante acordo com a Inner Traditions International.

Todos os direitos reservados. Nenhuma parte desta obra pode ser reproduzida ou usada de qualquer forma ou por qualquer meio, eletrônico ou mecânico, inclusive fotocópias, gravações ou sistema de armazenamento em banco de dados, sem permissão por escrito, exceto nos casos de trechos curtos citados em resenhas críticas ou artigos de revistas.

A Editora Pensamento-Cultrix Ltda. não se responsabiliza por eventuais mudanças ocorridas nos endereços convencionais ou eletrônicos citados neste livro.

Revisão: Adilson Ramachandra.

Dados Internacionais de Catalogação na Publicação (CIP)
(Câmara Brasileira do Livro, SP, Brasil)

Pearce, Joseph Chilton
   O fim da religião e o renascimento da espiritualidade : resgatando todo o potencial do sentimento humano / Joseph Chilton Pearce ; tradução Flávio Quintiliano. — São Paulo : Cultrix, 2009.

   Título original: The death of religion and the rebirth of spirit.
   Bibliografia.
   ISBN 978-85-316-1054-7

   1. Amor – Aspectos religiosos 2. Espiritualidade – Psicologia 3. Evolução humana – Aspectos religiosos 4. Religião – Literatura Controversa 5. Violência – Aspectos religiosos I. Título.

09-08936   CDD-200.19

Índices para catálogo sistemático:
1. Espiritualidade e religião : Psicologia 200.19

O primeiro número à esquerda indica a edição, ou reedição, desta obra. A primeira dezena à direita indica o ano em que esta edição, ou reedição, foi publicada.

Edição   Ano
1-2-3-4-5-6-7-8-9   09-10-11-12-13-14-15-16-17

Direitos de tradução para o Brasil
adquiridos com exclusividade pela
EDITORA PENSAMENTO-CULTRIX LTDA.
Rua Dr. Mário Vicente, 368 — 04270-000 — São Paulo, SP
Fone: 2066-9000 — Fax: 2066-9008
E-mail: pensamento@cultrix.com.br
http://www.pensamento-cultrix.com.br
que se reserva a propriedade literária desta tradução.

**Para
Robert Sardello**

SUMÁRIO

Agradecimentos 9

Primeira Parte
A CULTURA COMO CAMPO DE EFEITO NEGATIVO
E O FENÔMENO DA MENTE

Introdução à Primeira Parte 13
1 A cultura e a escuridão da mente 25
2 A cultura e a guerra 36
3 Marghanita Laski e a tautologia dos fenômenos de campo 46
4 A mente e os campos mentais 58
5 A mente e a percepção intuitiva 72
6 Penfield e Steiner 87

Segunda Parte
O CONFLITO ENTRE BIOLOGIA E CULTURA

Introdução à Segunda Parte 99
7 O plano biológico da natureza 106
8 Criação de vínculos: um imperativo da natureza 129
9 A biologia do relacionamento 145
10 Imperativos em conflito 154
11 A morte do jogo e o nascimento da religião 166

Terceira Parte
O RENASCIMENTO DO ESPÍRITO E A RETOMADA DA EVOLUÇÃO

Introdução à Terceira Parte 179
12 A vida e o efeito retroativo entre mente e natureza 190
13 O cérebro em mutação 197
14 Vozes no deserto 214
15 Momentos e rupturas "Eureca!" 233
16 Origem e campo 243

Bibliografia 252

AGRADECIMENTOS

Minha gratidão especial às editoras Elaine Cissi e Vickie Trihy por seu trabalho esplêndido, suavizando trechos ásperos, endireitando minha lógica tortuosa e tornando minhas frases caprichosas mais inteligíveis. Elas apontaram contradições, incongruências, preconceitos cômodos, meias-verdades e erros crassos, tornando tudo mais instigante e divertido, um diálogo alegre de esclarecimentos recíprocos. E o que mais um escritor poderia pedir?

Obrigado também ao dr. J. W. Travis, que generosamente dedicou tanto do seu tempo para preparar a edição final deste livro. Travis e sua mulher criaram a Alliance for Transforming the Lives of Children [Aliança para Transformar a Vida das Crianças], um movimento de alcance mundial, e seu *Wellness Workbook*, que junta o melhor do senso comum aos conselhos médicos mais eficazes, é merecidamente um clássico.

Robert Sardello foi uma influência decisiva na versão final deste livro, que só considerei terminado quando alguém me mandou *Love and the World*, de Sardello. Aproveitei várias ideias desse livro extraordinário que, junto com o recém-publicado *Silence*, influenciou seriamente minha maneira de pensar e minha vida pessoal.

Como fiz no meu livro *The Biology of Transcendence*, citei muitos dados do Instituto de HeartMath, e sou grato por esse motivo.

Minhas descobertas muito recentes de David Loye e Riane Eisler forçaram mudanças de última hora. Agradeço por suas ideias e seu conhecimento, tanto no nível pessoal quanto para a redação deste livro.

Várias pessoas trabalharam arduamente com os rascunhos iniciais desta obra: Bill e Win Sweet, Bob e Kathy Simmons, Robert Sardello, Michael Mendizza e Jon Graham, da Inner Traditions • Bear & Company, estão entre elas. Seu encorajamento, apesar do texto vago e às vezes monótono dos primeiros rascunhos, foi muito valioso. Enquanto eu preparava este trabalho (cerca de três anos), minha mulher mostrou-se paciente, leu os primeiros esboços e ofereceu sugestões práticas para torná-lo mais legível e mais razoável.

Evitei incômodos para o leitor como notas de rodapé, *op. cit., et al.*, que geralmente servem para fins científicos ou acadêmicos que nem eu nem este livro queremos atingir. A bibliografia inclui obras que influenciaram minhas ideias, mesmo quando elas não são mencionadas no texto.

Primeira Parte

A cultura como campo de efeito negativo e o fenômeno da mente

INTRODUÇÃO À PRIMEIRA PARTE

As civilizações[1] ascenderam e decaíram ao longo da história e, quando decaíram, foi sempre por sua própria culpa. Seja ou não por nossa culpa, nossa civilização declina rapidamente, enquanto uma angústia generalizada se espalha por toda parte. A filósofa Susanne Langer argumenta que nosso maior temor é "afundar no caos se nossa ideação falhar", e a cultura é um esteio importante dessa ideação. Ponham em risco nosso edifício de crenças, práticas e perspectivas que constitui o sistema de nossa ideação cultural, e nosso próprio senso de identidade estará ameaçado.

A cultura é um esteio importante de nossa ideação, assim como a religião é um esteio importante de nossa cultura. Mas a religião também está em declínio, o que deu origem ao fundamentalismo como uma força político-cultural. Surgindo em meio aos adeptos de todos os sistemas religiosos, antigos e recentes, o fundamentalismo atiça o fogo do próprio colapso da civilização que tanto tememos.

---

1. O termo inglês *"culture"* pode ser traduzido por "cultura" (no sentido de conjunto de conhecimentos, signos, hábitos, ideologias etc.) ou "civilização" (no sentido de sociedades regidas por códigos políticos, sociais, morais, religiosos etc.). (N. do T.)

Ao mesmo tempo, nossas atuais tecnologias científicas, que se tornaram um esteio ainda mais poderoso de nossa ideação cultural, nos causam danos em todos os sentidos — físicos, mentais e morais — e, uma vez que seu modo de atuação é indireto e sutil, esses danos não são reconhecidos. Assim como costumávamos recorrer à religião como fonte de esperança e conforto, hoje recorremos à ciência, que é a religião com sua própria marca de fundamentalismo protecionista. Essas duas religiões, científica e eclesiástica, têm efeito igualmente destrutivo para o espírito, a mente e a natureza, e ambas dão origem à violência e ao declínio da civilização.

É verdade que ainda temos uma civilização, mas nossas ações dificilmente se enquadram num espírito de civilidade e, apesar de nossas muitas religiões, o vazio espiritual parece epidêmico. A maré crescente de violência contra nós mesmos, nosso planeta e as outras pessoas é cada vez mais intensa, enquanto movimentos esporádicos em direção a uma renovação espiritual se fragmentam num clima de incerteza. A morte iminente da religião, no entanto, poderia criar — ou ao menos permitir — o renascimento do espírito.

No livro *The Ascent of Humanity*, Charles Eisenstein mostra graficamente que uma compulsão dentro de nós para a predição e o controle é uma falha fundamental de nossa aventura humana. Todos os esteios da ideação cultural que nos foram legados ao longo de gerações se baseiam na predição e no controle — de nós mesmos, dos outros, da natureza e do mundo. Partimos do princípio de que um sistema tão complexo de tendências compulsivas é instintivo e natural e não conseguimos realmente pensar para além dos limites de predição e controle, nem mesmo para questionar aquilo que parece ilógico. Todo o nosso edifício mental de civilização deriva, sustenta e é sustentado por essa compulsão pela predição e pelo controle.

Encaramos a predição e o controle como pontos culminantes do intelecto humano baseados num instinto básico de sobrevivência. Mas essa compulsão é a própria força que nos leva à extinção da espécie, embora afirmar isso tão cruamente torne a afirmação incompreensível para nossa mentalidade cultural. Na verdade, nós racionalizamos a questão automaticamente para nos protegermos contra ela e tendemos a encobrir ou filtrar as obras e os escritos que trazem esse tema à nossa atenção.

Em seus livros *Love and the World* e *Silence*, Robert Sardello elevou a obra do falecido cientista-filósofo austríaco Rudolf Steiner a um novo patamar do pensamento evolucionista. Steiner, um Ph.D. de uma universidade alemã, é um dos intelectos principais e mais lamentavelmente neglicenciados dos últimos séculos. O fato de que a produção espantosa de Steiner tenha permanecido em grande parte obscura e desconhecida quase um século depois de sua morte é um efeito cultural que nos serve de escudo contra aquela abertura intelectual que ele mesmo defendia. No entanto, a falta de reconhecimento e aceitação das ideias de Steiner encerra uma chave do nosso dilema, pois elas nos levam para além da cosmologia de predição e controle que constitui a trama do pensamento contemporâneo.

Um caso notavelmente similar nesse contexto é a história e o escopo de Charles Darwin, tal como revelados num livro recente de David Loye, *Darwin's Lost Theory of Love*. O fato de que o trabalho de David Loye sobre Darwin também tenha sido grandemente ignorado, apesar da aceitação e do aplauso que seus trabalhos anteriores mereceram, estabelece um paralelo estranho com a obra do próprio Darwin, assim como a de Rudolf Steiner.

Em seu livro, Loye descreve de que maneira Darwin, na parte final de sua vida, foi além das ideias aceitas em seu tempo para explorar a relevância da biologia não só para a teoria da evolução, como também para o que conhecemos hoje como os campos da psicologia, da antropologia, da neurologia e da filosofia moral. *As Origens do Homem*, última obra de Darwin (que citarei de agora em diante como "Darwin 2"), é diferente mas complementar com relação a seu estudo anterior e largamente aceito, *A Origem das Espécies* (que citarei de agora em diante como "Darwin 1").

Os dois trabalhos são brilhantes e profundos, embora "Darwin 2" tenha merecido uma recepção marcadamente distinta da de "Darwin 1". Loye examina o fato estranho de que a última obra de Darwin foi ignorada, enquanto a primeira já é há muito tempo parte integrante do moderno pensamento acadêmico e científico. Nesse contraste reside não só a história evolutiva do gênero humano, como também uma explicação de por que nos encontramos hoje em dia às portas do desastre.

Em "Darwin 1", Darwin descreve claramente de que forma as etapas de mutação, seleção e sobrevivência dos mais aptos deram origem à vida dos mamíferos em geral. A partir desse fundamento, como mostra "Darwin 2", a evolução empregou então forças muito distintas — "agentes superiores", como Darwin os chamava — para dar origem à espécie humana, muito mais avançada.

Usando abundantes citações de Darwin, Loye mostra que esses "agentes superiores" equivalem ao amor por si mesmo e pelas outras pessoas. Certamente, termos como *amor* e *abnegação* dificilmente serão aceitos pelos atuais círculos acadêmicos e científicos (neodarwinistas) como forças decisivas da evolução. No entanto, se conseguíssemos desenvolver o amor e o altruísmo, eles seriam a base não só de nossa sobrevivência, como do nosso resgate de um impulso evolucionário que está em curso, mas que perdemos.

O "xis" da questão está na palavra *desenvolver*. Se examinarmos as sociedades contemporâneas em todo o mundo e nosso passado histórico em geral, encontraremos uma dificuldade óbvia para criar amor e abnegação, embora essas forças notáveis aparentemente tenham originado nossa espécie. Proponho aqui a tese de que a força superior do amor por si mesmo e pelas outras pessoas é tanto nossa natureza verdadeira quanto o fundamento substancial do nosso sistema genético, tal como descrito por "Darwin 1". Ademais, acredito que essa força superior se move hoje dentro de nós com o mesmo ímpeto de sempre, pois nosso interesse pela evolução é o mesmo interesse que a evolução tem por nós — um fenômeno típico de "retrocausalidade".

Esses agentes superiores são uma combinação de uma base instintual de amor, expandida por meio daquilo que se pode chamar de "cuidar da criança em todos os sentidos" ou "tratar com amor e abnegação" e que funciona graças a ele. Cuidar de uma criança vai muito além da simples amamentação, como faziam nossos ancestrais simiescos. De acordo com "Darwin 2", instintos benevolentes de proteger e educar os filhos foram o trampolim evolutivo para o surgimento da espécie humana, que pode ser mais recente do que se considerava até agora. Há pouco tempo, geneticistas do Centro de Medicina Howard Hughes investigaram os registros de DNA das principais espécies que nos precederam e formularam a hipótese audaciosa de que o surgimento evolutivo do cérebro humano foi súbito demais para ser atribuído só à mutação seletiva e à sobrevivência dos mais aptos de Darwin. Mas essa descoberta se encaixa bem na tese de "Darwin 2" explorada por David Loye: o "cérebro humano" a que esses geneticistas se referem é o quarto e último numa longa sucessão de sistemas neuronais evolucionários processada no interior de nossos crânios e, com exceção do último sistema, desenvolvida ao longo do tempo pelos métodos descritos em "Darwin 1". Assim que esse fundamento decisivo dos sistemas arcaicos descritos em "Darwin 1" se completou e o "elenco de apoio" para nosso aparecimento no palco da vida foi escolhido e ensaiado, a natureza pôde adicionar o quarto e último cérebro.

Durante várias décadas na função de diretor do Departamento de Evolução e Comportamento Cerebral do Instituto Nacional de Saúde, o neurocientista Paul MacLean mapeou a natureza evolutiva e a estrutura do nosso cérebro. Ele mostrou claramente que em nossa cabeça reside o fundamento tipo "Darwin 1" de um antigo cérebro reptiliano ou posterior que serviu como base para um cérebro anterior (prosencéfalo) que consiste em dois "cérebros límbicos", o antigo e o novo. Sobre essas três estruturas prontas, o quarto cérebro humano pôde ser acrescentado com a intervenção de poucos dos lentos processos evolutivos anteriores a esse estágio, baseados na tentativa e erro. Aparentemente, esse fenômeno do tipo "Darwin 2" de um cérebro humano que opera a partir das forças superiores do amor e da abnegação levou ao surgimento de nossa espécie em época tão recente quanto 40 ou 50 milênios atrás, um período muito breve na sequência evolutiva. Firmemente assentados nos fundamentos de éons do processo tipo "Darwin 1", nós, com nosso quarto cérebro, somos aparentemente um fenômeno recente na evolução neuronal.

O problema é que, como indicam nossa história e as circunstâncias recentes, e como este livro vai tratar de explicar, nosso cérebro mais recente está sendo constantemente dominado e sujeitado pelos sistemas mais antigos nos quais ele se baseia — sistemas que funcionam em grande parte em função dos instintos, mas não da inteligência. Apesar do que poderíamos esperar dos desígnios da evolução, nossa história ilustra um conflito permanente, em vez de sincronia, entre os sistemas neuronais antigos e o novo em nossa cabeça. Um desequilíbrio drástico entre instintos defensivos ligados aos cérebros antigos e o sistema intelectual do cérebro novo fica patente em nossos impulsos contínuos de violência e destruição.

Os acessos periódicos de violência e destruição não parecem tanto rebeliões dos cérebros antigos — esses sistemas arcaicos não são inteligentes o suficiente para engendrar os métodos perversos com que nos matamos uns aos outros —, e sim rebeliões do cérebro novo, aprisionado ou seduzido pelos impulsos instintivos dos três cérebros mais antigos. Essa sedução periódica do novo pelo antigo se opõe ao empuxo evolutivo em geral, e é totalmente contrária aos "agentes superiores" que levaram à criação da nossa espécie. A usurpação constante das capacidades do cérebro novo pelo antigo resultou no fato de que em nosso quarto e novo cérebro grande parte ainda não se desenvolveu. Impelindo-nos a predizer e controlar uma natureza e um mundo nos quais a partir de então já não podemos confiar, essas rebeliões indicam um colapso no plano biológico da evolução ou mostram que o plano ainda está incompleto — a natureza estaria tratando de "aparar as arestas", procurando um modelo no qual a evolução possa continuar, em vez de se autodestruir.

Na verdade, a ordem claramente linear de surgimento no curso evolutivo dos sistemas neuronais em nossa cabeça pode ser enganosa. Certamente, nosso cérebro mais antigo (reptiliano) surgiu em primeiro lugar na evolução e deu origem aos demais. Com efeito, essa estrutura neuronal arcaica é a primeira no crescimento do cérebro fetal e a primeira a se desenvolver depois do nascimento, seguida nos dois casos pelos cérebros límbicos antigo e novo. A interação dos três sistemas abre caminho para o quarto cérebro humano, que constrói sua estrutura depois do nascimento. Em nossa noção de "evolução como progresso", portanto, nós encontramos resposta para nossa compulsão de predição e controle. Partimos do princípio de que a evolução produziu nossa inteligência avançada para predizer e controlar forças mais antigas e inferiores. Mas essa progressão claramente linear não passa de meia-verdade, pois ignora e trai a parte principal do processo criativo que subjaz à própria evolução e deu origem à espécie humana.

Vamos tentar inverter a noção de uma transição de formas inferiores para outras superiores, pois essa noção convencional, baseada no senso comum, põe o cavalo antes da carruagem e do cocheiro, enquanto conosco, os humanos, o cocheiro vem antes do cavalo. Quanto mais avançado é um sistema neuronal evolutivo, maior sua fragilidade. Nosso cérebro do tipo "Darwin 2", com seu tipo muito superior de inteligência, depende radicalmente dos sistemas neuronais mais antigos para seu próprio funcionamento. Portanto, para essa inteligência superior "Darwin 2" o método de progressão mais lógico e talvez o único factível seria primeiro preparar, por meio do lento e cuidadoso processo seletivo do tipo "Darwin 1", o fundamento que o sistema mais desenvolvido precisaria ter para existir.

Uma de minhas citações favoritas, que condensa muito bem esse procedimento, é a de Mestre Eckhart (c. 1260-1328): "O Ser só existe mediante um Modo de Ser". O "Ser", aqui, é nosso criador desconhecido e incognoscível, a própria vida, e nós somos seu "modo de ser", isto é, somos as criaturas. William Blake disse: "Deus só age e vive / Em seres ou homens vivos". Podemos supor, portanto, que o novo sistema "Darwin 2", graças ao qual o "Ser em Si" poderia existir, foi o ímpeto inicial para a evolução de seu antecessor.

Eis aqui, portanto, um exemplo do fenômeno de retrocausalidade: um novo potencial, manifestando-se num processo evolutivo que se move infinitamente em todas as direções, levou ao surgimento do que parece ser um sistema mais antigo requerido pelo mais recente. Esse efeito retroativo é um fator essencial na criação e evolução observada em todo o mundo e provavelmente no universo. Nossa incapacidade de reconhecer esse fenômeno de retroação é um lapso em nosso conhecimento e compreensão atuais, embora a mesma interdependência tenha sido reconhecida por outras culturas e civilizações antes de nós. O neodarwinismo, concepção científica limitada e fragmentada de "Darwin 1", tentou em vão provar que um "modo de ser" deu origem ao Ser em Si, o que é um contrassenso evidente.

Ironicamente, se as forças superiores de amor e proteção do tipo "Darwin 2" fossem plenamente desenvolvidas, os "impulsos superestruturais", como Loye os chama, provariam ser, em tempos de estresse e crise, muito mais poderosos e eficientes do que os instintos básicos de sobrevivência alojados em nosso cérebro reptiliano primário e tão valorizados pelas disciplinas científicas e sociais neodarwinistas. Nosso novo cérebro humano pode ultrapassar aqueles cérebros antigos de sobrevivência instintual por uma margem enorme e incalculável. O fato de que não desenvolvemos esses sistemas superiores, junto com o amor mútuo e altruísmo que perduram toda a vida indicados em "Darwin 2", e o fato de que, ao contrário, estamos sujeitos a atos bastante estúpidos incitados por nossos sistemas inferiores e instintivos são coisas óbvias hoje em dia. Na atualidade, usamos esse incrível cérebro novo em nome de instintos de sobrevivência inspirados pelo medo que provêm do mais antigo cérebro evolucionário. É uma tendência grave de involução ou regressão que nos mantém sujeitos ao instinto e compromete nossa inteligência.

Nossas duas religiões atuais, a científica e a eclesiástica, podem se ofender com minha alegação neste livro de que elas são destrutivas para a vida e a civilização, pois não promovem amor nem abnegação e representam, de fato, uma involução. No entanto, o reconhecimento desse efeito regressivo é necessário se quisermos pôr mãos à obra e abrir-nos de novo para a força evolutiva do amor e da abnegação que parece estar por trás de nossa vida e do cosmos. Essas inteligências superiores, dando origem à espécie humana, são nossa verdadeira espiritualidade e seriam secundadas por uma ciência verdadeira.

Em *The Ascent of Humanity*, Charles Eisenstein propõe sua "teoria da separação e unificação" para mostrar que nossa separação entre mente e coração foi causada pela compulsão de predição e controle, e que a unificação depende de abandonar esse hábito antigo — coisa nada fácil, para dizer a verdade. A natureza não desenvolveu a humanidade para que esta humanidade olhasse em torno e tentasse predizer e controlar o sistema de equilíbrios infinitamente aberto da natureza. Nós mesmos estamos na natureza e somos parte dela; o equilíbrio reside acima de tudo dentro de nós, e o trabalho de Rudolf Steiner e Robert Sardello, assim como a pesquisa inestimável do Instituto de HeartMath, podem nos levar conscientemente ao coração, fonte daquela existência primária de amor e abnegação. É o coração, afinal de contas, que pode nos conduzir para além de toda necessidade de predição e controle, tornando assim obsoletas nossas compulsões destrutivas.

Quanto à minha alegação de que religião e ciência tecnológica são coisas destrutivas, a comunidade religiosa responde que só algumas maçãs estragadas causaram problemas no passado. Os líderes religiosos advertem contra o risco de "jogar fora o bebê junto com a água do banho". A comunidade científico-tecnológica, por sua vez, argumenta que a culpa é dos políticos, dos líderes militares, dos poderes corporativos e outras pessoas que usam e abusam de suas dádivas; ela acredita que os sacrossantos cientistas e seus métodos estão acima de qualquer censura. Jogar fora esse bebê seria uma tolice maior ainda, diz ela, e a água do banho é tão preciosa como se viesse de Lourdes.

Mas o fato é que criamos uma máquina autopropulsora na ciência e na tecnologia que não pode ser desativada. Como o aprendiz de feiticeiro, somos ameaçados por forças desencadeadas por nossa arrogância e ignorância. Até agora, toda solução brilhante de nossa tecnologia e ciência nos confrontou com uma onda contrária de destruição silenciosa, sutil, lenta e paciente, assim como as religiões rapidamente geraram violência ruidosa e turbulenta.

É interessante notar que cientistas como Steiner e Darwin criaram suas grandes obras sem o emprego de tecnologia em nosso sentido moderno. Eles tinham o poder da mente humana voltada para dentro, para seu próprio processo, não voltada para fora, mediante algum artifício. "Ninguém pode saber a alegria que sinto só em pensar", comentou Steiner. Darwin realizou suas primeiras grandes descobertas por meio de observações não tecnológicas do mundo como ele é (ou era), e chegou às do seu segundo estágio de pensamento, mais maduro, graças a atividades como jardinagem, apicultura e observação aguda da vida na zona rural da Inglaterra em que nasceu. Esses são processos baseados no mundo real, dificilmente encontrados na proliferação explosiva de realidades virtuais destrutivas nas quais a ciência contemporânea confia tanto. É instrutivo observar que as descobertas científicas de Darwin e Steiner não levaram aos prejuízos e à destruição da humanidade e da Terra que hoje são visíveis em toda parte.

Tentando enfrentar os ataques múltiplos à humanidade e à natureza elaborados tanto pela religião quanto pela ciência tecnológica, perdemos toda a noção da origem desses ataques; ficamos tão ocupados em lidar com seus efeitos daninhos que não conseguimos enxergar suas causas. A antropóloga cultural Leslie White observou que uma cultura se autodestrói quando os problemas que ela cria ultrapassam sua capacidade de solução. Quando todos os passos que damos parecem prejudicados por um erro oculto, e quando toda correção de um erro acaba gerando dois erros novos — como parece ser o caso hoje em dia, por mais que nossa terminologia apologética seja sofisticada e científica e por mais que nosso protesto moral e religioso seja elevado e pomposo —, o chão por baixo de nós simplesmente desmorona.

Mais de meio século atrás, a filósofa Susanne Langer observou que faríamos bem em reconsiderar nossa crença incontestada de que a ciência moderna é uma bênção para a humanidade. Isso foi em meados do século XX, na época em que a ciência alcançou o auge, escravizando todas as pessoas com suas maravilhas e poderes infinitos, como uma nova religião. Mesmo como um aparte casual, a observação de Langer era a heresia mais completa possível em sua época, como provavelmente também seria na nossa.

Vamos imaginar um crítico-filósofo da Alta Idade Média sugerindo, no auge da construção das catedrais, que faríamos bem em reconsiderar nossa crença incontestada em Deus. Um verdadeiro crente, olhando para a catedral de Chartres, uma das estruturas mais belas e perfeitas concebidas pelo homem, perguntaria como podemos ser tão cegos a ponto de não ver a obra de Deus delineada em cada pedra. Da mesma forma, ao contemplarmos o mundo moderno da realidade virtual e a aparição diária de novos milagres, prodígios além do alcance da percepção comum, invenções que nos cegam com a luz de nossa própria inteligência que as criou, podemos perguntar como um filósofo — mulher ainda por cima — resolve questionar a validade definitiva de toda essa abundância.

O matemático-filósofo Alfred North Whitehead, mentor de Susanne Langer, propôs certa vez que a ciência e a tecnologia só poderiam ter surgido numa cultura cristã, embora suas raízes sejam ainda mais antigas. Examinemos só uma linha de raciocínio na rica sequência por trás dessa noção: depois da influência grega nas criações originais da cristologia do apóstolo Paulo, o cristianismo demonizou o corpo em favor da alma, declarou estado de guerra entre o espírito e a carne, e finalmente decretou que a natureza era o arqui-inimigo a ser conquistado, subjugado e obrigado a revelar seus segredos e cumprir nossas ordens. O resultado dessa conquista foi o surgimento de um clero científico que ofuscou seu equivalente eclesiástico em declínio. Em última análise, para maior das ironias, os sacerdotes de cada credo, a velha religião e a nova ciência, travaram entre eles uma falsa batalha diante de uma humanidade desafortunada que, nos dois casos, não ganhou nada com isso.

Ao longo de gerações, fomos levados a acreditar que tínhamos de escolher entre a ciência e a religião, coisa que muitas vezes parecia uma escolha entre morrer pela forca ou pelo fuzilamento. Mas a ciência e a religião não delimitaram todo o território disponível para nosso intelecto. Na verdade, não precisamos aderir a nenhum dos dois campos, nem sua proposta de trégua ou fusão mostrará ser a panaceia que buscamos por tanto tempo. O cruzamento entre dois vira-latas não vai produzir um cão de raça pura. Existem incontáveis outras maneiras de viver a vida.

Alguns anos atrás, David Bohm, pupilo de Einstein e físico do Birkbeck College da Universidade de Londres, escreveu que o substrato da realidade é uma "ordem implícita" de energia que seria a própria consciência. Trata-se de uma reviravolta na teoria científica convencional, que parte do princípio de que a consciência surgiu a partir de agregados de matéria. No entanto, se a teoria de Bohm propondo que a matéria se origina de agregados de energia consciente pareceu totalmente nova, foi uma observação feita por estudiosos shivaístas (um ramo do hinduísmo) de Caxemira, na Índia, dez séculos atrás. O poeta William Blake observou que o espírito capaz de criar a matéria era um milagre assombroso, enquanto a noção de que a matéria podia criar o espírito não passava de insensatez.

Com seu conceito de ordem implícita, David Bohm tinha em mente uma única energia subjacente que implica dentro dela todo o potencial, todos os campos possíveis de energia. Um campo é um agregado ou agrupamento específico de energia que se origina de um aspecto particular de nossa realidade e ao mesmo tempo lhe dá origem. Uma ordem explícita torna explícito ou tangível algum aspecto da ordem implícita de todo o potencial concebível. Somente dessa maneira podemos entender por que os potenciais implícitos de uma mente superior se exprimem por meio de um sistema inferior, requerido pela mente superior para se tornar explícita — como vemos na teoria de que o sistema "Darwin 2" deu origem a "Darwin 1". Não se pode ter o implícito sem o explícito, da mesma maneira como o explícito precisa do implícito. A existência dos dois é interdependente, e nenhum jamais provará de uma vez por todas seu precedente sobre o outro.

Rupert Sheldrake, biólogo da Cambridge University, fala em favor de uma nova ciência capaz de afrouxar a restrição da mente imposta pela ciência acadêmica por tanto tempo. Em meados dos anos 80, Sheldrake e Bohm, cientistas com fortes fundamentos espirituais, travaram uma série de diálogos sobre a consciência como substrato subjacente da nossa realidade, o campo de todos os campos, e sobre o efeito de campo como a força que conforma todos os aspectos da nossa vida — na verdade, a toda a construção da nossa cosmologia. Uma vez que somos parte integrante dessa mesma consciência, a exploração do efeito de campo pode nos levar para além das constrições da ciência e da religião, abrindo-nos para as dimensões plenas da mente capaz de criação ou da mente enquanto criação — não para brincarmos de Deus levianamente, mas simplesmente para determos nossa autodestruição demoníaca. O que vai acontecer então, quando a evolução retomar o curso onde parou e nos levar adiante, é uma incógnita.

Na primeira parte deste livro, pretendo explorar dois temas: a cultura como força implícita importante que condiciona nossa vida explícita e o efeito de campo como força que condiciona a cultura. A natureza do efeito de campo em geral e a natureza da mente, recipiente dessas forças invisíveis, serão nossos pontos focais. Por meio de exemplos, pretendo esclarecer termos como *efeito de campo* e *mente*. Examinaremos também as relações espelhadas ou nexos estranhos entre causa e efeito, campo e mente, pergunta e resposta, descoberta e criação, nos quais cada coisa parece dar origem à outra e a própria existência de uma depende da outra, como foi investigado pelo cientista cognitivo Douglas Hoffstadter em seu livro *Godel, Escher, and Bach*.

No interior de nossa mente há uma zona neutra entre os limites fechados da ciência e da religião. É uma zona explorada por Robert Sardello e, antes dele, por Rudolf Steiner que, entre todos os cientistas, reconheceu o papel central do coração nessa zona onde se trava um diálogo entre coração e cérebro sem limitações ou princípios restritivos, somente uma força criativa imparcial. Essa interação de consciência entre coração e mente não pode ser encontrada num exame ou análise do nosso passado ou em qualquer combinação de noções passadas, mas só ali onde, como diz Sardello de maneira inspirada, "o futuro flui em direção ao presente". Uma unidade rara de mente, coração e espírito pode nos abrir para a zona neutra da mente e seus nexos infinitos de retrocausalidade que Rudolf Steiner discute em suas obras *Know-*

ledge of the Higher Worlds and How to Attain Them e nos pensamentos herméticos do seu livro *Approaching the Mystery of Golgotha*.

Talvez o leitor se lembre ou não, ou talvez sequer tenha ouvido falar na colina solitária chamada Gólgota, o "lugar da caveira", na qual se ergueram, como disse nosso laureado poeta Howard Nemerov:

> *...Os troncos e vergas da nave sagrada*
> *De três mastros na qual o Filho do Homem*
> *Ficou pendurado entre ladrões...*

Ali se gravou em nossa psique coletiva um acontecimento que rachou nosso ovo cósmico. E, embora essa fissura tenha sido vedada tantas e tantas vezes, ela estará sempre aberta para nós quando — e se — decidirmos nos abrir para ela.

1

A CULTURA E A ESCURIDÃO DA MENTE

As prisões são construídas com pedras da lei, e os bordéis, com tijolos da religião.

WILLIAM BLAKE: *The Marriage of Heaven and Hell*

Se quisermos estudar um organismo específico acuradamente e sem interferência num projeto de laboratório, fazemos uma cultura daquela criatura num ambiente artificial que possamos controlar, como uma placa de Petri ou um tubo de ensaio. Nesse mundo fechado, providenciamos nutrientes suficientes para manter a criatura viva, ao mesmo tempo que a isolamos da natureza ou do mundo em geral, com seus efeitos colaterais aleatórios e influências indesejáveis que possam estorvar o ambiente. Assim, mantemos o controle da experiência e ao mesmo tempo penetramos sutilmente e modificamos a natureza global daquilo que estamos estudando.

A cultura (ou, conforme o contexto, civilização) humana, que é o termo usado neste livro, é uma função construída pelo homem não exatamente distinta da natureza, mas separada dela. Como apontou o teólogo James Carse em seu livro *Finite and Infinite Games*, embora todas as coisas, da primeira à última, sejam aspectos da natureza, alguns aspectos mais do que outros são estorvados por entulhos humanos inúteis e prejudiciais. A cultura enquanto processo mental habitual nasceu das tentativas de controlar a natureza e predizer seus acontecimentos — ainda que a cultura, por definição, seja um fator da natureza que examinamos e tentamos controlar. Na verdade, nossa própria natureza humana, com sua variedade caótica de comportamentos, é o alvo principal de controle. Mas nós somos a cultura em si mesma, e tentamos controlar nossas ações usando a força abstrata de uma cultura que criamos por meio dessas ações e à qual, por outro lado, estamos sujeitos. Um exemplo realmente estranho de retroação.

Charles Darwin sugeriu que qualquer atividade repetida por tempo suficiente se tornará um hábito, e qualquer hábito repetido por tempo suficiente pode se tornar instintivo, passando a operar automaticamente abaixo da razão ou do limiar de nossa consciência. A cultura é, na verdade, uma coleção de hábitos repetidos ao longo de milênios, e muitos desses hábitos se tornaram tão instintivos que funcionam automaticamente, sem nos darmos conta deles. São impressões que formam nossa própria consciência em graus variados, transmitidas a nossos filhos tanto de maneira deliberada quanto inconsciente.

TRANSMITINDO PADRÕES CULTURAIS PARA A GERAÇÃO SEGUINTE

Uma descoberta recente da neurociência são os *neurônios-espelho*, grandes agrupamentos de células espalhados por todo o cérebro que, sem nos darmos conta, automaticamente espelham ou gravam vários aspectos do mundo ao nosso redor, encerrando-os em nossa memória e nosso processo cognitivo. Patricia Greenfield, neurocientista da UCLA (Universidade da Califórnia em Los Angeles), afirma: "Os neurônios-espelho podem ser um alicerce biológico poderoso da evolução cultural". Antes disso, observa ela, os estudiosos haviam tratado a cultura como algo essencialmente separado da biologia, "mas agora vemos que os neurônios-espelho absorvem cultura diretamente, à medida que cada geração educa a seguinte por meio de trocas sociais, imitação e observação".

"Emoções sociais como culpa, vergonha, orgulho, constrangimento, desgosto e prazer se baseiam num sistema tipicamente humano de neurônios-espelho encontrado numa parte do cérebro chamada ínsula", relata Christian Keysers, que estuda a base neuronal da empatia na Universidade de Groningen, na Holanda. É verdade que os neurônios-espelho não são exclusivamente humanos e também são encontrados em mamíferos superiores, mas eles cumprem um papel importante na maneira com que nós, seres humanos, transmitimos padrões culturais para a geração seguinte sem termos consciência disso.

Uma concepção popular de cultura, baseada no senso comum, encara-a como um recurso (encontrado até em primatas superiores) para transmitir à prole qualquer conhecimento adquirido sobre o mundo e nós mesmos. Uma grande percentagem do nosso cérebro se desenvolve depois do nascimento e, como sugere a teoria dos neurônios-espelho, está profundamente sujeita à influência dos pais, mentores e guardiães. Assim, enquanto as capacidades instintivas de crescimento e reação são transmitidas pelos genes, criaturas mais avançadas do ponto de vista evolutivo também transmitem à prole suas capacidades adquiridas e aprendidas para lidar com o mundo — aptidões essenciais para a adaptação do indivíduo.

Em algum momento do nosso passado, esses padrões culturais se tornaram modificações comportamentais não só imitativas como forçadas, baseadas no medo tanto do mundo natural quanto dos nossos mentores e modelos, que insistiam em nossa obediência e submissão. Esses modelos também tinham sido culturalmente formados da mesma maneira em sua infância, assim como os que vieram antes deles ao longo de milênios. Mais cedo ou mais tarde, a segurança do grupo foi associada às ações previsíveis de membros individuais, o que deu origem a um grande edifício de tabus, leis, proibições e convenções, além de castigos e represálias pela recusa em obedecer. As tentativas de predizer e controlar se estenderam à própria natureza, e assim surgiu um sistema ainda mais complexo de tabus e convenções que levou à nossa ciência e tecnologia mais recentes.

Em todo esse processo, ignoramos um problema causado pela compulsão da conformidade: a mudança que nossa cultura força e engendra modifica as características da natureza com a qual começamos. As próprias precauções e modificações do comportamento de nossa prole — aqueles "presentes" que supostamente ajudariam nossos filhos a sobreviver à natureza ou ao mundo — na verdade alteram a natureza pessoal deles e, mais cedo ou mais tarde, nossa natureza mútua e compartilhada e nosso mundo como um todo. Essa natureza em mutação significa que, geração após geração, nós "aumentamos o cacife" do jogo a ponto de precisarmos forçar essas mudanças, criando uma retroação de causa e efeito — pois um passa a gerar o outro.

CONFORMISMO: O PAPEL DA MONOCULTURA NA ASCENSÃO DA VIOLÊNCIA

Portanto, estamos sujeitos tanto à influência de nossos pais, mentores e guardiães quanto às reações genéticas instintivas. A segurança do grupo é associada a ações previsíveis de membros do grupo, e os hereges têm de ser eliminados. Os padrões culturais se ligam a instintos de sobrevivência baseados tanto no medo do mundo natural quanto na insistência em nossa obediência e submissão por parte de nossos mentores, modelos e outros membros sociais. A injunção implacável "Faça isso ou aguente as consequências" tem nos perseguido através dos séculos. Dessa maneira, criamos inconscientemente uma placa de Petri para nossa mente, um tubo de ensaio mental no qual tentamos inserir a própria vida na tentativa de afastar os aspectos aleatórios da criação e de cada um de nós, ou seja, no esforço de predizer e controlar a natureza e nós mesmos. Ironicamente, esse esforço de controle só aumenta a aleatoriedade da vida, muitas vezes perturbando qualquer equilíbrio natural que houvesse em nosso início e obrigando-nos a usar um esforço de controle ainda mais rigoroso.

Essas tentativas de predizer e controlar o comportamento social acabaram se estendendo à própria natureza, um sistema infinitamente variável de testes e equilíbrios, e nosso legado cultural constituído se tornou um retrocesso infinito. Hoje, a cultura é uma força formativa primária, um importante campo organizacional de energia distinto da natureza, que trabalha para nos isolar do que era, é e poderia ser natural. Podemos encarar a cultura como uma mãe substituta agindo, de certo modo, como nossa mãe verdadeira — a natureza —, mas em nome de um sistema arbitrário estranho a nossa autêntica herança e oposto a ela. Somos como crianças sequestradas por um poder alienígena e criadas para servir a esquemas nefandos.

Sob o impacto desses esquemas culturais que aos poucos foram se expandindo, a consciência social e a civilidade benevolente tendem a desaparecer, embora pistas da arqueologia, da antropologia, da genética e da pesquisa pré- e perinatal indiquem que nascemos com uma reação naturalmente benévola a nós mesmos, um amor intrínseco pela vida, pelo indivíduo e pelas outras pessoas. Como sugeri na Introdução à Primeira Parte, o nascimento do cérebro-mente humano não pode ter resultado dos mesmos impulsos instintivos que deram origem à espécie. O que nos gerou e gerou nossa natureza básica foi uma nova forma de consciência definida como abnegação e amor.

Fomos separados da nossa humanidade original pela cultura, que por sua vez se tornou um reflexo automático, um instinto animal quase inconsciente. Na verdade, pensar ou agir fora dos ditames culturais gravados na memória é hoje praticamente impossível. Esse efeito cultural se expandiu até um grau de poder em que se tornou o verdadeiro edifício da nossa percepção consciente — uma percepção que resulta de sermos concebidos, paridos e educados dentro dele. Ao assumir o controle do nosso cérebro-mente e dar forma a ele, a cultura molda até nossas tentativas de examinar ou apreender objetivamente sua própria força.

O resultado é uma monocultura exclusiva que varre o planeta e traz uma maré montante de violência irracional e cada vez mais intensa. É errôneo supor que essa ascensão da violência seja resultado de um conflito de culturas no mundo todo (por causa de estrangeiros patetas que pensam diferentemente de nós) e que um único modelo mental, aparentemente ainda em formação, teria de finalmente assumir o comando e todas as subculturas teriam de ser destruídas para que a violência fosse menor.

Mas a violência, como salientam o historiador francês René Girard e seu pupilo Gil Bailie, é inerente à cultura. Na verdade, as duas coisas — cultura e violência — se condicionam mutuamente. E, o que é pior, já existe uma "mente global", para nosso azar, na forma do próprio substrato cultural que molda nossa vida e agora inunda o planeta com um campo uniforme de meios de comunicação eletrônicos, com sua estrutura de violência inerente. Sob a espuma superficial de cores, sob as novidades exóticas de efeitos locais e sob tantas linguagens, rituais, mitos, crenças e patologias encontrados nas inúmeras variantes da cultura mundial, existe um substrato único de cultura que é como um campo de força, ou talvez como um dos arquétipos de Carl Jung. Essa força é responsável pelo conformismo mental das massas no mundo inteiro sob as várias superfícies coloridas.

O conformismo cultural ameaça a individualidade, a mente capaz de pensar para além das coerções tanto de nossa herança animal quando da cultura e seus efeitos globais. Só uma mente individual pode retomar o impulso evolutivo da vida e criar independentemente dos revestimentos e restrições artificiais que a cultura impõe. Nós, seres humanos, fomos feitos para essa individualidade perdida e ansiamos por ela.

A força do espírito-enquanto-vida e a força da violência cultural

A cultura enquanto ruptura da cadeia evolutiva, tema presente no mistério do Gólgota (como veremos na Terceira Parte), deu e ainda dá origem à religião, um dos fundamentos e meios de sustentação essenciais da cultura. Esse ponto dificilmente seria aceito por Girard ou Bailie, mas eu me identifico com o poeta William Blake quando ele afirma que não existe religião natural. A religião não surgiu do espírito, pois é uma antítese dele, mas, ironicamente, ela é sustentada pela ânsia que parece despertar em nós. Assim, famintos de espiritualidade, nós nos voltamos para a contrafação religiosa da cultura como último recurso.

Na verdade, estou usando as palavras *espírito* e *espiritual* com receio porque foram desgastadas por vendedores ambulantes, mas o conceito de espírito, tal como é usado aqui, é a própria vida desejando exprimir-se. O filósofo neoplatônico Plotino dizia que o mundo é o amor exprimindo-se a si mesmo, e que o espírito é o modo de "ser para si" que jorra em forma de vida. O espírito-enquanto-vida ama a si mesmo porque é a própria vida. Nós amamos a vida só quando amamos a nós mesmos apaixonadamente. A vida exclama com júbilo: "Levanta a pedra e estarei ali, fende o galho e estarei ali". (Howard Nemerov, nosso poeta nacional laureado várias vezes e que se autodefine como um agnóstico judeu, diz: "Fendi o galho ... [e] não vi nada que não fosse madeira, nada que não fosse Deus".) O amor-próprio é o fundamento do espírito, assim como o ódio de si mesmo é a base da religião e da cultura que a reproduz. Estigmatizar o amor-próprio, matriz de todas as formas de amor, como um narcisismo patológico é um crime contra nossa natureza e uma típica artimanha cultural que leva à destruição do eu e do planeta.

Em seu livro *Nature's Destiny*, o bioquímico neozelandês Michael Denton afirma que o universo, a partir do seu primeiro instante de existência, evoluiu de maneira inexorável para gerar a vida. A tese de Denton se apoia na noção de *teleologia*, a crença numa finalidade ou objetivo primários do universo, noção que há muito tempo é uma heresia elementar para as ciências acadêmicas subservientes à cultura. Assim, em deferência ao costume atual, Denton reconhece que o universo evolui de maneira aleatória, mas afirma que esse método de criação é estocástico em seus desdobramentos. O termo grego *stochastikós* se refere a um movimento aleatório mas que tem finalidade — e, assim como a origem a partir do acaso é uma noção perniciosa para a religião, a noção de finalidade é um anátema para o cientismo, como qualquer outra coisa que cheire a teleologia no sentido de um objetivo último do universo ou de um ponto para onde caminha a evolução.

Estamos tentando mostrar que a vida-enquanto-espírito é uma força usurpada pela cultura, deixando, segundo a crença acadêmica, somente uma reação ou função mecânica ou química, que portanto o método científico deveria ser capaz de predizer e controlar. É claro que, então, essa reação mecânica também seria destituída de reconhecimento e percepção do espírito, deixando o cientismo como nosso único Deus. O espírito, como o vento, é aquilo que "sopra onde quer e ninguém sabe quando vem e quando se vai" — um capricho aleatório e imprevisível que simplesmente não combina com a mentalidade de controle que orienta indiretamente tanto a religião quanto o cientismo.

A cultura, com sua religião e seu cientismo, negaria com desdém esse sequestro do espírito, pois em seu lugar ela oferece uma extensão infinita de ninharias falsificadas e manipulações mágicas para manter seu controle sobre nosso comportamento. Numa ironia da história, somos sobrepujados em nossas tentativas de aliviar o que restou de nossa fome de vida, que nada pode saciar além do espírito que é a própria vida e abrange todas as coisas, inclusive o ar que respiramos. (Bernadette Roberts, mística, professora e ex-freira carmelita, que contou ter sido alçada a um estado "totalmente distinto" de sua identidade normal, respirou um "ar divino" por cerca de três semanas antes que nosso mundo cultural reafirmasse seus direitos, com seu ar poluído, o divino relegado a segundo plano e, como disse o poeta William Wordsworth, o mundo próximo demais — *"the world too much with us"*.)

Eu admito que, de certa maneira, estou falando de cultura como se se tratasse de uma pessoa ou um objeto, embora na verdade seja um efeito de campo psicológico ou mental, uma esfera de influência como a gravidade, impalpável a não ser em função da precipitação desastrosa que produz. Enquanto efeito de campo, a cultura pode conter dentro dela um grande número de subculturas que, com sua energia e inovação, com texturas, cores e linguagens notadamente distintas uma da outra, estão em constante conflito. Já que violência e religião são tanto produtos quanto produtores de cultura, o emaranhado resultante muitas vezes obscurece a presença da cultura propriamente dita.

Como a cultura gera violência? Isso se dá pela pressão constante de restrições, proibições e exigências contínuas de conformação às abstrações culturais. Essas coerções bloqueiam nossa ânsia de vida, que ironicamente só se intensifica nesse processo. O indivíduo ou grupo contra o qual a violência cultural se dirige é apenas uma consequência incidental. Aparentemente, nós sempre encontramos ou criamos um alvo para nossa violência, seja ele interno ou externo. Quando nossa violência interna, que leva à doença e às neuroses, não dá conta do recado, conflitos ideológicos entre subculturas sempre estão presentes entre nós, fornecendo alvos externos óbvios.

A cultura norte-americana produz um rico arsenal de projeções internas de sua violência, pontuado por períodos necessários de violência externa em forma de guerra. A guerra é um assassínio organizado, legitimado, sancionado pela religião e ritualizado, que entra em ebulição e exprime a fúria de criaturas apartadas da natureza e do espírito e aprisionadas na subserviência à cultura. Nossa violência acumulada dá origem a uma corrente oculta de ódio e fúria. Podemos mantê-la bem oculta sob uma camada tênue de civilidade, mas periodicamente encenamos, como numa peça de teatro, esses impulsos acumulados, que então sempre são expressos como uma necessidade perfeitamente racionalizada. Como diz Robert Sardello, a bomba atômica, criada por um esforço racionalizado como algo absolutamente necessário à sobrevivência, representa a epítome perfeita do ódio, ainda que os cientistas que a criaram tenham ganho prêmios Nobel por seus esforços.

É interessante o fato de que os Estados Unidos têm não só a maior coleção de bombas atômicas, símbolo máximo do ódio cultural, como também a maior população carcerária de qualquer país do mundo. Um encarceramento mais sutil pode ser encontrado em nossa sujeição constante das mulheres que, embora menos patente do que a morte por apedrejamento, tal como ainda é sancionada sob os auspícios da religião muçulmana, não deixa de ser um crime de maus-tratos que beneficia nossa máquina corporativo-econômica mas prejudica a todos nós, inclusive os homens.

E a violência se volta contra o próprio indivíduo: numa profusão de maneiras sutis mas efetivas, impelimos nossos filhos à violência interna ou à autoagressão, o que resulta numa das maiores populações de crianças doentes e na maior taxa de suicídio infantil de qualquer país do mundo. Direta ou indiretamente, vendemos armas a essas crianças para que se matem umas às outras nas formas externas mais dramáticas e mais divulgadas de fúria juvenil.

Curiosamente, a mídia geralmente ignora o suicídio infantil e a violência mútua entre crianças, a não ser quando são espetacularmente sensacionais — e tudo isso enquanto nossa cultura é instada a glorificar e santificar nossos heróis mortos em diversas guerras. Cinquenta mil de nossos jovens com menos de 25 anos de idade se mataram uns aos outros nos Estados Unidos entre os anos 1990 e 2000, aproximadamente o mesmo número de jovens mortos em nossa guerra irracional e malograda no Vietnã — sendo que cada uma dessas mortes mereceu um lugar no memorial dos veteranos construído na capital de nossa nação. Mas onde está o memorial para os outros 50.000 jovens? O assassínio sancionado pelo Estado (ou as pessoas mortas pela aplicação dessas sanções) sempre é louvado pelos nossos fazedores de guerra. O fato de que essa artimanha cultural secular tenha começado a ser desmascarada na paródia do Vietnã, quase desmascarando nosso país nesse processo, trouxe uma nota de esperança que ainda não se extinguiu.

O PAPEL DAS LEIS NA CULTURA

Se a característica principal da cultura é a religião, com sua violência crescente, um segundo elemento, muito mais difuso e sempre em expansão, é a lei. É a violência que torna a lei necessária, mas a própria lei também é um motivo e uma forma de violência. A lei é nosso deus, assim como nosso Deus religioso é um Deus da Lei.

Temos muitos milhares de leis registradas em livros, que requer legiões de advogados (cujo número cresce exponencialmente a cada ano) para nos aconselhar sobre a melhor maneira de nos protegermos da própria lei ou de outros advogados. Os vizinhos travam batalhas nas cortes, enquanto batalhões de juristas somam os pontos e distribuem veredictos proclamando os ganhadores e os perdedores. Boa parte desses eventos cativam o público e mantém a mídia ocupada, enquanto uma hierarquia estabelecida de juízes impõe punições e recompensas de acordo com leis, precedentes, provas ou, em alguns casos, um aparente capricho pessoal. (Curiosamente, o símbolo cultural da lei é uma mulher de olhos vendados, num vestido gracioso, segurando uma balança — o que indica imparcialidade ou adesão aos "fatos".) Mas o símbolo pode ser interpretado de outra maneira: não só ela tem de vendar os olhos para tomar parte no processo, como também representa a hierarquia de juízes e todas as pessoas abaixo dela que são cegas para os elementos humanos e se perderam na escuridão das abstrações intelectuais e culturais ou no lucro político-econômico.

Mantemos nossas prisões cheias de indigentes e pobres que não podem pagar advogados ou para os quais foram designados advogados indiferentes, enquanto os ricos criam suas próprias leis que os tornam mais prósperos e protegem suas fortunas. Essa ladroagem tão admirada tem um longo precedente histórico nos milênios de tiranos, imperadores, príncipes e reis, ditadores, papas e presidentes que se alimentaram do corpo social, enquanto a cultura os exibe nos livros de história como modelos para os nossos filhos.

Praticamente toda respiração em nossa vida aculturada é monitorada pela lei, seja de maneira espalhafatosa ou sutil. Vivemos numa rede de coerções e limitações legais aceitas e apoiadas de modo inconsciente e incondicional. Desde os antigos mandamentos aprendidos na escola dominical até os volumes imponentes de filosofia aprendidos na instrução superior, encontramos um estrato subjacente do ditame cultural: "Faça isso ou aguente as consequências". O resultado é que vivemos à sombra do medo de cometer algum erro e de que "eles" nos declarem culpados pela transgressão de alguma lei — talvez uma de cuja existência nem suspeitávamos. Impostos, limites de velocidade, contas, aculturação de nossos filhos desde o nascimento, escola e faculdade — tudo é parte de uma rede de limitações e coerções em eterna expansão que constitui a vida no interior da cultura, à qual precisamos aderir ou aguentar as consequências.

Uma das convicções míticas inculcadas pela cultura é a de que, sem ela e sem suas leis, imposições e coerções, nós nos comportaríamos de maneira muito mais bestial do que fazemos agora. Esse "truísmo" ignora o fato de que poucos animais (exceto alguns chimpanzés em algumas situações) se comportam de maneira tão injustificadamente cruel quanto fazemos sob a existência da lei. Parece claro, portanto, que nosso comportamento "bestial" pode ser resultante de limitações, coerções e intervenções deliberadamente inibidoras da própria cultura. É claro que essa é uma noção muito improvável para nossa mente aculturada, mas é o que vamos tentar demonstrar neste livro. Já que as coerções culturais são padrões inconscientes de comportamento que moldam nossa mente e nossos pensamentos, não somos capazes de reconhecê-las nem entender seus efeitos, embora sejamos mutilados por elas.

Uma das mentiras que nos contam na escola é a ideia de que a história é um estudo legítimo e necessário, pois por meio dela podemos enxergar nossos erros passados e aprender com eles — uma noção absurda. No passado, nunca aprendemos nada com a história, e no futuro aparentemente nunca aprenderemos. Aliás, a história pode ser em grande parte uma ficção — como o historiador Will Durant afirmou décadas atrás. Mas, seja qual for sua face verdadeira, nós simplesmente vivemos repetindo nossos erros, geralmente sob novas cores ou uma nova camuflagem. Nosso comportamento atual (a história de amanhã), que vem atiçando nossa adrenalina no mundo inteiro como nunca antes, pode acabar rompendo esses ciclos antigos de uma vez por todas, pois nossa violência crescente aumenta mais ainda a cada esforço que fazemos para ir além dela. No entanto, temos dentro de nós uma biologia da transcendência codificada geneticamente, uma habilidade e um instinto inerentes para ir além das limitações e coerções, e essa é nossa saída. O amor e a benevolência deram origem a nossa espécie, estão presentes em nossa constituição natural e sempre prontos a serem reintegrados.

Neste capítulo, exploramos as características gerais da cultura enquanto campo de influência. Do ponto de vista acadêmico, não há nada quantificável na hipótese do efeito de campo; mais ou menos como a gravidade, não há prova de que ele exista, a não ser apontando seus resultados. O efeito cultural é semelhante aos desdobramentos no interior do inconsciente coletivo como propôs Carl Jung, uma suposição que pode abrir portas em nossa mente. Um campo formativo de cultura é uma hipótese por meio da qual podemos analisar os acontecimentos e encontrar um sentido para eles, abrindo-nos de novo para nossa natureza verdadeira.

2

A CULTURA E A GUERRA

A árvore da liberdade tem de ser regada periodicamente com o sangue de patriotas e tiranos.

THOMAS JEFFERSON

A guerra é um efeito cultural direto. Por que estamos sempre envolvidos nela, geração após geração, milênio após milênio? Isso se dá porque a guerra é absolutamente necessária à cultura, como afirmam Gil Bailie e René Girard, e somos servos cegamente autônomos do efeito cultural, já que nascemos e crescemos dentro dele. Assim como é quase certeza que um indivíduo falará francês se nascer e for criado numa família e numa comunidade francófonas, a cultura exercerá sua influência genérica, muito mais poderosa, nas pessoas que nasceram dentro dela. Enquanto efeito de campo, a cultura funciona em grande parte como a aquisição de uma língua materna: ela aciona um aprendizado imitativo espontâneo abaixo do limiar de nossa consciência.

Mas o que existe na cultura que a leva à eterna convocação para o serviço militar e às guerras assentadas sobre fúria e meticulosidade, geração após geração? Nós conseguimos assassinar cerca de cem milhões de nós mesmos no século XX graças aos milagres e à eficiência de deuses culturais extremamente ciumentos — a ciência e a tecnologia — e, por causa de sua eficiência, provavelmente teremos poucas guerras pela frente antes de sermos totalmente eliminados — a humanidade destruída por sua própria "bomba" cultural.

Eu me alistei como aprendiz de aviação na Força Aérea dos EUA no final da Segunda Guerra Mundial, não pela glória de voar e lutar pela aeronáutica, pela bandeira norte-americana ou por qualquer outra causa nobre, mas para evitar ser recrutado para servir de bucha de canhão num dos incontáveis batalhões de infantaria reunidos numa matança mútua em todo o planeta. A única alternativa era a prisão, e em parte porque, como acontece com muitos adolescentes, eu me achava estranhamente invulnerável, escolhi o risco de ser baleado como um mal menor.

A guerra acabou antes que eu terminasse meu treinamento e pudesse ser mandado além-mar para a morte provável (seguramente na condição de herói), mas no treinamento morreu quase o mesmo número de rapazes do que no combate aéreo. No esforço frenético de nossa nação para encontrar substitutos para a carnificina nos céus, algumas centenas de milhares de jovens aviadores se apinhavam nas rotas aéreas em treinamento de voo, num momento em que a guerra obviamente estava perto do fim. Enquanto avançávamos para o *status* de pilotos de guerra no além-mar, nossos aviões de treinamento explodiam, colidiam uns com os outros, despedaçavam-se em pleno ar e batiam contra todo tipo de obstáculos, matando-nos de muitas maneiras antes que pudéssemos matar em outros céus de maneiras ainda mais incontáveis.

Mas os cadetes da Força Aérea dos EUA tinham os uniformes mais vistosos, viviam suntuosamente pelo menos em matéria de moradia e comida e atraíam as garotas mais bonitas. O cinema nos tornava glamourosos e várias canções românticas e sentimentais eram entoadas sobre nós, aviadores cruzando a imensidão selvagem e azul com suas asas de prata. Isso bastava para atrair qualquer rapaz de sangue quente que desejasse muito mais do que morrer na lama da Itália ou nas selvas do sul do Pacífico. Seja como for, o fato é que nós, rapazes, morremos aos milhões enquanto matávamos vários outros milhões.

MATADOURO CINCO

Aos 76 anos de idade, quando as Torres Gêmeas vieram abaixo em 11 de setembro, em chama sangrenta e fama perene, dei uma espiada rápida nas imagens televisivas daquele espetáculo e evitei sistematicamente olhar para elas de novo. Como não tenho um aparelho de televisão em casa, fui até certo ponto poupado de uma exposição direta ao vasto campo negativo que se formava graças às manipulações do nosso governo benevolente. Não senti um choque ao deparar com aquelas imagens, hoje famosas, sobre as quais desde então se escreveu *ad nauseam* — pois uma lembrança latente mais poderosa recobriu tudo, e eu vi não tanto as Torres Gêmeas em chamas, mas minha antiga imagem interior do bombardeio de Dresden, Alemanha, na Segunda Guerra Mundial. Projetados contra a tela de fundo daquela guerra, hoje envelhecida e quase esquecida, os atentados de 11 de Setembro só me trouxeram à mente uma frase que se repetia sem parar: "Cada um colhe o que plantou". O provérbio não é novo, mas seu significado continua valendo para indivíduos, países e para o mundo como um todo.

Os relatos sobre nosso bombardeio de Dresden foram sendo divulgados lentamente. Os aliados estavam esmagando a Alemanha com bombas retaliativas de toda espécie, inclusive incendiárias, fazendo cidades inteiras voarem pelos ares até serem quase esquecidas (pois "eles" tinham atacado a "nós"), quando, em desespero, o alto comando alemão juntou cerca de 400.000 mulheres e crianças na cidade de Dresden, achando que, em toda a Alemanha, aquele era o único alvo improvável de vingança. Dresden era uma antiga cidade fortificada medieval cujo único produto ao longo de séculos fora sua excelente porcelana; não tinha nenhum valor estratégico.

O alto comando aliado, porém, ouvindo falar naquele centro de refúgio maciço, decidiu destruir Dresden para quebrar o moral do povo alemão e assim, supostamente, encurtar a guerra. Winston Churchill tomou a decisão final, um ato de ódio frio e vingança culturalmente justificada executado pela Força Aérea Britânica. Estima-se que 100.000 mulheres e crianças foram cremadas naquela primeira noite, enquanto as que não voaram em estilhaços no início arderam em chamas sob as bombas incendiárias. A morte se atardou muito tempo e com dureza por trás daqueles muros antigos.

Cerca de dez anos depois da guerra, por acaso tive como vizinha uma jovem mulher que sobrevivera ao holocausto de Dresden. Ela fez descrições vívidas de pessoas descendo as escadas dos esgotos da cidade, onde ela e milhares de outros passaram quatro dias em escuridão total, todos de braços dados para formar longas cadeias humanas e sustentar-se uns aos outros contra a corrente de água fétida que os circundava, esperando até que as chamas e o calor diminuíssem. Invariavelmente, alguém fraquejava e era levado pela corrente, enquanto a cadeia se reagrupava para resistir. Descobri algo que eu considerava um mito, mas que pode muito bem ser verdade: os cabelos de uma pessoa podem embranquecer de um dia para o outro.

O moral da Alemanha estava arruinado, suponho, se é que ainda existia algum moral, e o meu se deprimiu especialmente depois de ouvir e ler as notícias e relatos, todos eles revividos anos depois pelos depoimentos vívidos e pungentes de minha vizinha. Mas Dresden fora apenas um ensaio geral para os filhos da liberdade e da justiça.

As notícias de rádio sobre a destruição atômica de Hiroshima e, logo depois, de Nagasaki, onde incineramos várias dezenas de milhares de mulheres e crianças japonesas — pois seus pilotos, teoricamente, teriam nos incinerado do mesmo modo —, chegaram rapidamente. A segunda bomba foi lançada, como se divulgou mais tarde, para verificar qual a diferença de efeito entre uma explosão dessa nova maravilha da ciência em contato direto com o solo e uma explosão no ar. (Pouco se falou sobre o fato de que Nagasaki foi bombardeada antes que o governo japonês tivesse uma chance de se recuperar do trauma de Hiroshima e render-se.) Foi um tipo de experimento científico simples, conciso e quantificável. Com efeito, Oppenheimer descreveu a primeira explosão atômica em Nevada como a mais bela criação da humanidade.

Por isso, para mim que vivenciei a Segunda Guerra Mundial e seus mais de 30 milhões de mortos como um marco em minha juventude que poderia ter acontecido ontem, o episódio das Torres Gêmeas, que matou 3.000 pessoas, foi quase um incidente. À luz do nosso passado oneroso, foi uma colheita pequena comparada àquilo que semeamos anos atrás. Os moinhos dos deuses da guerra giram tão devagar como qualquer outro. (No clima de histeria que os líderes benevolentes de nosso país criaram depois de 11 de Setembro, quase esperei ser preso por meus pensamentos alienígenas, pérfida indiferença emocional e recusa em temer os terroristas em geral ou levá-los demasiadamente a sério.)

Recuando algumas gerações, antes da Primeira Guerra Mundial, que acabou oito anos antes do meu nascimento e da qual não guardei impressões ou lembranças de infância, os Estados Unidos mataram 750.000 dos seus próprios homens na guerra entre os Estados da federação ou Guerra Civil, como é chamada (mas o que pode haver de civilidade no assassinato de 750.000 pessoas?). Bem aqui, no solo de nosso país, houve um conflito que causou sofrimento indizível e contínuo, ignorado pelos livros de história (que geralmente são escritos pelos vencedores).

Na minha infância ouvi "histórias de antepassados" dos dois lados de minha família, na Virgínia e na Carolina do Sul, sobre a Guerra da Invasão, como era chamada, quando os Nortistas vieram para saquear, estuprar e queimar tudo o que encontravam pela frente. Essas histórias se gravaram tão fortemente em minha memória infantil que passei a encarar aquela guerra e suas consequências como minha guerra. Ao longo da infância, brincávamos de Guerra Civil, em vez da Primeira Guerra Mundial mais recente que não tinha lugar nenhum em nossa visão infantil. Gás tóxico, metralhadoras e tanques de guerra não podiam competir com nossas brincadeiras de Ianques e Confederados, só rivalizados por caubóis e índios. Mas a Segunda Guerra Mundial transformou essas histórias de antepassados em notas de rodapé, até ser ofuscada pelos atentados de 11 de Setembro.

TRAUMA E PÓS-TRAUMA

Seguramente, o fato de que homens loucos voltaram a arma de nossa loucura contra nós mesmos, nesta era moderna de controle eletrônico, criou ondas de trauma e pós-trauma depois de 11 de Setembro. No entanto, períodos de trauma são tempos de grande oportunidade. A mente — até a mente de um país — faz uma breve pausa em tempos assim, e com a liderança certa depois de 11 de Setembro poderíamos ter mudado o curso da história, uma vez que, por causa da mídia, o choque repercutiu no mundo inteiro. Poderíamos ter quebrado o antigo ciclo de reciprocidade, busca da justiça, vingança e retaliação embutido em nossa mentalidade, os estopins que fizeram explodir todas as guerras e mudaram o próprio feitio e a natureza de uma espécie predisposta à violência.

Poderíamos ter iniciado uma guinada transformadora no próprio aparato mental que sempre nos leva de novo à autodestruição. Tivemos a oportunidade, que agora parece tão obscura, de romper o ciclo da escravização cultural, libertando assim a humanidade da cultura e desferindo um golpe de morte no mais escuro e mais poderoso de todos os principados e poderes que surgiram em nossa triste história. Muitas pessoas estavam preparadas e dispostas a uma mudança radical, mas não tínhamos absolutamente nenhum líder que pudesse imaginar essa linha de ação — só um grupo de intrigantes mais submissos do que de costume, que de maneira covarde, desprezível e até demoníaca usou qualquer acontecimento, calamidade ou desastre para satisfazer sua própria ambição e sede de poder, sempre escondendo-se por trás de uma cruz para conseguir camuflagem, justificativa e apoio público. (Meu ressentimento pessoal contra a traição do governo está mais no fato de ele se esconder por trás de uma cruz em vez de uma bandeira, já que esconder-se por trás da bandeira é uma artimanha política comum, enquanto a cruz era e é um símbolo querido para mim, como voltarei a explicar no Capítulo 12 e na Terceira Parte deste livro.)

Um líder com as intenções de Gandhi poderia ter tido a estatura pessoal, o caráter, a coragem quase sobre-humana e o amor ao próximo necessários em 11 de Setembro para romper o círculo vicioso de séculos de aculturação. Mas nossos pretensos líderes estavam longe dos modelos tanto de Gandhi quanto de Jesus (a quem eles se referiram muitas vezes). E, como ficou provado, nem Gandhi nem Jesus foram bem-sucedidos de qualquer maneira. Gandhi se voltou contra a opressão cultural ostensiva, é claro, e até certo ponto pode ter mudado a aparência exterior da cultura de sua época, mas sua vida e seus atos, de maneira involuntária e indireta, ajudaram na manutenção da cultura como um processo ou força recíproca. Qualquer energia, seja positiva ou negativa, voltada em direção à cultura fortalece a cultura. Jesus pode ter tentado a abolição da cultura enquanto força — mas sua tentativa antiga não teve mais sucesso do que a recente de Gandhi, e pelas mesmas razões culturais: a cultura como força simplesmente o destruiu, como fez com Gandhi, e passou a explorar essas duas personagens em seu próprio benefício. Mas ainda resta uma esperança de que a melhor parte das lembranças relacionadas com Jesus, sobretudo as que dizem respeito à natureza gráfica de sua destruição, tenha deixado seu próprio tipo de impressão psíquica que ainda pode alcançar seu objetivo.

A CULTURA ENQUANTO EFEITO DE CAMPO

O que exatamente quero dizer quando falo em *cultura*, conceito que uso obviamente como um bode expiatório? E qual é o efeito de campo que dá à cultura sua permanência e poder aparentes, levando um país a assassinar o outro em conflitos crônicos? Aqui vamos examinar mais de perto o axioma segundo o qual a cultura é nossa maldição pessoal, social e da espécie como um todo.

Se a cultura for uma força formadora de origem provavelmente desconhecida, qualquer tentativa de explicar ou definir a palavra está condenada ao fracasso, pois todos nós sem exceção fomos aculturados. Examinar o efeito de maneira objetiva equivale a "sair de nossa própria pele". Uma mente aculturada *é* a própria cultura, e a força da cultura depende diretamente da reação de nossa mente de acordo com essa aculturação. Se encararmos a cultura como revolta e castigo, nós nos obrigamos a seguir numa direção desconfortável e ameaçadora que imediatamente nos põe na defensiva, pois automaticamente rejeitamos qualquer referência negativa direta à nossa existência pessoal. Com isso, tentamos preservar nossa integridade — instinto razoável de sobrevivência e manobra defensiva eficaz que atuam em grande parte abaixo dos limites conscientes e muitas vezes nos leva à guerra perpétua ou periódica.

A aculturação acontece simplesmente pelo fato de sermos concebidos, nascermos e sermos criados numa cultura que molda nossa mente-cérebro de uma certa forma. A cultura é uma força mental e emocional que age sobre nós como uma influência de cima para baixo, assim como a função de nosso mundo natural age de baixo para cima. Amparamos a cultura simplesmente ao vivermos de acordo com a marca neuronal que a própria cultura imprimiu em nós enquanto indivíduos e enquanto grupo. Não podemos ter consciência direta dessa perpetuação porque, desde a concepção, nossa consciência também foi moldada pela cultura numa proporção desconhecida.

A cultura adquire constantemente variações e colorações que nós, pessoas aculturadas, criamos de maneira consciente e contínua ao longo do processo de crescimento, adaptação e amadurecimento num ambiente cultural específico. Ela é um revestimento artificial do nosso sistema natural e somos levados a protegê-la num esforço de autopreservação, mesmo quando tentamos intuitivamente escapar dela ou modificá-la, pois sua presença é incômoda e dolorosa. Trata-se de uma contradição inconsciente em nossa vida. Nosso impulso automático de preservar e ao mesmo tempo mudar a cultura é um paradoxo que subjaz a nossa história individual e coletiva. Queremos mudar os efeitos da cultura mas, porque nos identificamos com ela, a perda da cultura é um sinônimo de morte em nossa mente. Ela é nossa identidade, o que torna simultâneos a causa e o efeito da cultura — pois um dá origem ao outro.

Assim, paradoxalmente, nossa tentativa de mudar a cultura e seus efeitos negativos na verdade só serve para preservar a cultura. Suas variações infinitas são criadas pelo aprimoramento constante que a própria aculturação nos impele a fazer. Quanto mais "cultos" somos nós — o que significa, nesse contexto, esclarecidos, instruídos, refinados e sensíveis —, maior é nossa aspiração de mudar a cultura, emprestando-lhe assim nossa força e sustentando-a. Com efeito, nada fortalece tanto o efeito cultural do que essa nossa compulsão de mudá-lo. Nesse esforço, projetamos nossa doença interna em causas externas, mascarando assim nosso verdadeiro dilema. A projeção nos faz acreditar que nossos problemas, medos e frustrações são causados por fenômenos ou acontecimentos de nosso vizinho ou do mundo lá fora. Nosso próprio sistema defensivo de sobrevivência nos leva a realizar a mudança necessária no vizinho ou no mundo, ao mesmo tempo que nos apegamos à nossa ideação para não afundar no caos — e essa ideação é a cultura.

Além disso, a dedicação do indivíduo ao longo de toda a vida para mudar a cultura é encarada por nosso ambiente cultural e social como um ideal nobre. Mas quando, num impulso vigorosamente anticultural, pensamos em nós mesmos como revolucionários e agitadores, ou quando nos encaramos como santos cheios de amor e abnegação, estamos servindo à cultura apesar de nós mesmos.

Escondemos nossa compulsão de mudar a cultura sob muitos disfarces, quase sempre virtuosos. Queremos transformar o mundo num lugar melhor para nossos filhos, construir um futuro melhor, criar o reino de Deus na Terra, moldar nosso futuro por meio do esforço vigoroso e da responsabilidade, conquistar nossas asas na sociedade ou no mercado de trabalho, ser alguém, trabalhar por um casamento feliz entre religião e ciência, fazer a diferença, provar nosso mérito, justificar nossa existência — e a lista continua *ad infinitum*.

É uma observação niilista e pessimista, pois parece deixar-nos sem uma direção clara a seguir ou um lugar para onde ir. Mas é preciso lembrar que a cultura oferece variações infinitas sobre o próprio tema da retificação das atividades culturais. Todos esses esquemas que pedem nosso apoio são, na verdade, um movimento secreto patrocinado pelo *establishment*, que sempre nos leva de novo a apoiar esse *establishment* do qual ele deveria nos libertar.

Assim, se o conteúdo da cultura muda constantemente graças ao nosso impulso constante de escapar dela e criar uma vida melhor, a cultura enquanto efeito de campo formativo, com consequências negativas, nunca muda. Ela é tão invisível e irreconhecível quanto os campos eletromagnéticos eram outrora, e simplesmente parece ser a única condição de vida possível no planeta. O reconhecimento geral de que ela é uma doença espiritual anti-humana não parece nos levar a lugar nenhum, pois projetamos seus efeitos ruins no vizinho, no destino, na natureza, em Deus, no karma e assim por diante. Um comentário interessante (mas que me irritou naquela ocasião) do meu professor de meditação Baba Muktananda é que não poderíamos reconhecer defeitos em outras pessoas se esses defeitos não estivessem também dentro de nós.

Vamos considerar novamente a mentira cultural e mítica sobre a natureza humana hipotética: sem as coerções culturais, seríamos animais demoníacos e brutais. Essa noção nos deixou sem outro recurso a não ser aceitar a religião, principal sustentação e disfarce da cultura, como o único antídoto da violência. Enquanto isso, a religião reproduz suas formas múltiplas gerando credos, bíblias, cultos, dinheiro, política, sistemas de poder e uma infinidade de colorações e sabores culturais. O efeito disso é que a religião é sustentada pelo medo, pela raiva, pela culpa e pela frustração crônicas que produz dentro de nós. O resultado é a guerra periódica causada pela acumulação de raiva e frustração sociais que, por sua vez, são causadas pelas limitações e coerções que nos impomos uns aos outros e a nossos filhos, para seu próprio bem ou para o bem da sociedade.

Nós disfarçamos essa mutilação do espírito como falhas da natureza humana, encarando a religião como a única solução culturalmente aceitável. Embora seja o mecanismo principal que dá origem à natureza negativa e "antinatural", a religião tem sido encarada há muito tempo como o único antídoto contra as fraquezas e atrocidades da natureza humana. A cultura enquanto campo de força não é, entretanto, uma força moral, ética ou religiosa. Sua base e suas religiões resultantes são biológicas, e a única cura possível dos seus males está no âmbito da biologia. O que então poderia romper o círculo vicioso perpetuado pela religião e pela violência? A resposta é biológica, como veremos na Segunda Parte deste livro. *Bio* se refere à vida e *biológico* se refere ao conhecimento, à lógica da própria vida, uma organização metódica de forças que nos geram e que podem ser apreendidas pelo senso comum, pois somos parte delas.

Em resumo, pode-se dizer que a cultura é uma rede intricada de advertências, mandamentos estabelecidos e ordens improvisadas que nos obrigam, desde a primeira respiração, a modificar nosso comportamento pessoal para que se adapte a um certo padrão. Para aqueles que não se adaptam, a cultura tem uma rede estabelecida de leis de todo tipo que nos são impostas e envolvem culpa, vergonha, represália, castigo, ostracismo, alienação, isolamento, dor ou morte. "Faça isso ou aguente as consequências" é a espada de Dâmocles pendurada sobre nossa mente e nossos pensamentos. Ela constrói uma coesão social artificial mas semieficaz e um tipo de controle comportamental de um grupo ou grupos de pessoas que necessariamente leva a episódios periódicos de guerra.

Para examinar mais a fundo a cultura e suas inúmeras formas, temos de considerar a teoria do efeito de campo e entender o que a palavra *campo* significa aqui, pois nessa noção se baseiam muitos dos argumentos deste livro. No próximo capítulo vamos discutir o trabalho de Marghanita Laski e seu estudo dos fenômenos da descoberta e da revelação, que envolve exemplos de efeitos de campo comuns a todos nós. A compreensão disso é essencial para entender o restante deste livro.

3

MARGHANITA LASKI E A TAUTOLOGIA DOS FENÔMENOS DE CAMPO

A filósofa e escritora Marghanita Laski escreveu uma descrição clássica da descoberta ou *insight* do tipo "Eureca!", que acontece constantemente na ciência, na filosofia, nas artes, nas vivências espirituais e em outros âmbitos da experiência humana. Mencionei o esquema de Laski em quase todos os livros que escrevi, mas gostaria de ressaltá-lo aqui por causa de sua importância como força formadora em nossa vida enquanto criação — mostrando-nos de que maneira nós, como expressões da vida, criamos campos sem cessar, ao mesmo tempo que somos criados por eles.

Essa criação de campos é um processo aleatório e amoral (nem bom, nem ruim) ao qual não se aplicam produtos de nossa mente como juízo de valor, critérios ou noções de certo e errado. O efeito de campo inclui não só os campos que nos dão origem, como também os que nós, por nossa vez, criamos pela natureza do processo criativo como um todo. Os frutos desse processo aleatório incluem a força mais poderosa e negativa da história — a cultura.

Exemplos da experiência "Eureca!" de Laski incluem a descoberta feita por William Hamilton da famosa teoria dos quatérnions, um dos fundamentos da matemática moderna. Hamilton passou anos tentando resolver um enigma matemático específico, e sua mulher contou que periodicamente ele desanimava e abandonava a busca, jurando que não iria mais desperdiçar seu tempo com aquilo, só para ser apanhado de surpresa por um ângulo novo que não tinha lhe ocorrido antes. Finalmente, depois de 15 anos nessas idas e vindas, ele abandonou a busca de vez, lamentando ter desperdiçado assim os melhores anos de sua vida. Convidou sua mulher a fazer um passeio com ele para aliviar o desgosto e, quando atravessava uma pequena passarela nos arredores de Dublin, com a mente em branco e finalmente em repouso, a resposta chegou. Veio num facho de descoberta, o teorema inteiro apresentado de maneira altamente simbólica num único instante. Mais tarde, ele contou que naquele momento percebeu que a complexidade da resposta poderia requerer outros 15 anos para ser traduzida em termos matemáticos.

Outro exemplo pode ser encontrado em August Kekulé, o químico belga. Depois de esgotar sua paciência na busca de um princípio fundamental da química que ele sabia que deveria existir, Kekulé mergulhou num devaneio certo dia, fugindo de seus trabalhos e sentado confortavelmente diante da lareira. De repente, ele percebeu diretamente diante dele a imagem fugaz de uma cobra mordendo a própria cauda, formando assim uma configuração específica. Soube imediatamente que aquela era a resposta, embora a química possa fazer pouca coisa com símbolos de cobras. Depois de "traduzir" a imagem para a linguagem apropriada de sua profissão, o resultado foi a teoria do anel de benzeno, um fundamento da química moderna. Dizem que Kekulé sugeriu, num discurso proferido numa das ocasiões em que recebeu homenagens: "Senhores, devíamos falar menos e sonhar mais".

E existe o caso de Henri Poincaré. Ele lutou sem sucesso com um problema geométrico específico até que um dia, entrando num bonde para voltar para casa, visualizou a solução num único *flash* de iluminação, abrindo para nós um novo campo da geometria.

A lista poderia continuar; na verdade, muitos campos da atividade humana envolvem variantes desse tema geral. Laski esquematizou assim os padrões da função "Eureca!":

1. Formulando a pergunta. Primeiro, temos de ser possuídos por uma pergunta ou busca apaixonada com tal intensidade que ela torne inválidas todas as outras questões e considerações, transformando-se em nosso foco e nossa preocupação principal. Essa possessão organiza nossa energia, atenção e intenção para um objetivo único: responder à pergunta, completar a busca, descobrir o segredo encerrado ali dentro, seja ele qual for. A natureza da busca é imaterial. A fórmula de Laski se aplica a um índio norte-americano em busca de uma visão ou à ciência moderna, arte, espiritualidade ou criatividade em geral.

2. Reunindo materiais para uma resposta. A entrega apaixonada inicia uma procura igualmente apaixonada da resposta, que é perseguida tanto de maneira consciente e deliberada, como inconsciente e automática. Nossa mente filtra ativamente acontecimentos diários comuns, procurando pistas, dicas e sugestões que possam esclarecer o assunto. Seguimos por todas as avenidas, fazemos pesquisas e estudos, envolvemos todas as disciplinas que possam se mostrar pertinentes ou relacionadas com nossa busca. A esperança que surge nesse processo é eterna, regenerada constantemente a cada nova possibilidade e cada descoberta de uma peça do quebra-cabeça. Somos levados em direção ao objetivo numa aventura emocionante e até euforizante.

3. Chegando a um limite intransponível. Uma terceira fase, mais sóbria, tem início quando exaurimos nossas possibilidades; embora continuemos o trabalho, não conseguimos juntar os pedaços. Chegamos a um limite intransponível, um ponto de estagnação. O brilho do nosso Santo Graal se apaga, todos os nossos esforços parecem inúteis e o objetivo se esquivou de nós. Nesse ponto, geralmente desistimos e tentamos arrancar a paixão de nossa mente pela retomada da vida cotidiana. É o destino de muitas buscas. Nesse ponto cego, no entanto, podemos pensar de repente numa possibilidade que deixamos passar — e lá vamos nós de novo com energia e ardor renovados. Podemos chegar a vários limites e recomeçar tudo graças a esses *flashes* de penetração que apontam para além de si mesmos.

4. A escuridão antes do amanhecer. Estamos numa noite escura. Chegamos ao ponto mais fundo, talvez irritados com o desperdício da vida ou de uma parte da vida. Nesse momento, com o abandono de toda esperança, sem cogitar no objetivo nem sequer como uma possibilidade, a resposta pode chegar ou não. Em algum momento estranho de abstração, quando não estamos pensando em nada, a resposta pode cair sobre nós espontaneamente, enchendo o vazio da mente. Num único lampejo, "enxergamos" algo que nunca tínhamos visto antes — e que talvez nunca tivesse existido.

Essa visão, chamada "Eureca!", chega pronta à cabeça, não em etapas mas como um conjunto unificado, perfeito e completo em todos os seus detalhes. Quase sempre, a visão "Eureca!" aparece numa rica roupagem simbólica, pois o símbolo parece ser um caminho para apresentar instantaneamente grande quantidade de informação ou uma possibilidade radicalmente nova e até então desconhecida, embora geralmente tenha de ser "traduzido" para uma forma que possa ser compartilhada e compreendida. Como um facho cegante que vemos só uma vez mas que muda para sempre nossa paisagem mental, essa visão instantânea não pode ser prevista nem determinada. Quando menos esperamos, ela nos pega desprevenidos como uma graça ou um dom.

Aparentemente, a resposta não pode surgir em nossa consciência cotidiana quando estamos preocupados com nossa busca apaixonada para encontrá-la ou criá-la. Quando procuramos, estamos absorvendo todas as energias, bloqueando as redes neuronais, enredados nos materiais antigos de nossa busca; a qualidade radicalmente nova (ou "fluxo futuro em direção ao presente", no dizer de Robert Sardello) de uma descoberta "Eureca!" não pode abrir seu caminho. Os materiais de nossa busca são antigos, mesmo no instante em que os revelamos, e nós só replicamos o passado por mais que tentemos fazer malabarismos com eles. É por isso que não basta reunir uma pilha de material com um nexo qualquer e inventar uma síntese que dê resultado. Isso é parte da solução de problemas comuns, mas não pode gerar uma visão "Eureca!".

De onde vem a resposta "Eureca!"? Ela é gerada pelo mesmo campo de atividade que gera a própria busca ou é gerado por ela, mas pode ser um processo essencialmente não local — isto é, não necessariamente localizado em qualquer área específica do cérebro ou mesmo no cérebro como um todo. É quase certeza, no entanto, que a resposta seja recebida no hemisfério direito do cérebro, pois ele é um veículo para apreender informações e estímulos novos para os quais não temos estruturas de conhecimento previamente formadas. Nossas estruturas de saber, conceitos estabelecidos e critérios de juízo geralmente permeiam nosso hemisfério esquerdo, a arena da consciência pessoal e do pensamento. Mas o hemisfério direito pode preencher a deficiência para apresentar ao esquerdo seu novo potencial só num momento em que não estamos obstruindo o cérebro esquerdo com nossa tagarelice costumeira, aquele diálogo interior ou fluxo de pensamentos sem objetivo. Por mais que o pensamento do cérebro esquerdo seja disciplinado, controlado, dirigido, intencional e lógico, a mente, em seu sentido normal de consciência de si mesmo, tem de estar vazia ou imobilizada para preparar o caminho para uma visão "Eureca!".

A maioria dos pensamentos que nos ocorrem ao acaso funciona da seguinte maneira: o *feedback* caótico do corpo, do mundo e da memória no hemisfério esquerdo do cérebro geralmente reapresenta acontecimentos e conhecimentos antigos muito depois do fato em si. Quando isso se dá, nós tentamos reajustar, de maneira espontânea ou inconsciente, essas estruturas antigas de memória ou pensamento para que sejam mais do nosso agrado ou, se estivermos em busca de algo, tentamos fazer com que todas as partes reunidas se encaixem juntas na resposta que procuramos. Esse é o "fluxo do passado em direção ao presente", que só pode replicar o passado. Embora seja recriado em novas roupagens, esse fluxo obscurece o presente e o futuro. Não existe "Eureca!" no passado, enquanto o futuro fluindo para o presente e renovando todas as coisas pode nos abrir para o desconhecido e seu potencial. Assim, em algum momento estranho de distração, a resposta ou revelação preenche o espaço vazio do ser e chega totalmente pronta à nossa consciência.

5. Traduzindo a resposta. Esse é um passo difícil no qual muitas grandes descobertas podem ir por água abaixo. A resposta unificada, que sempre aparece como um todo simbólico, geralmente não tem semelhança discernível com a pergunta original nem relação com qualquer dos materiais que juntamos em nossa busca. Isso confronta o hemisfério esquerdo digital-linear, que recebe o símbolo do direito, com a tarefa árdua de traduzi-lo para os aspectos específicos do mundo cotidiano. Assim, a cobra de Kekulé teve de ser traduzida para a linguagem da química, o facho de percepção de Hamilton para a linguagem matemática, e assim por diante. No âmbito do esforço espiritual, a experiência "Eureca!" pode se expressar como *metanoia*, ou transformação fundamental da mente, e terá que ser vivenciada no mundo exterior para que todos possam vê-la.

A experiência "Eureca!" segue o mesmo padrão que leva à iluminação na vida de um monge ou freira isolados num mosteiro, ou o surgimento de uma verdadeira mente matemática ou científica quando o estudante finalmente vê o mundo pelo prisma específico da disciplina que escolheu. Esse efeito de campo também ocorre na habilidade criativa de Mozart. Momentos "Eureca!" mudaram a face da ciência, do mundo e de nossa visão das coisas. Essa experiência é um aspecto da criação subjacente a várias atividades como rupturas científicas e tecnológicas ou andar sobre o fogo em Sri Lanka. O efeito de campo que dá origem à experiência "Eureca!" é em si mesmo cosmológico, universal e amoral (pois não está sujeito ao julgamento moral). Colhemos nos campos aquilo que semeamos neles, quer a semente seja positiva ou negativa. A experiência "Eureca!" é uma exceção, única e fora do comum, como uma pequena pérola encontrada num campo de desordem casual.

Iniciamos a gênese de uma experiência "Eureca!" pela pergunta ou busca, e a seguir nós a levamos a termo com nossa investigação apaixonada. Mas não podemos criar ou pensar o caminho até a resposta final, aquele vento da criação que "sopra onde quer". Todos os que receberam momentos "Eureca!" se referem à resposta ou revelação como um presente cuja criação eles não forçaram, pois simplesmente caiu sobre a cabeça deles num instante inesperado. Examinando mais de perto, porém, descobrimos que o presente pode cair como uma semente que não custou nada, mas só cai no solo de uma mente bem-preparada que tem ressonância com aquela semente. Caso contrário, como a mente poderia receber, reconhecer, elaborar e criar aquela semente para que renda frutos pela tradução? Se a cobra de Kekulé aparecesse diante de mim, nunca em minha vida eu a teria relacionado com um problema de química. O que ocorre é uma interação dinâmica ou efeito retroativo entre a atividade de cima para baixo de nosso cérebro-mente volitivo e a ação de baixo para cima de um campo nebuloso de potencial além dos nossos pensamentos. A mente é um receptor do processo e parte essencial dele, mas tem de ser posta de lado para a chegada da resposta. "Não somos nós que fazemos" é um refrão que ouvi muitas vezes de meu professor de meditação Muktananda. Mas, sem nós, nada se faz.

OS CAMPOS COMO FORÇAS DA CRIAÇÃO: A EXPERIÊNCIA DE GORDON GOULD

A visão "Eureca!" do físico Gordon Gould deu ao mundo o raio *laser* e lhe trouxe o Prêmio Nobel, mas é igualmente significativo o fato de que essa experiência difere do esquema de Laski, levando-nos para além do trabalho de Laski e da maioria dos parâmetros das atuais correntes de pensamento.

Segundo conta Gould, ele estava em casa no fim de semana, relaxando e pondo vários assuntos em dia. Num momento em que não pensava em nada, naquele estado típico de vazio mental momentâneo descrito por Laski, Gould "viu" em sua cabeça uma imagem incrível com enormes implicações. Como de costume, a imagem durou só uma fração de segundo, mas mudou para sempre sua paisagem mental. Ele afirma que a imensidão da imagem o deixou "eletrizado, aturdido e apavorado", e que passou o resto do fim de semana rabiscando febrilmente página após página de anotações sobre o que tinha visto naquele único facho. Na segunda-feira de manhã, com o esboço da tradução terminado, ele imediatamente a registrou num cartório para estabelecer seus direitos sobre o evento como um todo e seu uso comercial futuro.

Como outros cientistas, Gould ficou intrigado com aquele raio que lhe caíra do céu. De onde viera? Como se formara? Como outros antes dele, ele insistiu em que a visão era um presente gratuito, com o qual ele não tinha nada a ver. Mais significativo para nós, ele não procurou nem sentiu qualquer expectativa ou antecipação daquela revelação. Além disso, o presente era um desvio radical de tudo o que ele tinha estudado ou perseguido com seus pensamentos. Na verdade, a ideia estava totalmente fora dos domínios comuns do pensamento científico, pois o raio *laser* não existe na natureza e só é possível graças a aparelhos construídos pelo homem e baseados na revelação de Gould. A visão "Eureca!" de Gould envolvia um afastamento tão radical da natureza que exigiu tempo considerável e grande esforço da parte dele e de outros indivíduos para ser traduzida em algo real.

Refletindo melhor depois disso, Gould ponderou que seus muitos anos como estudante de Física e mais de vinte anos de aplicação diligente desses estudos em várias pesquisas científicas contribuíram para o acontecimento. Concluiu que todos aqueles anos tinham reunido em sua mente, sem seu conhecimento, "todos os tijolos e a argamassa" que deram origem ao edifício magnífico que se mostrou diante dele num instante. Embora a resposta não fosse solicitada e não tivesse semelhança com nenhum de seus conhecimentos ou dos vários campos de especialidade relacionados com esses conhecimentos, só alguém banhado nesse saber poderia ter reconhecido a importância da visão e tê-la traduzido para a linguagem comum daquela ciência.

Portanto, aqui a mente se mostra mais problemática do que o "estalo" casual descrito por Gould em seu relato. Está faltando o elemento-chave em todas as experiências "Eureca!" comuns: nenhuma semente foi plantada, nenhum intento apaixonado levou Gould à busca deliberada de um objetivo, não houve pesquisas ou coleta de material. Sua história pessoal de trabalho diligente e disciplina lhe deu um solo bem-adubado para a recepção da semente, mas ele recebeu uma resposta que não tinha pergunta. *Revelação*, assim, é um termo mais exato para descrever a visão "Eureca!" de Gordon Gould. Foi um efeito sem causa.

Essa combustão espontânea sem faísca para acendê-la não só abriu um novo campo de possibilidades na física óptica, como nos abre também para o problema do processo de campo e da própria criatividade. Se é verdade que a mente ajuda a criar esses campos e contribui para eles, no caso de Gould um processo gerador inconsciente aconteceu *no interior do campo*, gerando assim uma nova possibilidade, uma criação verdadeira. Depois de traduzida, sua revelação criou um fenômeno que não existia em nosso mundo. A maioria dos momentos "Eureca!" envolvem a resposta a uma pergunta relacionada com certa atividade ou um elo perdido numa estrutura lógica de pensamento, ou mesmo uma possibilidade apresentada por nossa mente imaginativa. Mas, para Gould, todas essas preliminares foram facilmente contornadas e algo radicalmente novo sob o sol foi apresentado ou caiu sobre sua cabeça, sem custo nenhum.

Podemos concluir, então, que os campos de potencial não são só forças ou inteligências ativas em seu próprio domínio, mas também forças criadoras. Gould disse que os ingredientes essenciais foram "reunidos em sua cabeça", mas temos de perguntar: se o assunto acabasse aí, por que sua mente deveria estar desocupada ou vazia para apresentar sua própria resposta? Parece que a mente comumente definida como individual não era em si mesma ou por si mesma o caldeirão de criatividade que forjou a revelação. A insistência posterior de Gould de que ele não fizera nada pela chegada da revelação, coisa comum em todos os relatos de visões "Eureca!", não precisa ser refutada nem atribuída à falsa modéstia. A afirmação é certamente verdadeira no plano individual ou pessoal da consciência, mas o fenômeno como um todo é uma função cosmológica e ontológica que abrange todas as mentes.

O campo de Gould se alimentou num campo do mesmo tipo, universal ou mantido por muitos indivíduos, situado acima e além de qualquer mente-cérebro individual mas obviamente produto da mente dele e de outras pessoas. O próprio campo da física óptica resulta de todos os físicos que se ocuparam com óptica agora ou no passado. Falamos em ir para a área de medicina ou a área de arquitetura ou a área de engenharia, mas *campo* aqui tem a ver com atividades sociais compartilhadas e indica um agregado de energia e potencial inteligentes. Nesse sentido, campo é um termo adequado para designar várias ações ou estados mentais, mas esse campo não tem localização. Como a gravidade, é um verbo, não um substantivo; um processo ou procedimento, não um produto; um agregado de potencial; um agrupamento hipotético de ações semelhantes. A afirmação de que esses campos podem ser geradores, criando alguma coisa que nunca se manifestou, será certamente negada pelos acadêmicos tradicionais.

Além disso, campos de saber como a Matemática, a Física, a Música e assim por diante estão num fluxo constante de ajuste e reajuste causado pela contribuição contínua de materiais por parte daqueles que estudam e usam esses campos e dos que interagem inconscientemente com eles. No caso do campo da física óptica, todos os estudantes, professores, amadores, cientistas profissionais e pensadores solitários ruminando sobre o mistério da luz reuniram naquele campo os tijolos e a argamassa para construir qualquer número de grandes edifícios semelhantes ao que Gould descobriu.

Essa ação recíproca entre uma mente individual e um agregado hipotético de campos onde uma experiência "Eureca!" pode se formar envolve muitas mentes individuais. Gould se apoiou nos ombros de gigantes, tal como Einstein e Poincaré e tantos outros, cada um com suas buscas respectivas. "Ninguém é uma ilha", como diz o provérbio, assim como um campo de conhecimento potencial não é um fenômeno isolado. Só existe ação recíproca entre uma ou várias mentes e campos.

Por causa disso, qualquer contribuinte do campo pode estar automaticamente na fila como alvo possível para receber uma resposta simbólica ou descoberta "Eureca!" causada por aquele campo. A única condição parece ser que a mente individual esteja desocupada, vazia ou inativa no instante preciso da formação criadora do campo. A partir do fermento de um campo de potencial que interage com várias mentes individuais, uma dessas mentes pode, por acaso, ser atingida pelo raio gerado naquele campo específico — o que não significa dizer que o indivíduo não cumpre um papel nesse processo, pois, sem uma mente em estado de ressonância para receber uma invenção criadora de um campo num determinado momento, nada poderia acontecer nem no campo, nem na mente. A criatividade reside na relação recíproca entre indivíduo e campo — sendo tudo isso um exemplo da mutação aleatória e seletividade de Darwin.

Existe uma possibilidade extra: qualquer um dos contribuintes do campo pode ter introduzido ali uma pergunta ou semente de pergunta que agiu exatamente como a faísca necessária para a experiência "Eureca!" de Gould. Os contribuintes podem ter acalentado qualquer tipo de assunto na mente e podem até ter procurado uma resposta apaixonadamente. A revelação resultante pode simplesmente ter caído sobre qualquer mente do grupo que estivesse "aberta" naquele instante específico de criação. No caso de Gould, já que a visão "Eureca!" lhe revelou um fenômeno óptico que não tinha paralelos ou semelhanças na realidade, praticamente uma criação *ex nihilo*, qualquer mente aberta de um físico óptico estaria qualificada para a recepção. O que o receptor faz com uma visão "Eureca!" desse tipo é outra questão, mas a expectativa não teria nada a ver com isso. Além disso, aquele que plantou a semente pode ter sido excluído da colheita. Porém, não se trata de injustiça. No circuito de causa e efeito da criação, nossos critérios, ética, juízos morais e senso de justiça simplesmente não são relevantes. A criação se estende igualmente aos justos e aos injustos.

FORMAÇÃO DE RELÂMPAGOS E ACONTECIMENTOS "EURECA!"

O mecanismo de formação de um relâmpago propriamente dito é uma analogia poderosa do acontecimento "Eureca!". A energia elétrica gerada pela atividade das nuvens se acumula como um agregado de atração numa formação nebulosa específica que atrai cada vez mais energia das nuvens circundantes até o potencial elétrico atingir um ponto de saturação. Então, a carga acumulada no céu literalmente procura uma frequência em estado de ressonância num ponto semelhante de saturação no solo, que se forma quando uma pequena carga elétrica numa área limitada atrai cargas similares espalhadas pelo terreno ao redor, de tal forma que todas se juntam até atingirem, nesse ajuntamento, um ponto máximo de saturação.

Essa carga elétrica no solo é sempre muito menor e mais fraca do que a energia imensa gerada na vastidão do céu e das nuvens acima, mas apesar disso uma carga no céu com ressonância idêntica procura outra no solo. Quando a carga no céu encontra o ponto de conexão mais próximo, a carga no solo reúne toda a sua força para fazer um gesto de atração em direção à carga nas nuvens, usando qualquer objeto físico apropriado que possa conduzi-la para cima — árvore, mastro de bandeira, estrutura elevada ou corpo humano em posição vertical. Então, isso faz disparar a carga muito maior do céu numa ação reativa direta. Ela segue o sinal mais fraco num estrondo ensurdecedor até chegar ao solo. Desse modo, a carga no solo "semeia vento para colher tempestade", por assim dizer.

Os campos formadores de potencial funcionam de maneira mais ou menos parecida, independentemente do tipo de energias em estado de ressonância envolvidas (eletromagnéticas, químicas, psicológicas ou espirituais). No caso de Gould, quando o campo de potencial atingiu algum tipo de ponto de saturação, manifestou uma nova combinação de ingredientes em seu interior ou mesmo para além, por puro acaso ou uma ação estocástica altamente específica. Tal criação combinada pode ser ação deliberada, inteligente e voltada para um objetivo, acima e além de qualquer efeito de campo (ou de nossas noções de inteligência), embora o acaso e a seletividade sejam provavelmente parte do processo.

O fator significativo no caso de Gould é que esse campo de física óptica gerou a revelação de um fenômeno que não existe de fato em nenhum lugar do universo. No entanto, tal manifestação só poderia ter ocorrido por meio de um alvo devidamente preparado: uma mente capaz de atrair, receber e traduzir aquele acontecimento inesperado, ou nela mesma. Quer seja por acaso ou de modo intencional, a ressonância entre a mente de Gould e aquele campo mental altamente especializado permitiu a criação de algo que nunca existira antes, trazendo algo de novo à luz do sol. Ações criadoras desse tipo devem ser uma característica genérica do efeito de campo. Campos "saturados" em busca de recepção e ressonância podem ser muito mais comuns do que os casos relativamente raros dos quais temos conhecimento.

Por exemplo, li um relato anos atrás sobre dois matemáticos em lados opostos de nosso planeta que descobriram o mesmo teorema novo ao mesmo tempo. Os campos não são locais, mas podem se localizar num cérebro ou em vários cérebros a cada manifestação. O lugar onde esses cérebros se encontram não altera a equação. Além disso, essa ação mostra claramente uma inteligência em atividade. Negar que a inteligência tenha um papel no processo "Eureca!" que origina, por exemplo, novas descobertas matemáticas é negar que a matemática implique inteligência.

A analogia do relâmpago ganha mais peso se reconhecermos que toda manifestação de campo é da mesma categoria natural. O biólogo Gregory Bateson afirmou que mente e natureza formam uma unidade. Se um campo formado por nossas ações tiver característica mental como a Matemática e a Música ou caráter natural como a energia eletromagnética e os relâmpagos, as duas categorias abrangem fenômenos naturais e funcionam da mesma maneira.

Este capítulo serviu para enfatizar o que os campos mentais podem fazer por conta própria. Se olharmos para as vastas nuvens estelares do telescópio espacial de Hubble numa constelação de estrelas, veremos embriões em potencial de futuros sóis, planetas e formas de vida. Pensamentos casuais na nossa mente ocasionalmente produzem uma nova ideia que podemos pôr em prática e tornar realidade. Se um milhão de pensamentos casuais for necessário para encontrar um que ponha em marcha um acontecimento evolutivo e transcendente realmente novo, nada se perdeu e tudo valeu a pena.

Não devemos esquecer que o núcleo de um campo pode ser concebido na mente de um pensador solitário, alcançando outras mentes na possibilidade construída por vários participantes num certo período de tempo. Agregados de conhecimento e possibilidade podem atravessar ciclos de crescimento e maturação, criando combinações constantes de possibilidade, muitas das quais não dão em nada em nosso sentido utilitário e pragmático. Algumas ideias podem simplesmente se dissipar por falta de empenho, enquanto outras podem continuar existindo nos veículos mentais apropriados. Assim, um indivíduo brilhante e bem-informado pode ser atingido, num dia claro sem nuvens no céu, por um relâmpago tipo "Eureca!" que acende uma verdadeira trovoada, mudando a paisagem de sua mente e talvez a de muitos outros indivíduos — contanto, é claro, que o receptor apresente a revelação numa tradução que complete a ação retroativa.

Laski ressalta que, às vezes, o receptor de uma manifestação de campo não tem condições de traduzi-la ou não existe uma base adequada para tal tradução. O acontecimento fracassa então, pois não encontra preenchimento naquele instante. É interessante pensar que o acontecimento "Eureca!" pode se dar em todo o universo em muitos níveis diferentes, pois é uma criatividade constante criando e expressando-se seletivamente quando as condições assim o permitem. A mutação aleatória e o procedimento seletivo de Darwin podem ter acontecido sempre no cosmos como um todo, assim como ocorrem continuamente no fermento inesgotável de ideias que borbulham na nossa mente.

Se Kekulé sugeriu: "Senhores, devíamos falar menos e sonhar mais", William Blake disse que os grandes indivíduos imaginam as coisas mais grandiosas e divinas, pois as imaginações são divinas. Qualquer coisa em que possamos acreditar é uma imagem da verdade.

4

A MENTE E OS CAMPOS MENTAIS

O psicólogo Julian Jaynes, da Princeton University, escreveu sobre a habilidade específica de um pianista de produzir cascatas de notas em alta velocidade enquanto aparentemente pensava só na nuança, na forma, no sombreado ou na expressão do que ele queria ouvir. Jaynes, que também é pianista, explicou que, se o pianista viesse a se conscientizar de repente de cada nota que estava tocando ou se sentisse que tinha de executar aquelas notas conscientemente e mover aqueles músculos por sua própria vontade, não seria capaz de tocar. Há mais de meio século, Ernest Edwards, um jovem e brilhante pianista que conheci (e que parecia destinado a uma carreira brilhante antes de ser interrompido pela artrite), disse que não conseguia tocar mais depressa do que era capaz de ouvir (embora aparentemente pudesse ouvir a uma velocidade estonteante).

Já ouvi pianistas tocando os *Estudos* de Chopin, escritos originalmente em semicolcheias, numa marcação de metrônomo de 168 para uma semínima. Já que as mãos esquerda e direita tocam sequências diferentes de notas ao mesmo tempo, isso resulta em cerca de 1.304 toques individuais por minuto — um pouco mais de 20 por segundo. Julian Jaynes perguntaria: quem executa essas notas? A mente? A consciência no sentido de consciência de si mesmo? Parece pouco provável. Se qualquer desses fatores mentais entrar em cena, o pianista para de tocar. O que acontece é algo distinto, mas o quê?

Por que precisamos ouvir para sermos capazes de executar o que ouvimos? E qual deles vem primeiro? Tudo isso poderia ter relação com o espelhamento de causa e efeito dos efeitos retroativos que examinamos? Nós partimos do princípio de que, quando mexemos o braço, uma parte do nosso sistema neuronal informa outro sistema graças a circuitos intricados de *feedback* neuronal. Mas essa hipótese vem abaixo sob um exame minucioso, como afirma Robert Sardello. Jaynes ressalta que a consciência, ou pelo menos a autoconsciência, não é necessária para a maioria de nossas ações. Aparentemente, fornecemos intenção o tempo todo, mas não se sabe ao certo quem executa essas intenções.

No final dos anos 70, meu professor de meditação Muktananda costumava repetir: "Não somos nós que fazemos". E, quando perguntávamos: "Mas então quem faz?", ele respondia pacientemente: "O mesmo Shakti que cria o mundo de vocês". O Shakti, segundo a teoria oriental, é um campo de energia criativa no qual estamos inseridos. O cérebro-mente e as ações estão inextricavelmente ligados, e se é verdade que sabemos alguma coisa sobre o cérebro, temos menos clareza quanto à mente. Só uma mente com um cérebro ou vice-versa poderia estar escrevendo essa frase ou lendo-a depois de pronta.

O livro *Neural Darwinism*, de Gerald Eddleman, explica como se formam os campos neuronais do cérebro. Esses campos são agregados de algo que pode variar entre meros 100.000 até 1 milhão ou mais de células neuronais interligadas, sendo que cada agregado se forma para traduzir uma frequência específica de energia. Grandes quantidades desses campos surgem na primeira infância e na infância, mas eles continuam se formando até o fim da vida. Todas as inúmeras traduções de todos os campos tradutores de neurônios se interligam de algum modo para criar o conjunto de percepções que experimentamos como nosso mundo. No entanto, ninguém pode achar um lugar no cérebro onde se forma essa conexão ou vivência concreta do mundo.

ENERGIA NEURONAL, CAMPOS MENTAIS E O EFEITO DE CAMPO DE CIMA PARA BAIXO

Os campos neuronais se manifestam a partir de campos de energia, mas o lugar em que esses campos energéticos se transformam em agregados e a maneira como interagem com os neurônios é algo muito impreciso. A teoria dos campos fala em agregados de energia em ressonância, agrupamentos de frequências semelhantes ou vibrações ou ondas de energia compatíveis entre si — isto é, que entram em ressonância e podem convergir, misturar-se ou combinar-se num movimento de altos e baixos, ao menos periodicamente (veja figura 4.1). Esses campos de energia subjazem a todas as estruturas ou acontecimentos em nossa experiência de vida, quer a estrutura seja de pensamento ou matéria, e sugerem uma influência de cima para baixo na realidade que experimentamos, enquanto a ciência convencional admite somente uma explicação de baixo para cima.

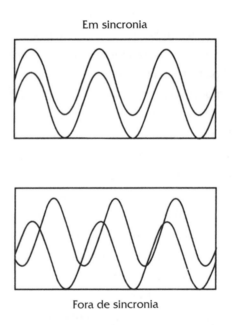

Figura 4.1. Ondas coerentes podem coincidir em seus pontos altos e baixos e reforçar-se umas às outras. Ondas incoerentes colidem (entram em conflito) numa estática dispersiva.

A explicação de baixo para cima se baseia no dogma de que todos os fenômenos resultam de uma subestrutura atômico-molecular de alguma "matéria" irredutivelmente tangível que de algum modo pode ser quantificada num laboratório. Essa noção foi reforçada pela teoria igualmente hipotética do *bigbang*, que os cientistas acreditam ter dado origem ao universo e à qual remontam todas as noções de baixo para cima. Em muitos sentidos, essa estrutura de pensamento é semelhante à defendida pelos fundamentalistas que citam a Bíblia. Se você não aceitar a premissa básica na qual a crença se baseia, será simplesmente considerado um herege cujas observações têm de ser ignoradas.

A influência de cima para baixo resulta de um efeito de campo. Introduzida nos anos 20 em relação à memória, ao aprendizado e à hereditariedade, a teoria dos campos foi retomada décadas depois por Rupert Sheldrake e David Bohm. Sheldrake postula a existência de campos morfogenéticos subjacentes a nossa realidade como um todo. (*Morpho* se refere a "forma", enquanto *genetic* significa "formação" ou "origem".)

Howard Gardner, cientista de Harvard, desenvolveu uma "teoria da inteligência múltipla" que condiz com a teoria dos campos ou a confirma indiretamente. Temos ao nascer, ou desenvolvemos mais tarde, uma capacidade genérica para aprender várias disciplinas, mas Gardner sugere que cada disciplina importante que aprendemos, como música, matemática, linguagem ou conceitos espaciais, é essencialmente uma capacidade potencial em si mesma, discreta e separada das outras, um modelo universal do qual resultam os vários empregos que fazemos dele. É claro que precisamos nos concentrar seletivamente num desses campos e desenvolvê-lo, caso contrário nós o perdemos.

Aproximadamente nas últimas três décadas, as evidências do efeito de campo se acumularam, corroborando a noção de uma influência de cima para baixo que transcende os limites da ciência convencional, a qual muda aos poucos, mas sistematicamente, na mesma direção. David Bohm sugeriu que a própria consciência é um campo de energia subjacente a todos os possíveis arranjos que constituem um universo, e bem antes disso o filósofo suíço Jean Gebser apresentou uma obra importante baseada na "Origem sempre presente" que faz surgir todos os acontecimentos, inclusive o hipotético *big-bang*, seja no passado, no presente ou no futuro.

No início dos anos 70, o neuropsiquiatra Karl Pribram sugeriu que o cérebro-corpo constrói nossa imagem e experiência da realidade traduzindo frequências que, em vez de se localizarem no tempo-espaço, são geradas por um espectro de energia que aparentemente dá origem a essas frequências. Esse espectro não tem um *"locus"* (localização); é simplesmente um potencial. Trata-se de uma proposição de cima para baixo que ganhou apoio desde então, mas que, ao ser introduzida, não foi favorecida pelos acadêmicos defensores da teoria de baixo para cima.

Campos de potencial se exprimem por meio de campos neuronais e são apreendidos por nossa mente como nossa realidade. A mente nasce paralelamente e devido às ações desses campos de energia neuronal e reforça-os constantemente por sua interação com eles. Toda essa ação recíproca é criada por uma consciência que, de acordo com Bohm e vários físicos depois dele, é o campo de todos os campos. Mas qualquer campo, inclusive até um hipotético campo universal, é criado e sustentado igualmente por mentes e cérebros concretos, o seu e o meu, cada um por vez ou todos ao mesmo tempo.

A MÚSICA E O MISTÉRIO DA MENTE

Segundo testemunhos da época, quando Mozart, na fase madura de sua evolução musical, recebia uma encomenda para escrever uma peça musical, fosse ela quarteto, sinfonia ou concerto, simplesmente deixava a encomenda de lado mantendo-a na lembrança, mas sem pensar ativamente sobre ela. Geralmente, em algum momento a peça musical se revelava para o compositor de maneira visual e audível, completa e de uma só vez (algo parecido com a experiência do tipo "Eureca!").

Mozart descreveu seu acontecimento visual e auditivo como um "volume redondo de som" no qual cada nota, cada nuança e cada sombreado se apresentavam no contexto de uma estrutura formal perfeita. Então, ele começava a tarefa formidável de traduzir o conjunto numa infinidade de partes integrantes, tudo isso em sua mente. Depois, dava início à tarefa igualmente laboriosa de traduzir aqueles milhares de sons em manchas individuais de tinta num papel que outros músicos pudessem ler — um método pelo qual ele recriava aquilo que ouvira em seu momento de abstração. Muitas vezes, Mozart pedia à sua mulher que lesse algo para ele ou bebericava chocolate quente e comia biscoitos para ocupar sua mente enquanto anotava aqueles milhares de notas. Portanto, qual parte de Mozart fazia o quê e quando?

Um amigo pianista contou-me certa vez sobre um determinado concerto no qual ele deveria tocar sua sonata preferida de Mozart, que ele considerava a obra musical mais bela e perfeita jamais criada. Um pouco antes de começar, ele fechou os olhos e inclinou-se para trás para mergulhar no espírito da peça e na admiração e amor que sentia por ela. Foi então que ele experimentou num único segundo a obra inteira como, em suas próprias palavras, um "volume redondo de som" no qual cada linha, compasso e nota eram completos em sua forma mais pura e intacta. Segundo ele contou, foi uma revelação mística, espiritual e transcendente que resultou no melhor recital que ele apresentou em sua vida.

Em seu livro *Godel, Escher, and Bach*, Douglas Hoffstadter descreveu a capacidade de improvisação de J. S. Bach no teclado — sua habilidade de criar música de maneira espontânea e sem hesitar. É lendária a improvisação de Bach de uma fuga a seis vozes sobre um tema fornecido por seu benfeitor, Frederico, o Grande, rei da Prússia. Em composição musical, os aspectos técnicos de uma fuga já são bastante espinhosos, mas a façanha que Bach realizou naquela ocasião transcende o alcance normal da mente. Segundo a análise de Laski, o feito de Bach pode ter se originado num campo para além da própria mente (se é que a palavra "mente" se refere só a uma propriedade emergente de um único cérebro num único crânio).

No meio de uma entrevista com Artur Rodzinsky, maestro famoso de meados do século XX, um repórter perguntou se Rodzinsky sabia a duração de uma determinada obra que a orquestra iria executar naquela noite. "Bem", disse o grande maestro, tirando um cronômetro do bolso, "posso lhe dizer daqui a pouco." Ele apertou o botão do aparelho, colocou-o na mesa e continuou conversando sobre sinfonias, compositores e assim por diante. No meio de uma frase, ele se interrompeu, parou o relógio e anunciou a duração exata, sem esquecer os segundos, da obra em questão, para espanto do repórter. Será possível que, de alguma maneira, Artur executara a peça em sua cabeça sem parar durante a discussão verbal?

É interessante o fato de que exames cerebrais recentes de pessoas ouvindo ou executando música revelam que as mesmas áreas do cérebro são acionadas quando ouvimos uma peça de música em nossa mente ou quando ouvimos a peça sendo efetivamente tocada. Essas áreas, que envolvem grandes porções do cérebro, não são as mesmas que usamos para falar. Portanto, se aparentemente Rodzinsky ouviu a música em sua cabeça enquanto falava, que atividade estava ocupando sua mente? Como ressaltou meu editor, já que as porções do cérebro usadas para ouvir música e para falar não são as mesmas, uma pessoa fora do comum poderia fazer as duas coisas ao mesmo tempo. E, com efeito, esse é um grande mistério da mente que não podemos explicar satisfatoriamente.

Um exemplo parecido, mas não relacionado com a música, ocorreu durante a Segunda Guerra Mundial, no Corpo de Sinaleiros dos EUA, que treinava rapazes para enviar e receber mensagens sem fio num código semelhante aos pontos e traços do Morse, usado no antigo telégrafo. Um jovem cabo, o telegrafista mais rápido da Sexta Divisão Naval em Okinawa, conseguia receber mensagens em código e traduzi-las em sua mente mais depressa do que era capaz de anotar as traduções fisicamente. Muitas vezes, ele continuava escrevendo por algum tempo depois que a máquina já desligara. Todas as mensagens novas tinham sido recebidas, traduzidas e registradas na mente do rapaz, mas ainda não estavam escritas no papel. O cérebro-mente era mais rápido do que o cérebro-mão, o receptor era mais rápido do que o executor. Para aumentar a façanha, como contou meu irmão que servia no mesmo esquadrão naval, enquanto o rapaz lidava com os códigos, o tempo todo podia também conversar com outras tropas sentadas ali perto ou desviar-se de balas em sua trincheira.

Arthur Rubinstein, um dos maiores pianistas do século XX (e uma grande alma), fornece mais um exemplo dos mistérios da mente. Um amigo compositor lhe deu um novo manuscrito para que ele o examinasse num longo voo em direção a seu próximo concerto naquela mesma noite. Rubinstein, de fato, examinou a nova peça, ficou impressionado com ela, estudou-a durante o voo e tocou-a à noite como um extra — e de cor.

UM CASO DE GÊNIO MUSICAL

Por volta de 1948 em Atlanta, Geórgia, amigos meus trouxeram até minha casa um jovem vizinho deles, um menino de 14 anos de idade, que lhes pedira ajuda para encontrar um professor de piano. Parece que o menino tivera aulas de piano por cerca de um mês com um pianista da igreja evangélica local. Livros de hinos antiquados em notação figurada eram o único material de estudo disponível (e também abrangiam a extensão do conhecimento musical do professor). Esses hinários tinham sido a única exposição do menino à música impressa e, depois de algumas sessões desse aprendizado estreito, ele estava em busca de horizontes mais amplos.

Eu era uma daquelas pessoas desajeitadas que sonhavam em tocar piano mas cuja mão direita nunca sabia o que a esquerda estava fazendo — e nunca saberia. Mas eu tinha uma pilha formidável de partituras que gostava de tocar do meu jeito vagaroso, "catando milho" como numa máquina de escrever. De alguma maneira, comprar volumes das sonatas de Beethoven ou dos *intermezzi* de Brahms já satisfazia minha alma, embora o trabalho lento e penoso de imaginar qual dedo seria usado em qual nota e de escrever esses números sobre as próprias notas para ajudar meus esforços implicasse um longo espaço de tempo antes que eu tivesse uma ideia razoável, embora em câmera lenta, do que o compositor pretendia exprimir.

No entanto, eu amava o som e a harmonia enquanto tais, o que até certo ponto compensava a falta de ritmo, velocidade e fluência do fraseado. Muitas vezes, também conseguia tocar fragmentos de temas reconhecíveis se isolasse cada mão e tocasse as partes em separado. Curiosamente, se de um lado eu era lento para tocar música impressa, de outro podia improvisar bastante bem, sobretudo no escuro, e fazia-o horas a fio, extravasando tempestades emocionais que se formavam dentro de mim, pedindo para serem expressas, e ritmos furiosos que mudavam de rumo e chegavam a um clímax. Eu não podia fazer aquilo se achasse que alguém estava ouvindo, no entanto, e ainda não conseguia tocar um simples hino lendo-o à primeira vista — como acontece ainda hoje. Uma parte de meu aparato mental simplesmente faltava, devido, como concluí mais tarde, ao predomínio do hemisfério esquerdo do meu cérebro.

Seja como for, meus amigos me trouxeram seu jovem pupilo e me pediram que examinasse o menino, pois aparentemente ele conseguia tocar à primeira vista qualquer peça musical. Comecei com algumas simples peças introdutórias que ele olhou por alto e tocou depressa. Progredindo para obras cada vez mais difíceis, ele parecia entender grandes punhados de notas que executava com vigor e sem esforço sobre as teclas do piano. Finalmente, pus diante dele o estudo de Chopin conhecido como "Ventos de inverno", um emaranhado de sustenidos, bemóis e bequadros juntados em grande quantidade pelo compositor numa torrente cromática que deveria ser executada como o vento. Ler e tocar aquele estudo em qualquer velocidade era um desafio tremendo. O menino captou o espírito quase desvairado daquela obra assombrosa e, sem hesitar, fez dela uma música viva e dramática, deixando-me mudo e perplexo. Eu trouxe então a grande *Chacona para Violino em Ré Maior* de J. S. Bach, no arranjo para piano de Busoni, um desafio realmente épico, e ele a tocou também sem hesitar, sentindo (como me pareceu) a profundidade da obra.

Tudo isso ia além de minha compreensão. Assim, telefonei para um amigo, pianista de primeira categoria e professor, e expliquei-lhe a situação. Ele veio imediatamente, intrigado com meu entusiasmo, e começou a testar o menino com literatura pianística. No fim da tarde, andando a esmo pelo quarto e chorando, ele contou que nunca antes tinha encontrado um dom musical tão grande.

William Blake disse: "A excelência mecânica é o veículo do gênio". Mas, naquele menino, onde estavam todos os anos de preparação supostamente necessários para produzir a excelência mecânica revelada por seu gênio? Cheguei à seguinte conclusão: o *Isto* (no sentido zen-budista original da palavra) respirava por aquele menino e, naquele caso, o *Isto* era o campo da música. Aparentemente, esse campo pode funcionar no interior do campo neuronal de qualquer pessoa capaz de reagir a ele. Não encontrei nada no passado do menino que sugerisse uma razão possível do seu dom. É interessante observar que, nesse exemplo, os indícios referentes à mente são semelhantes aos indícios encontrados nos indivíduos autistas extremamente talentosos que têm aquilo que chamamos de "Síndrome de Savant ou do Gênio Savant".

Perdi qualquer contato com o menino depois de deixar Atlanta naquele ano, e vários anos se passaram antes que me contassem o triste capítulo final daquela história. Aparentemente, seus pais ricos se separaram num divórcio desagradável e nenhum deles queria o menino. O pai "perdeu" a batalha jurídica da custódia e teve de levá-lo para sua casa, onde vivia agora com uma nova mulher, jovem e ciumenta. O pai construiu para o menino uma ala na casa onde a criança ficou confinada, aparentemente com seu piano. Mais ou menos um ano depois, segundo me disseram, o jovem foi despachado para o notório Hospital Psiquiátrico do Estado da Geórgia em Milledgeville (fonte e cenário do livro e do filme apavorantes *A Cova da Serpente*).

Ouvindo isto, percebi de novo a mentira no velho provérbio "O gênio acaba se mostrando à luz do dia". Mais exata seria a frase "O gênio pode ser apagado facilmente". Como o grande intelecto, o gênio é um fenômeno frágil e pode se perder de várias maneiras. Na verdade, se examinarmos a fundo, o maior obstáculo que o gênio tem de superar, sob pena de tropeçar nele, é a própria cultura.

INTELIGÊNCIA MUSICAL

O que todos esses relatos sugerem é que existe uma inteligência musical que parece funcionar além dos limites comuns de uma mente individual. De modo semelhante, como se vê num grande pianista, existe uma inteligência do corpo que pode se manifestar além dos confins do pensamento convencional, sendo incorporada numa função mais elevada do efeito de campo. Parece que, sem a ajuda da mente, essa inteligência move músculos por meio de várias redes neuronais não disponíveis à nossa análise. Assim, de certa maneira a mente tem de entrar em suspensão para que o campo se expresse plenamente, como no efeito "Eureca!" de Laski. Isso põe a nu a precariedade das explicações da neurociência atual e leva-nos de volta às perguntas de Julian Jayne sobre quem faz o quê.

Através dos tempos, a música evoluiu até se transformar num campo enorme de potencial que pode se mobilizar por trás dos esforços de qualquer estudante ou, em alguns casos, simplesmente tomar conta da cena, ou pode dar origem espontaneamente a uma nova criação que simplesmente cai sobre a mente de um compositor, assim como o raio *laser* de Gordon Gould "caiu" sobre a dele.

Mozart e Bach alcançaram uma excelência mecânica que poucos músicos já tiveram, mas o gênio que fluía através deles podia estar além até da excelência dessas mentes geniais. Enquanto isso, o menino de Atlanta significa uma refutação de muitas de nossas observações baseadas no senso comum. Por causa de habilidades como a dele, temos de voltar à estaca zero em nossa noção de como alcançar a excelência mecânica necessária para que o gênio possa fluir. Às vezes, essa mecânica pode ter origem no mesmo campo que tais habilidades aparentemente criam, mostrando que a mente e seus campos de potencial são interações recíprocas, o que nos lembra a referência de Rudolf Steiner sobre o "conhecimento dos mundos superiores".

OS GÊNIOS SAVANT

Em meus escritos, muitas vezes fiz referência ao fenômeno dos gênios savant, que parece encarnar boa parte do mistério da mente e o conhecimento dos mundos superiores. Recentemente, o jornal britânico *The Guardian* me enviou uma mensagem sobre um gênio savant de 26 anos de idade, Daniel Tammet, que "não sabe dirigir um carro, ligar uma tomada [ou] distinguir a mão direita da esquerda". Mas, trabalhando com pesquisadores, coisa que sempre faz de bom grado, ele consegue calcular mais depressa do que uma calculadora. Quando lhe pedem para multiplicar 377 por 795, Tammet diz a resposta num piscar de olhos porque, como ele mesmo explica, não faz contas; "enxerga" os números como se fossem formas, cores e contornos que se formam de maneira instantânea em sua mente, naquilo que ele chama de "imaginação mental, matemática sem ter de pensar". Junto com outras implicações, isso nos lembra uma teoria recente da neurologia sugerindo que o cérebro se comunica no interior de seus módulos e lobos por meio de imagens. Em testes de laboratório com a presença de um juiz, Tammet recitou o número pi com uma precisão de 22.514 casas decimais — coisa que ele levou cinco horas para fazer, mas que fez de bom grado para mostrar, como explicou, que era deficiente mas não estúpido. Em outra ocasião, ele recitou esses 22.514 números na ordem inversa.

Tammet também aprende outros idiomas com facilidade; fala francês, alemão, espanhol, lituano, islandês e esperanto; e inventou uma linguagem própria, extremamente complexa, que é sintaticamente lógica, coerente e consistente. O Prof. Simon Baron-Cohen, diretor do Centro de Pesquisas de Autismo da Cambridge University, ressalta que estudou outros gênios savant capazes de falar vários idiomas, mas nenhum que conseguisse discutir suas habilidades e muito menos inventar uma linguagem complexa para seu próprio uso. Tentando descobrir os módulos cerebrais envolvidos, pesquisadores da Cambridge University realizaram exames no cérebro de Tammet. Aparentemente, em gênios savant com suas habilidades, o hemisfério direito desempenha um papel maior do que nas pessoas comuns. E, coisa relevante para nossos objetivos neste livro, Baron-Cohen pergunta por que essas habilidades não são acessíveis a qualquer pessoa. Acho que todos nós, então, poderíamos alcançar mundos superiores de conhecimento.

Revelando ainda mais sobre o fenômeno da "Síndrome de Savant", um artigo na edição de dezembro de 2005 da revista *Scientific American* analisa as habilidades de Kim Peak. Um indício intrigante do artigo é o fato de que a ciência acadêmica pode realmente rever suas atitudes aos poucos e tornar-se mais aberta aos fenômenos que põem em xeque as antigas suposições acadêmicas. Há 20 anos, o fenômeno do autismo sábio era invalidado com explicações simplórias ou ignorado como um todo. Darold Treffert — que, em 1988, publicou um dos primeiros estudos sérios sobre o tema do autismo sábio no livro *Extraordinary People* — apresenta nesse artigo uma abordagem científica sem preconceitos do enigma dos gênios savant.

A especialidade de Kim Peak é a memória em geral, mais do que uma habilidade específica como o conhecimento de calendários e datas ou uma facilidade excepcional para lidar com números, como é comum nos gênios savant (e que Kim também possui; ele conhece todos os códigos de área e códigos postais dos Estados Unidos e as estações de televisão em todos esses locais, e pode citar a distância de viagem entre duas cidades quaisquer). Aos 18 meses de idade, Kim começou decorando livros que alguém lia para ele. Atualmente, sabe o conteúdo de 9.000 livros de cor e pode recordar qualquer um prontamente. Lê uma página em oito até dez segundos, gravando-a em seu "disco rígido" mental durante a leitura. Tem uma grande variedade de interesses e um conhecimento enciclopédico sobre eles, inclusive história, esportes, cinema, geografia, programas espaciais, a Bíblia, história da religião, literatura, Shakespeare e música clássica. Consegue identificar centenas de composições de música clássica, contar quando e onde foram compostas e executadas pela primeira vez, revelar o nome do compositor e sua biografia, e discutir os elementos formais e tonais da música. Além disso, consegue identificar o compositor de uma peça que nunca ouviu, avaliando o estilo musical da peça e deduzindo quem poderia tê-la composto.

Com mais de 50 anos de idade, Kim começou a tocar piano, um complemento de sua memória notável de música em geral. Numa reunião, ele apresentou a abertura do poema sinfônico *O Moldávia*, de Bedrich Smëtana, reduzindo as partes da flauta e da clarineta a uma figura de arpejo na mão esquerda e introduzindo as partes do oboé e do fagote do tema principal, tocando-as em terças com a mão direita enquanto a esquerda continuava os arpejos como na partitura original — e tudo isso de memória. Kim também tem capacidades associativas fora do comum, que normalmente faltam nos gênios savant.

Kim anda com o corpo meio inclinado, não consegue abotoar suas roupas nem realizar tarefas simples. Seu cerebelo, que controla o movimento e a fala, é bastante deformado. Além disso, faltam-lhe várias partes do cérebro consideradas essenciais, sobretudo o corpo caloso, que reúne os hemisférios direito e esquerdo. Darold Treffert especula que o hemisfério direito de Kim teve de assumir muitas tarefas normalmente desempenhadas pelo esquerdo. Curiosamente, há certas semelhanças entre suas operações mentais e as de Mozart (que também tinha uma cabeça muito grande e pouca inteligência prática). Treffert e outros psicólogos que estudaram o fenômeno dos gênios savant ressaltam que todos nós podemos ter capacidades desse tipo, mas muitas delas são descartadas pelo predomínio do hemisfério esquerdo, hipótese que propus há alguns anos baseado em minha experiência pessoal e na observação de meus filhos conforme se desenvolviam. Podemos conjeturar se esse predomínio hemisférico resulta de modificações de comportamento impostas sobre nós na primeira infância para garantir nosso conformismo cultural, uma tese que será explorada mais a fundo na Segunda Parte deste livro.

Rupert Sheldrake afirma que criamos campos de potencial quando uma ação é repetida por pessoas suficientes numa área suficientemente grande por um número suficiente de vezes. Qualquer nova invenção, como os computadores, pode causar o equivalente do seu próprio campo mórfico (ou morfogenético) quando é adotada pela atividade grupal. Tive de enfrentar um aprendizado difícil quando troquei minha antiga máquina de escrever portátil por um *laptop* em 1985. Hoje, dois vizinhos meus de 12 e 13 anos de idade constroem seus próprios computadores com componentes tirados de modelos jogados no lixo, e conseguiram manter meu *laptop* funcionando como o de qualquer profissional. (Diga-se de passagem, os dois fizeram sua formação escolar em casa, de maneira casual e irregular, e agora estão na universidade.) Aparentemente, eles adquiriram seu conhecimento sobre computadores por osmose, tirando-o do nosso próprio ambiente tecnológico, talvez uma ação relacionada com os neurônios-espelho. Assim, um efeito de campo ou uma possibilidade constrói seu potencial que então pode espelhar, atrair e intensificar qualquer de nossas ações que esteja em ressonância com ele. Como diz o provérbio: "Quem já tem recebe mais ainda": no espelhamento recíproco entre mente e campo, um pode amplificar o outro.

Campos de inteligência podem se situar além do tempo e do espaço, embora sejam produto da natureza do tempo, do espaço e da própria inteligência da vida. Portanto, se é verdade que a inteligência de campo envolve o cérebro-mente, duvido que se possa equiparar a inteligência de campo à mente, ou a mente a esse campo ou mesmo ao cérebro. No entanto, os três — mente, cérebro e campo — são interdependentes. Cada um dá origem ao outro num efeito retroativo que é o fundamento da experiência. Qualquer efeito de campo, seja ele criado ou formado espontaneamente, é independente de um sistema humano específico, embora também dependa de um sistema humano concreto para sua ativação, manutenção e expressão.

Podemos ver que essa noção de efeito de campo se ajusta perfeitamente ao esquema "Eureca!" de Marghanita Laski. Aparentemente, nós acionamos o efeito de campo quando começamos a desenvolver um talento específico ou cultivar um novo interesse, por exemplo matemática, arte, hidroscopia (busca de águas subterrâneas) ou prestidigitação. E mais: qualquer atividade desse tipo, quer seja realizada de maneira superficial ou sistemática, fortalece e perpetua o campo correspondente.

É aqui, em todas essas energias e sistemas recíprocos, que reside o poder e a estabilidade da cultura como efeito de campo negativo, embora a mesma função recíproca pudesse estabelecer com a mesma facilidade uma mentalidade positiva, pacífica e evolutiva. A possibilidade de que esse efeito positivo ainda se estabeleça não é tão absurda. A esperança pode ser uma arma poderosa para o bem, assim como a dúvida trabalha para o mal, construindo uma oposição e um conflito entre luz e escuridão que Rudolf Steiner examina no livro *Approaching the Mystery of Golgotha*.

5

A MENTE E A PERCEPÇÃO INTUITIVA

> *As percepções humanas não são limitadas pelos órgãos da percepção; o homem percebe mais do que os sentidos (por mais aguçados que sejam) conseguem registrar.*
>
> WILLIAM BLAKE: *There Is No Natural Religion*

Em 2004, descobertas feitas no Instituto de HeartMath, centro de pesquisas sobre a relação entre coração e cérebro localizado nas montanhas Santa Cruz, na Califórnia, revelaram que temos dentro de nós um claro senso intuitivo. Nosso coração, como descobriram os pesquisadores, sente antecipadamente a natureza de acontecimentos específicos antes que eles realmente ocorram. O coração claramente avisa o cérebro quando um acontecimento prestes a se manifestar é negativo por natureza ou quando pode despertar no indivíduo uma reação negativa. Essa descoberta recente vai além dos nossos parâmetros atuais de possibilidades aceitas e até daquelas que o Instituto de HeartMath admitia até agora. Além de revelar uma inteligência intuitiva dentro de nós, a descoberta implica uma distinção entre cérebro e mente.

No Instituto de HeartMath, uma pessoa à qual se aplicam eletrodos para medir as ondas cerebrais (registro chamado de eletrencefalograma ou EEG) e o espectro eletromagnético (EM) do coração (registro chamado de eletrocardiograma ou ECG) senta-se diante de uma tela. Quando os aparelhos de *biofeedback* cardíaco e cerebral da pessoa testada mostram que esses sistemas estão estáveis e calmos e quando a pessoa se sente pronta, ele ou ela aperta um botão. Dez segundos depois, um programa de seleção de imagens é acionado, mostrando na tela uma imagem aleatoriamente escolhida entre várias dezenas no banco de dados do computador. Como em todos os processos aleatórios, ninguém sabe que imagem será escolhida. Cerca de 20% das imagens do banco de dados são repulsivas e foram incluídas por causa de seu caráter negativo. As imagens restantes são agradáveis, incluídas para não despertar reação emocional negativa.

De quatro a sete segundos antes que uma imagem negativa seja escolhida ao acaso e mostrada, os sistemas de *feedback* coração-cérebro registram um padrão reativo distinto. As reações cardíacas com relação às cenas negativas nesse estágio precoce, antes que as imagens sejam efetivamente mostradas, são notavelmente diferentes dos padrões cardíacos que ocorrem antes de imagens agradáveis. Portanto, a pesquisa determinou que o circuito coração-cérebro indica claramente o conhecimento de um acontecimento negativo bem antes que o acontecimento se materialize fisicamente. Nessa função profética, a reação cardíaca precede a alteração cerebral (situada nos lobos frontais do cérebro) por uma fração de segundo e, depois de um instante, o cérebro frontal muda simultaneamente com o coração, indicando que coração e cérebro interagem.

Os experimentos do Instituto de HeartMath foram concebidos originalmente para investigar mais a fundo vários aspectos bem conhecidos da percepção sensorial. As capacidades proféticas mostradas pelo coração foram um efeito periférico inesperado que inaugurou um novo ramo de pesquisa. O Instituto realizou 2.400 testes antes de publicar o primeiro relatório sobre essa capacidade intuitiva, e desde então vem dando continuidade às pesquisas.

O mais significativo aqui é que a pessoa testada não tem noção da atividade antecipatória ou função profética do seu coração, com margem de quatro a sete segundos, e só se torna consciente da imagem quando ela surge concretamente na tela. Portanto, parece haver uma percepção do coração-cérebro em nós que curiosamente precede a consciência mental. Existem muitos relatos de casos sobre essa percepção do coração-cérebro que, é claro, não tem importância no mundo da ciência acadêmica, mas pode nos revelar muita coisa. Se examinarmos a pergunta "O que é a mente?", essa capacidade intuitiva é pertinente para nossa compreensão. Ela mostra que, no caso da percepção intuitiva, a mente é a última a saber.

SABEDORIA ORIGINAL

Os fatos de que nosso cérebro humano foi acrescentado ao tipo de estruturas cerebrais encontradas em todos os mamíferos e que nosso cérebro límbico reveste um cérebro reptiliano dá certa validade ao processo de estudar animais para ter uma ideia de como os humanos funcionam. Até certo ponto, os animais podem nos dizer que sentido essas estruturas cerebrais mais antigas têm em nosso próprio sistema. A intuição, por exemplo, que poderíamos considerar uma faculdade da inteligência superior, é encontrada na verdade em todo o reino animal.

Há mais de 50 anos, deparei por acaso com o relato de um naturalista sobre a intuição em animais selvagens. Sua história mais impressionante era a de observações diárias dos progressos de uma raposa e seus filhotes, seguros numa toca profunda alguns metros acima das margens de um ribeirão impetuoso da montanha. Os filhotes estavam finalmente começando a aparecer por pouco tempo quando a mãe raposa trazia camundongos e toupeiras para eles. Num dia fresco e sem nuvens, sob uma brisa forte, a mãe raposa fez algo que o naturalista nunca tinha visto e que o desconcertou por alguns instantes: a raposa de repente emergiu da toca, escalou a ribanceira por uns cinco metros, bem acima de sua casa, e começou a escavar furiosamente outra toca, fazendo voar terra para todos os lados. Em pouco tempo, ela desapareceu no novo buraco, ainda cavando. Finalmente reapareceu, correu para a toca original e com esforço carregou cada filhote para a nova casa, onde os depositou em segurança.

Minutos depois de ela terminar sua tarefa incomum, uma enchente-relâmpago desceu com força pelo vale montanhoso e íngreme, criando um muro de água que trazia grande quantidade de entulho. A toca antiga foi inundada e continuou submersa por um bom tempo até que a água acumulada baixasse de nível. Parece que uma chuvarada forte tinha caído vários quilômetros rio acima, sem que o naturalista suspeitasse de nada naquele dia fresco. Mas a raposa sabia mais do que ele.

Logo depois do grande *tsunami* asiático de 2004, os guardas florestais de várias reservas de animais selvagens nas ilhas de Sri Lanka, Malásia e do resto da área contaram que, uns 10 minutos antes da chegada da grande onda, todos os animais das reservas se afastaram correndo da praia e subiram ao ponto mais alto. Um caso semelhante aconteceu a um grupo de elefantes mantido por um hotel de luxo numa praia da Malásia, treinados para carregar os hóspedes num roteiro turístico através da floresta e ao longo da praia. Os animais ficavam presos perto do hotel, todos com uma perna acorrentada a um poste fincado bem fundo no chão, não tanto para evitar que eles fugissem e sim para tranquilizar os turistas que se reuniam em volta para alimentar e admirar os bichos. Vários minutos antes da chegada do *tsunami*, o elefante que estava fazendo o passeio perto da praia de repente virou-se e voltou correndo para o grupo acorrentado, barrindo bem alto, para grande alarme do condutor e dos passageiros. O animal começou então a ajudar cada elefante a puxar sua corrente para fora do chão, e depois disso todos correram ruidosamente para o ponto mais elevado da área. Muitos nativos correram atrás deles em confusão, um pouco antes que a grande onda se abatesse na praia.

Nos últimos anos, Rupert Sheldrake publicou testes e experimentos documentados, quantificáveis e repetíveis sobre a intuição em animais. Ele relata várias manifestações de inteligência intuitiva notável numa série de espécies. Dois de seus livros, *Dogs That Know When Their Masters Are Coming Home* e *The Sense of Being Stared At*,[2] estão cheios de relatos de casos e inúmeros testes específicos de laboratório sobre a capacidade intuitiva dos animais, atribuída por ele à teoria dos campos morfogenéticos que ele pesquisou durante anos. Dando um passo além na mesma direção, a disciplina da neurocardiologia e o Instituto de HeartMath oferecem uma abundância de padrões biológicos palpáveis e concretos que explicam tanto os campos mórficos quanto o modo com que eles são formados por nossa experiência da realidade e vice-versa.

Estudos antropológicos de povos como os !Kung do deserto de Kalahari, os aborígines da Malásia e da Austrália, além de alguns esquimós, mostram fortes capacidades intuitivas reconhecíveis ainda hoje entre os remanescentes dispersos dessas sociedades. O famoso explorador, antropólogo e escritor Laurens van der Post escreveu um relato comovente sobre um grupo de !Kung morrendo de fome e sede no deserto de Kalahari. O guia e motorista de van der Post era um !Kung que tinha deixado seus hábitos antigos para traba-

---

2. *A Sensação de Estar Sendo Observado e Outros Aspectos da Mente Expandida*, publicado pela Editora Cultrix, São Paulo, 2004.

lhar com o antropólogo, mas sua inteligência intuitiva do coração, característica indelével dos !Kung, continuava intacta.

Um dia, tendo encontrado um arvoredo no deserto onde montou uma tenda para a parte mais quente do dia, o motorista !Kung informou a Laurens que ouvira um grupo de homens de sua tribo errando pelo deserto e pedindo socorro. "Eles não comem nem bebem nada há dias", contou ele a Laurens, "e precisamos nos preparar para eles." Laurens não ouvira nada, mas o motorista continuou insistindo. Então, o antropólogo subiu a uma colina próxima e olhou em todas as direções. Não avistou ninguém. "Eles estão mais perto", exclamou o motorista, "são cinco homens. Não consegue ouvi-los?" Laurens não conseguia, mas algum tempo depois os homens surgiram, sobreviventes só em carne e osso, quase mortos. "Como você soube com tanta antecedência?", perguntou Laurens. "Eu os ouvi", disse o motorista. "Mas por que não pude ouvi-los também?", perguntou Laurens. "Porque eu os ouvi com o coração", foi a singela resposta. E os !Kung não são o único grupo que domina esse tipo de intuição. Aborígines da Austrália e da Malásia, descritos pelo psicólogo holandês Robert Wolff em seu livro *Original Wisdom*, mostram capacidades notáveis do mesmo tipo, somando exemplos a uma história volumosa que não se pode descartar como uma simples coleção de relatos de casos.

A MENTE É A ÚLTIMA A SABER

Em outubro de 2001, eu e mais cerca de 200 pessoas do mundo inteiro participamos de uma conferência acadêmica organizada no Havaí. Entre os participantes havia um pequeno grupo de adolescentes, selecionados para a conferência com base num ensaio que cada um deles tinha escrito. Nessa conferência, um senhor inglês estava presente com o aparelho mais recente do Instituto de HeartMath para registrar o *feedback* do cérebro e do coração (EEG e ECG). Um computador projetava os resultados desse *biofeedback* numa grande tela para que a audiência pudesse seguir os procedimentos conforme se desenrolavam.

Escolhido como "cobaia" para demonstrar as funções estudadas no Instituto de HeartMath, um adolescente com eletrodos afixados no corpo para análise das ondas cerebrais e do espectro cardíaco sentou-se no palco, de frente para nós e de costas para a tela de projeção do computador. O representante do Instituto conversou com o rapaz e brincou com ele, deixando-o tão à vontade que seu coração e seu cérebro entraram em ressonância,[3] estado em que as frequências do cérebro e do coração sincronizam, com igualação dos pontos altos e baixos (veja figura 5.1). (Durante anos, o Instituto Monroe realizou essa harmonização ou sincronia entre os hemisférios cerebrais, estado poderoso que abre o cérebro para fenômenos fascinantes; veja figura 5.2.) Então, o representante do Instituto de HeartMath girou a cadeira do rapaz para que

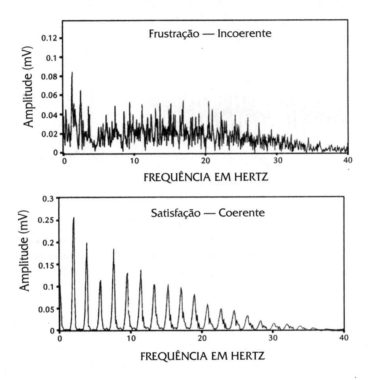

Figura 5.1. Observe a diferença entre o espectro de frequência cardíaca num estado negativo provocado por medo ou frustração e num estado positivo provocado por satisfação, amor ou empatia. As frequências negativas são incoerentes — isto é, não se igualam (não sincronizam) e colidem (entram em conflito) —, enquanto as frequências positivas são coerentes, igualando-se automaticamente e entrando em sincronia, o que faz com que uma reforce a outra.

---

3. O Autor usa o termo inglês *"entrainment"*, ou "entrosamento", emprestado da física e derivado de *"train"* ("trem"), que significa "embarcar num trem" mas também "carrear, arrastar, levar consigo". *Brainwave Entrainment* (BWE) é uma técnica terapêutica recente que equivale a "Harmonização das Ondas Cerebrais". Em alguns casos, usei "sincronia" em vez de "harmonização". (N. do T.)

ele pudesse ver sua própria sincronia, explicando ao estudante que aquela harmonização de coração e cérebro não ocorre facilmente e que o rapaz era uma pessoa inteligente e equilibrada.

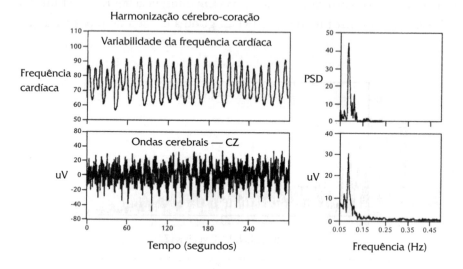

Figura 5.2. A harmonização cérebro-coração pode gerar um padrão de onda unificado no qual os dois se reforçam e consolidam mutuamente e podem também harmonizar o corpo. Com a harmonização do corpo, nossos pensamentos e sentimentos e nossa maneira de agir se unificam, criando um estado de totalidade ou integridade.

Nesse momento, o representante comentou que, naquele estado de equilíbrio e sintonia, o rapaz estava claramente numa disposição ideal para responder a alguns novos testes verbais de matemática usados agora na Inglaterra. Imediatamente, como se viu na tela, as frequências cardíaco-cerebrais do estudante, antes sincrônicas e coerentes, entraram num modo incoerente e caótico (veja figura 5.1), refletindo uma série de padrões defensivos do tipo "fuja ou enfrente o problema". A audiência começou a rir daquela mudança repentina, que fez o rapaz franzir a testa, intrigado. "O que aconteceu?", perguntou ele, sem entender nossas risadas. Então, o instrutor girou de novo sua cadeira para que ele visse a imagem caótica na tela onde antes havia uma ordem perfeita. O fato de que o rapaz não tivera noção de uma mudança importante nos padrões neuronais do seu coração-cérebro tem significado profundo. A mesma falta de noção foi constatada nos participantes dos testes de laboratório sobre intuição no Instituto de HeartMath.

As perguntas que ficam são: por que a mente é a última a saber? Por que não temos consciência do que se passa em nosso próprio diálogo cérebro-coração e por que não tomamos parte na discussão? Não parece haver um equivalente direto entre coração e mente, tal como existe entre coração e cérebro. Isso, por sua vez, indica que não há equivalência direta entre cérebro e mente, embora automaticamente suponhamos que sim.

Uma peça do quebra-cabeça pode estar naqueles relatos sobre animais. Eles sugerem que, já que os animais aparentemente não possuem uma mente como nós, eles têm consciência *enquanto* cérebro e não por meio de uma mente *com* cérebro. A mente provida de cérebro pode, com efeito, se dissociar ou ser dissociada do diálogo coração-cérebro.

Mas há algo mais. Estudos recentes sobre o fluxo sanguíneo no cérebro mostram que, quando as frequências daquele rapaz registraram sua preocupação diante da ideia de resolver testes matemáticos, a maior parte de sua energia cerebral se deslocou das estruturas da parte anterior (prosencéfalo) para as da parte posterior (rombencéfalo) do cérebro. Nosso prosencéfalo tem relação com habilidades evolutivas avançadas, como intelecto, imaginação e criatividade (necessárias para ações como resolver problemas matemáticos), enquanto o sistema antigo do rombencéfalo está relacionado com padrões de defesa e sobrevivência reativos e instintivos (veja figura 5.3). Portanto, no

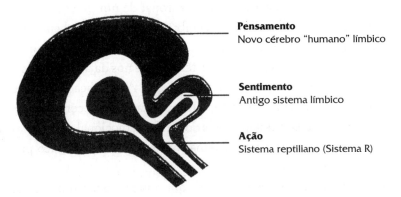

Figura 5.3. O novo cérebro límbico, associado ao pensamento e à linguagem, e o antigo cérebro límbico, associado às emoções e à memória, formam o prosencéfalo, enquanto o antigo cérebro reptiliano, incluindo a coluna vertebral e o sistema nervoso periférico, é o rombencéfalo instintivo e defensivo, que aumenta de tamanho numa gravidez caracterizada por conflitos emocionais, quando a mãe prevê um ambiente conturbado. Observe que, nesse desenho inicial de MacLean, os lobos pré-frontais não aparecem como algo distinto do novo cérebro límbico ou pensante.

momento exato em que o rapaz precisava de suas inteligências superiores, teve muito menos acesso a elas — e sem se dar conta disso. Encarar a mente só como uma função cerebral (por mais especializadas que fossem as partes do cérebro envolvidas nisso) não explicaria o grande atraso entre um sistema neuronal e o outro, e muito menos a ausência completa de tal comunicação. A comunicação entre os módulos do cérebro é quase instantânea, sujeita a intervalos de no máximo quatro a sete segundos.

O ASPECTO DUPLO DA MENTE E A MENTE NO SENTIDO AMPLO

Outra guinada em nossa concepção da mente aconteceu no começo dos anos 80, graças ao neurocientista inglês John Lorber. Usando as tecnologias disponíveis, Lorber pesquisou pessoas que sofriam de hidrocefalia (acúmulo de líquido no crânio). Nesse estudo, ele descobriu que muitos pacientes não tinham cérebro algum — só um crânio cheio de fluido cerebroespinhal. Já que muitas dessas pessoas tinham instrução superior ou cargos importantes em organizações e todas pareciam tão capazes quanto as que não sofrem da doença, Lorber fez uma pergunta potencialmente chocante: o cérebro é mesmo necessário?

É preciso lembrar que a estrutura neuronal de um prosencéfalo normal constitui cerca de 80% do volume do cérebro, enquanto o rombencéfalo arcaico é comparativamente pequeno. Além disso, é o rombencéfalo, que inclui a espinha dorsal e o sistema nervoso periférico, que nos dá informações sobre o corpo e o mundo, e como um sobrevive no outro. As implicações são que, nos exemplos de Lorber, o prosencéfalo, que inclui tanto o neocórtex ou "cérebro pensante" quanto as partes superiores do cérebro emocional, faltava em grande parte, enquanto o primitivo sistema sensório-motor e límbico provavelmente ainda estava intacto.

Outra coisa a ser levada em conta é que a mente e o campo mental com o qual a primeira forma uma unidade recíproca pode não ser produto do desenvolvimento normal, como supomos. A mente pode estar presente desde o nascimento ou a concepção, muito antes de ter um modo ou veículo para sua existência. Como mostram os casos de Lorber, a mente também pode ser inteiramente funcional em suas relações com a hipotética "mente no sentido amplo", permitindo à natureza compensar muito bem a falta de certas estruturas neuronais, contanto que a antiga unidade sensório-motora esteja intacta.

Portanto, talvez seja necessário distinguir entre partes do cérebro ausentes desde o nascimento, casos em que a natureza pode criar alguma compensação desde o início, e partes danificadas ou debilitadas funcionalmente mais tarde. É interessante observar que, se a neurociência ganhou muito estudando cérebros danificados, as descobertas de Lorber provavelmente não teriam continuidade com o mesmo vigor, pois indicam um modelo de cima para baixo rejeitado pelo mundo acadêmico. No entanto, a noção de uma mente original presente antes do nascimento ou mesmo da concepção é uma ideia importante a ser considerada.

Tudo isso sugere que a mente tem um aspecto duplo. Ela pode ser, como foi proposto, um resultado da interação corpo-cérebro-coração, mas também pode ser uma propriedade emergente da própria consciência. Isso indicaria um efeito de campo universal do potencial da mente que reside fora ou além de qualquer expressão ou uso individual dele — uma espécie de "mente no sentido amplo".

O fato de que a mente pode ser de um lado uma propriedade emergente de um cérebro de baixo para cima, e de outro uma propriedade emergente de um campo de potencial de cima para baixo, aponta para o efeito de retrocausalidade discutido no início deste livro. É essa dinâmica que pode nos levar para aquilo que está por trás, além, ou acima e abaixo de todo processo criativo e função mental, aquele Fundamento do Ser, como o chamou Paul Tillich, que parece ser a propriedade do pensamento teológico. Mas mesmo para além disso existe uma Vastidão da qual às vezes temos consciência intuitiva, embora aparentemente seja até mais inalcançável para nós do que o Fundamento do Ser. Nós só podemos *ser* esse Fundamento, enquanto o próprio Fundamento pode se originar da Vastidão que há além de todas as coisas.

Essa noção impalpável e sutil de uma mente no sentido amplo sugere uma cosmologia de sistemas criativos interdependentes na qual, de acordo com a teoria estabelecida, a onda dá origem à partícula que dá origem à sua própria onda. Como no caso de mente e cérebro ou indivíduo e sociedade, um é igualmente necessário ao outro; um dá origem ao outro ou dá existência ao outro. A frase provocativa de Mestre Eckhart: "Sem mim, Deus não existe" não significa que Eckhart se julgasse Deus. A mesma restrição vale para todas as oposições retroativas como causa e efeito, forma e conteúdo, mente e cérebro ou consciência e matéria. Uma coisa não existe sem a outra.

Talvez a mente pessoal (o Eu) seja como um intermediário entre um potencial universal, sutil e imaterial, e uma função material e orgânica que realiza ou expressa aspectos individuais desse potencial universal. Capazes de seguir nas duas direções, aproveitando e usando a mente como fator emergente ou como reflexo da "mente no sentido amplo", estamos sujeitos às duas coisas, pois tudo em nossa percepção e nossa visão de mundo é resultado dessa interação criativa. Aqui encontramos, portanto, uma trindade da cosmologia: coração, cérebro-mente e a mente no sentido amplo.

A DIMENSÃO PERDIDA

Nossa consciência moderna e civilizada perdeu a noção direta do diálogo entre coração e lobos pré-frontais. Com certeza, na maior parte do tempo a maioria de nós não tem noção dos sinais de alerta enviados pelo coração. Assim, acontecimentos negativos precisam nos "sacudir" para tomarmos conhecimento deles, e essa ignorância tenaz nos mantém num estado semialerta constante contra um mundo no qual não podemos confiar. Conhecemos culturas aborígines que não estão tão separadas do saber intuitivo do coração, embora em cada um dos casos esse saber funcione de maneira seletiva, de acordo com a história global daquela sociedade específica e do seu povo.

Uma cosmologia conhecida como Shivaísmo de Caxemira, aperfeiçoada antes do século X d.C., afirmou que o poder criador primitivo, que eles chamavam de Shiva — uma energia masculina na mitologia daquela cultura —, residia no centro, ou "caverna", do coração. Esse ponto imóvel era a testemunha silenciosa de uma energia feminina, Shakti, que emanava daquele ponto hipotético como ondas de energia girando ao nosso redor. Estas "formas ondulantes de Shiva" eram consideradas uma matriz de energia, como um ventre materno contendo o potencial de todos os universos e criações possíveis. A partir dessa matriz semelhante a um casulo, que sai do nosso coração e nos circunda num turbilhão de energia, a Shakti criadora engendra mundos testemunhados pelo Shiva silencioso dentro de nós. Sem o centro, Shiva, Shakti não existe; sem Shakti, não há Shiva — e nós somos o campo em que se dá essa atividade da consciência com seus efeitos retroativos.

Na fase inicial de minha aventura de Siddha Yoga com meu professor de meditação indiano Baba Muktananda, ele falou muitas vezes sobre os campos ondulantes que emanam do coração, cercando-nos de amor, poder e os potenciais de toda experiência imaginável. Resolvi experimentar pessoalmente aquele campo a qualquer custo: se ele existe, pensei, com certeza podemos senti-lo de alguma maneira. Ao longo de uma tarde e entrando noite adentro, minha meditação se concentrou naquele campo hipotético de energia ondulante. Pus toda a força na "respiração de fogo" ou *pranayama*, um exercício de respiração profunda e rápida que causa superoxigenação do corpo e assim, aparentemente, pode alterar nossa percepção normal.

Depois de um período indefinido (que parece ter durado horas) dessa respiração intensa e rápida, tudo simplesmente parou — a mente e a respiração ficaram suspensas —, deixando-me num estado de total simplicidade, calma e clareza. Foi então que experimentei, por um breve momento, aquele campo eletromagnético e ovalado do coração que me engolia, como Muktananda havia descrito — como um casulo de amor e potencial universal que então chamei espontaneamente de *plasma*. Naquela época, eu não tinha ideia do que podia significar exatamente o plasma que emana do coração, mas depois descobri que *plasma* pode designar os enormes "rios" de energia eletromagnética que jorram do sol, exatamente como jorram do coração em miniatura e em forma de toro (isto é, em forma de anel). Portanto, podemos ver que essa função criativa dentro de nós é uma condensação ou contração de um processo universal que dá origem a nosso universo (veja figura 5.4). O termo científico dessa organização de energia eletromagnética, *toro*, refere-se a uma estrutura com um dipolo ou eixo.[4] Uma característica importante do toro é sua natureza *holonômica*: se qualquer parte pudesse ser isolada (coisa naturalmente impossível), ela conteria a informação do conjunto. Também é significativo o fato de que todos os campos do toro interagem em hierarquias, de modo que a informação num campo fica disponível em algum momento a todos os aspectos da hierarquia.

Depois disso, em abril de 1981, em minha casa na Virgínia, experimentei de novo aquele campo ondulante, dessa vez de modo físico e muito mais tangível, como uma energia e um poder em turbilhão envolvendo e protegendo minha mulher, no momento em que ela dava à luz nossa filha Shakti (nome escolhido por Baba Muktananda), nas primeiras horas da manhã.

No final dos anos 80, em nosso *ashram* na Índia, um conhecido meu, Paul Ortega-Muller, professor de filosofia e religião na Michigan University, tes-

---

4· "Toro" é um espaço topológico homeomorfo ao produto de dois círculos, ou seja, é gerado por duas translações e tem a forma de um anel ou "boia". (N. do T.)

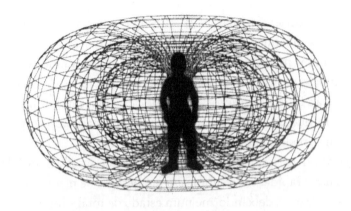

Figura 5.4. A ilustração no alto mostra uma simulação por computador do toro que sai do nosso coração e forma um dipolo cujo centro vai da base pélvica ao topo do crânio, expandindo-se então em três campos distintos, provavelmente os aspectos físico, emocional e universal do toro do coração. A ilustração embaixo é uma imagem eletromagnética concreta do toro de um coração humano vivo em sua fase inicial de formação, no espaço diretamente ao redor do órgão.

temunhou outro aspecto dessa energia universal. Sentado num salão escuro para o retiro de meditação de 30 dias chamado "Pérola Azul", Ortega-Muller testemunhou muitas vezes, de maneira visual e cinestética, uma miríade de formas ondulantes de Shiva que surgiam diretamente diante dele e ao redor. Elas se apresentavam a ele em cores vivas e tridimensionais, e durante cada intervalo, exaltado e excitado, ele corria para seu quarto para desenhar rapidamente suas visões mais recentes. Por trinta anos, ele estudara o Shivaísmo de Caxemira, que acreditava ser uma religião arcaica e morta ou uma cosmologia antiga. Quando soube que o Siddha Yoga se baseava naquela teoria antiga, viajou até o *ashram* e inscreveu-se no curso de 30 dias. Enxergar de maneira tão dramática aquilo que ele pensava ser uma religião morta como um processo ou função vivos dentro e ao redor dele foi um acontecimento que mudou sua vida. Mais tarde, ele escreveu um livro impressionante sobre as formas ondulantes e seu significado. Para mim, parecia haver uma vaga semelhança entre alguns dos esboços de Paul e as versões coloridas das imagens de cérebros vivos que os cientistas fizeram desde então pelo processo de ressonância magnética. Durante anos, o Instituto de HeartMath pesquisou as ondas eletromagnéticas que se expandem a partir do nosso coração. Parece que esses campos têm origem no próprio Fundamento do Ser, deslocando-se e mudando a cada instante, embora tenham se apresentado a Paul seletivamente, de acordo com suas estruturas cognitivas e formativas do cérebro-mente e como reflexos daquilo que ele realmente queria e era capaz de ver.

Rudolf Steiner afirmou há quase um século, como fez seu mentor espiritual Goethe um século antes dele, que o coração não é somente uma bomba mecânica, mas algo muito mais profundo. "[O] coração", escreveu Steiner, "é um círculo infinito contraído num ponto. [...] [O] mundo inteiro está dentro do nosso coração [...] a imagem invertida completa do universo, contraída e sintética." Steiner também fala num mundo que "irradia a partir do coração", já que o coração "sente seu próprio mundo". Steiner viveu cerca de um século antes da neurocardiologia, e cerca de dez séculos depois dos estudiosos do Shivaísmo de Caxemira.

Como expliquei em *The Biology of Transcendence*, o primeiro agrupamento de formas ondulantes do toro do coração é aparentemente físico, o segundo é relacional-emocional, e o terceiro é nossa ligação com o universo — o elo que liga nosso coração à hierarquia estabelecida de campos eletromagnéticos que constituem nosso universo (veja figura 5.5). Mais uma vez, todas as manifestações em forma de toro são holonômicas (qualquer parte contém informação do todo). Graças a nosso coração, cada um de nós é o centro de seu próprio universo, e nosso acesso a essa infinitude é seletivo, isto é, limitado e condicionado por nosso sistema cognitivo pessoal, que por sua vez é condicionado pela experiência daquilo que nossa espécie, cultura e modelos pessoais absorveram seletivamente e passaram adiante.

Quanto à questão espinhosa sobre a fonte do saber profético do coração, se voltarmos ao laboratório do Instituto de HeartMath, veremos que existem ordens formadoras de energia dentro dos elos hierárquicos do coração graças às quais ele registra eventos que ainda estão nos níveis implícitos ou sutis de

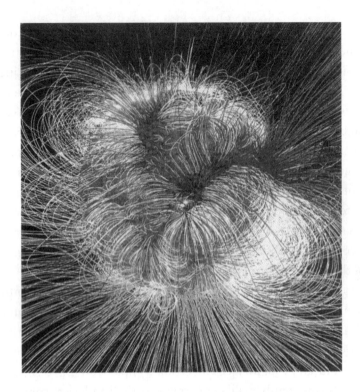

Figura 5.5. Representação da imagem magnética do sol num único instante, mostrando inúmeros feixes em forma de toro e raios de plasma que se expandem para abranger o sistema solar.

formação de energia. Esse campo de potencial dá origem a formas fisicamente explícitas, para usar a terminologia de David Bohm.

Minha convicção pessoal é de que o próprio coração é fonte da intuição, o nexo ou ponto de encontro dessa interação, além de fonte da causa e do efeito e de todas as retroações — uma interação de cima para baixo de proporções cósmicas, infinitas.

O coração é a fonte da informação que ele processa por meio do cérebro e a fonte de tudo o que ele transmite para o corpo e o mundo. Como explica Rudolf Steiner, a cada instante o coração registra e reflete de volta os acontecimentos do mundo. Sem o coração no papel de fonte, não haveria transmissão, e portanto não haveria conteúdo. Sem a expressão de conteúdo, não haveria uma fonte. Se aquilo que é criado não repercutir para fora e refletir o mundo de volta para dentro, não existe criação. Sem criação, não existe o Eu nem o Criador — e lá vamos nós de novo em ciclos espantosos de retroação.

6

PENFIELD E STEINER

Há quase um século, Rudolf Steiner teve acesso a um campo mental que ele chamou de "mundos superiores", um estado que inclui o fenômeno há muito tempo encarado como hipótese e chamado "Registros Akáshicos", espécie de biblioteca ou "banco de dados" contendo todas as categorias da experiência e do conhecimento humanos, um campo mórfico que abrange ou é abrangido pela hipotética "mente no sentido amplo". (Em seu livro *Science and the Akashic Field*,[5] Ervin Laszlo examina em detalhes o campo akáshico mencionado há tempos nas tradições ocultistas.)

Graças à sua conexão com os mundos superiores, Steiner nos deixou uma grande quantidade de *insights* e um acervo de informação sólida que cobre uma vasta gama de tópicos além do alcance das pessoas mais instruídas de seu tempo. As áreas que ele explorou e expandiu foram geralmente sugeridas a ele pelos que se ocupavam com questões importantes naquela época ou com problemas técnicos. As respostas ou soluções que ele deu mostraram-se quase sempre mais prescientes do que as fornecidas pelo século XX e agora pelo século XXI. A obra de Steiner surgiu a partir de uma nova maneira de pensar, e muitas vezes somos obrigados a pensar de uma nova maneira para entender

---

5. *A Ciência e o Campo Akáshico*, publicado pela Editora Cultrix, São Paulo, 2008.

sua obra ou fazer uso dela na prática. Suas explicações, geralmente longas e detalhadas, surgiram em resposta às perguntas de seus alunos e outras pessoas, e eram apresentadas oralmente. Em geral, ele desenhava esquemas num quadro-negro conforme ia elaborando suas percepções e as traduções de seus *insights*. Algumas dessas explicações e concepções foram anotadas por seus alunos, e ele mesmo elaborou e registrou outras por escrito. O vasto escopo e a profundidade da mente criativa de Steiner formam uma história à parte que até hoje nos intriga.

Steiner nos deu a *antroposofia* — uma psicologia, fisiologia e cosmologia espiritualista centrada no ser humano, liberta do prisma antiquíssimo da teologia pelo qual, durante muito tempo, encaramos nossa realidade e enxergamos a nós mesmos. Criou a medicina antroposófica como algo distinto das noções médicas químico-alopáticas que dominavam a Europa naquela época (e que em grande parte governam nossa vida até hoje). O método Waldorf de educação foi sua contribuição inestimável para o desenvolvimento e o bem-estar das crianças, em oposição clara às teorias pedagógicas mecânicas, que lembram uma linha de montagem, baseadas nas ideias de Wilhelm Wundt, precursor do behaviorismo, e outros pedagogos populares em sua época. Steiner também nos deu a jardinagem e a lavoura biodinâmicas, tão opostas à agricultura química que surgiu desde então. Ele formulou uma arquitetura baseada na evitação de todos os ângulos retos, que levou a construções de forma muito viva, além de uma teoria das cores baseada nas interações fisiológicas, psicológicas e emocionais com nosso ambiente imediato. E ele também nos deu um conhecimento inestimável sobre o coração, que lentamente traçou seu caminho em nossa pesquisa e compreensão atuais.

CAMPOS SUPERIORES: NOSSO BANCO DE DADOS UNIVERSAL

A concepção de Steiner dos mundos superiores é um produto e catálogo de toda a história da vida neste planeta e do processo cosmológico como um todo. Ao longo de muitos milênios, as mentes se alimentaram nesses mundos superiores e continuam se alimentando neles até hoje, constituindo assim a "mente no sentido amplo". Os vários efeitos de campo discutidos no último capítulo são partes integrantes desses mundos superiores e seus registros, embora seja importante observar que os mundos superiores não são um "depósito" de registros dirigido por um guardião inteligente e "celestial" à sua porta, nem são governados por critérios cósmicos do tipo verdadeiro/falso que condicionariam o acesso a eles. Todas as ações, quer sejam positivas, negativas ou neutras, se alimentam desse campo mental, criando campos dentro de campos que por fim levam à criação dos mundos superiores e os sustentam, assim como eles sustentam a nós.

Desse banco de dados ou registro universal podemos extrair uma lista infinita de pensamentos, a maioria dos quais foi descartada desdenhosamente pela ciência acadêmica como "conversa fiada". É claro que alguns absurdos e bobagens turvam as águas de qualquer pensamento, inclusive a ciência, e o discernimento é necessário. Entretanto, o mundo acadêmico jogou fora legiões de bebês junto com um pouco de sujeira ocasional na água do banho. Ali, naquele campo mental universal semelhante aos Registros Akáshicos, encontramos as origens de alguns fenômenos "de cima para baixo" (talvez todos eles). Ali reside a fonte das experiências do tipo "Eureca!"; as várias formas do fenômeno dos gênios savant; o gênio em todos os sentidos; a fonte da família de inteligências inatas descrita por Howard Gardner; o espectro de frequências sugerido por Karl Pribram como a fonte a partir da qual nosso cérebro constrói nossa imagem e experiência da realidade; os espíritos que podem nos "inspirar", como relatou Eugen Herrigel em *Zen in the Art of Archery*;[6] o relato de Gerald Feinberg sobre o "sopro" de Kataragama concedido aos iniciados em seu templo no Ceilão; e aquele "espírito de unidade" que Jesus nos intimou a acolher, a cada momento, e ao qual ele se referia quando disse que "tudo o que desatamos sobre a terra será desatado no céu".[7] A questão mais relevante em nossa discussão é a ação recíproca entre os mundos superiores de Steiner e nossa experiência ordinária baseada em cérebro, mente e corpo — e cabe a nós evitar localizar a fonte desse "efeito de cima para baixo" ou, pior ainda, santificá-lo e transformá-lo num deus, o que faria surgir outra religião desgastada a partir do seu potencial infinito. Nosso mundo se forma a cada momento pela ação recíproca entre um potencial de cima para baixo e nossa ação de baixo para cima que o manifesta. Estejamos ou não conscientes disso, somos envolvidos automaticamente nessa reciprocidade. Podemos dar

---

6. *A Arte Cavalheiresca do Arqueiro Zen*, publicado pela Editora Pensamento, São Paulo, 1993.

7. "Em verdade vos digo: Tudo o que ligardes sobre a terra, será ligado no céu; e tudo o que desatardes sobre a terra, será desatado no céu" (Mateus 18:18). (N. do T.)

vida a um acontecimento inexistente se o perseguirmos apaixonadamente, como mostra o fenômeno "Eureca!" de Laski. A busca de uma resposta contribui para a criação dessa resposta.

Se quisermos penetrar nessa dinâmica de modo mais consciente, no entanto, precisamos considerar a ressonância entre consulta e sondagem, pergunta e resposta, paixão e busca, e o fato de que achamos o que procuramos, embora raramente de maneira direta. O sistema é estocástico demais para que qualquer tipo de mecanismo seja atribuído a ele. Jesus, um gênio cosmológico, afirmou: "Buscai e achareis", fato que independe da natureza tanto da pessoa que busca quanto da que acha. Ofendendo a todos por igual, ele observou que, se você acredita que vai receber, você recebe — tanto as coisas positivas quanto as negativas. No efeito de campo não existe avaliação do resultado, e sim um processo de alinhamento. "Você colhe o que plantou" não é um karma mecânico, como se costuma imaginar no Oriente, mas parte de um efeito retroativo em nossa cosmologia geral. Na verdade, aquilo que se planta numa geração pode ser colhido somente muito tempo depois. Os princípios cosmológicos são amorais e estão além das emoções, juízos de valor ou desejos de justiça. Com efeito, elimine os juízos de valor e toda a necessidade de justiça desaparece também.

Os campos akáshicos ou mórficos que Steiner investigou são uma mina de ouro infinita (e talvez um monte de lixo ocasional) criada por todos nós e que tentamos explorar por meio de uma variedade de disciplinas, caminhos e teorias ao longo de séculos ou milênios. O método Waldorf de Steiner e seu livro *Knowledge of the Higher Worlds and How to Attain Them* são partes do seu objetivo de nos equipar para interagirmos dinamicamente com esses campos. Com o treinamento apropriado, podemos ir além do nosso próprio histórico de experiências e mesmo da experiência prévia de outras pessoas. Não se pode descartar a possibilidade de que os campos tenham uma organização interna que reformula constantemente seu potencial de acordo com as novas informações que a experiência geral traz para esses campos. O conflito que Steiner enxergou, gerado ao redor das forças da escuridão e das forças da luz, que culminou com a morte de Jesus no Gólgota e sempre aflora de novo na história, é a fonte da "escuridão diabólica" que, segundo Carl Jung, fervia sob a percepção consciente na Europa do século XIX e levou às duas Guerras Mundiais, e que hoje, infelizmente, empina sua cabeça repulsiva com o mesmo vigor.

OUTRAS PESSOAS QUE TIVERAM ACESSO AOS MUNDOS SUPERIORES

Edgar Cayce, um médium (no sentido tradicional da palavra) do início do século XX, podia captar informação de maneira mais ou menos semelhante à de Steiner. No entanto, ele só tinha acesso a esses campos num estado sonambúlico, quase de transe, limitação que deixou Cayce vulnerável a charlatães que lucravam com sua falta de discernimento e sua ingenuidade quando em transe. Apesar das pessoas ao redor dele, que podem ter agido de modo suspeito, Cayce era um homem de honestidade e integridade impecáveis, e mesmo uma olhadela rápida aos relatos mostra muitos fenômenos criados por ele que não podem ser atribuídos a uma explicação clássica do tipo "de baixo para cima".

Mesmo antes disso, Phineas Quimby, um sapateiro de Portland, Maine, cujo apogeu mediúnico ocorreu nas décadas de 1840 e 1850, elaborou uma cosmologia e uma filosofia baseada não em teoria, mas em seus próprios talentos e experiências notáveis. Quimby descobriu por acaso que podia encontrar pessoas que estavam perdidas e desenvolveu um agudo senso intuitivo e até precognitivo. Detestava médicos e, em vez disso, determinava intuitivamente a qualidade emocional por trás da maioria das doenças. Ele se colocava bem perto da pessoa doente e, em algum plano sutil, fundia-se com a psique ou o estado emocional do indivíduo, identificando-se com a doença da qual ele sofria, entrando em ressonância com ela — na verdade, tornando-se a própria doença. Então, voltava para a consciência do seu próprio corpo e livrava-se da doença, decidindo que ela era causada em grande parte por uma convulsão emocional ou talvez pela invasão de alguma influência maléfica. Naquele momento, segundo os relatos, a doença da pessoa desaparecia. Quimby, é claro, ficou atolado em solicitações de pessoas querendo seus serviços, e por isso contratou uma secretária, Mary Baker Eddie, para ajudá-lo a manter suas fichas e organizar seus inúmeros escritos nos quais explicava seu ponto de vista. Parece que essa secretária furtou suas notas, a partir das quais criou seu próprio sistema, a Ciência Cristã (*Christian Science*). Os herdeiros de Quimby protestaram (ou queriam uma fatia dos lucros) e as ações judiciais ao redor desse assunto continuaram até as primeiras décadas do século XX.

Quimby foi precedido por Emanuel Swedenborg, que viveu no século XVIII e cujas concepções e escritos deram origem a uma religião bem-intencionada que construía igrejas mas era considerada herética (embora ele se definisse como um servo do "Senhor Jesus Cristo"). A história de Swedenborg é fascinante: foi o mais famoso cientista e engenheiro do seu tempo até que, já cinquentão, passou por uma metanoia mística ou alteração mental que o abriu para aspectos dos mundos superiores e modos não convencionais de pensamento e experiência, além de um novo aspecto da teologia. Mas William Blake desdenhava sua teologia, afirmando que havia mais verdade numa linha de Jacob Boehme do que em todos os esforços de Swedenborg reunidos.

Pessoas com essas capacidades surgiram ao longo da história, dando um campo novo para o movimento que cresceu ao longo do século XIX envolvendo aquilo que hoje chamaríamos de fenômenos paranormais. Esse fundamento deu origem à escola mais sofisticada do "novo pensamento" na Inglaterra, no final do século XIX, e a toda a escola do "poder do pensamento positivo", que prevaleceu na primeira metade do século XX. O fenômeno estranho de uma mulher judia em Nova York, possuída por um espírito que se apresentou como Jesus e falou com ela por meio da escrita automática, gerou "Um Curso em Milagres" ("*A Course of Miracles*"), um "sistema de pensamento espiritual baseado no estudo por conta própria", que foi aceito no final do século XX e ainda é adotado como religião por inúmeras pessoas, inclusive professores universitários, médicos, psicólogos e um ilustre segmento de nossa *intelligentsia*.

William Blake disse: "Tenho de criar um sistema próprio ou serei escravizado pelo sistema de outra pessoa". Parece um impulso universal cuja adoção deveria ser segura, contanto que possamos resistir à tentação de reunir seguidores para nossa criação particular. Além de oferecerem princípios cosmológicos sólidos, Blake, o sapateiro-filósofo Quimby e os demais eram representantes típicos de mentes individuais que romperam uma couraça cultural, embora essa couraça tenha se restaurado imediatamente nos locais rompidos.

A suspensão de causa e efeito

No livro *The Biology of Transcendence*, contei como descobri por um acaso aparente, quando era um rapaz de 23 anos, um estado no qual causa e efeito podiam ser suspensos. Segue abaixo uma versão condensada de uma de minhas experiências relacionadas com nossa pergunta neste livro: o que é a mente?

Em 1950, trabalhei no turno da madrugada numa câmara de compensação de cheques, ao mesmo tempo que frequentava a universidade boa parte do dia. Assim, sofria seriamente de falta de sono. Para poder tirar alguns cochilos, descobri uma maneira de operar a máquina IBM de análise de cheques com a qual trabalhava (que normalmente envolvia uma habilidade bastante complexa, em alta velocidade, exigindo o uso das duas mãos e concentração total) e dormir ao mesmo tempo. Já descobrira antes um estado que mais tarde chamei de *comportamento não conflitante*, no qual o mecanismo normal de causa e efeito podia ser contornado. Ao confiar sem duvidar (coisa que não é tão simples quanto parece, mas não exige esforço), descobri que alguma outra parte de mim podia assumir meu trabalho para que o "eu" ordinário pudesse dormir. Eu até sonhava!

Meu método, como ficou claro, era tão eficiente que superei o *desempenho* dos outros operadores naquele turno da meia-noite, pois nunca cometia erros e aumentei meu rendimento para cerca de 14.000 cheques por turno. Apesar de tudo isso, conseguia ficar desperto nas aulas do dia seguinte. Depois de algumas semanas dessa graça salvadora, meu supervisor descobriu o que eu estava fazendo e, ameaçado de demissão imediata, tive de abandonar a prática. Para manter o estado de semiconsciência, eu tinha de ignorar muitas das regras rígidas do banco sobre controles e balanços regulares ao longo da noite. As pausas frequentes para verificar a exatidão do meu trabalho interrompiam meu sono, e eu suspeito que isso indicaria uma dúvida quanto à capacidade de minha "outra parte" fazer o trabalho. Mas, se um erro *realmente* acontecesse, examinar os 14.000 cheques para encontrar o erro podia custar um dia inteiro. Meu supervisor não queria correr esse risco de maneira alguma. E assim, embora eu soubesse com absoluta certeza que não haveria erros, gaguejei ao explicar minha habilidade, e minha fé na exatidão à prova de falhas do método não convenceu o descrente que mandava naquele turno.

Em retrospecto, o enigma nos leva a perguntar quem dormia e quem estava acordado. Qual "Eu" estava conectado com a mente? Se fossem ambos — então, que mente é essa que pode funcionar em dois modos opostos ao mesmo tempo, como sugere minha experiência e a do maestro Artur Rodzinsky e a do companheiro do meu irmão no Corpo de Sinaleiros e, como veremos adiante, as famosas operações de Wilder Penfield envolvendo células-alvo e memória musical? Eu também aprendera que a vontade do impalpável "Isto soprando dentro de mim" era capaz de demolir e esmagar a vontade de pessoas em comportamento conflitante normal. Comecei a perceber que essa capacidade podia facilmente servir para fins demoníacos e, embora soubesse que a capacidade em si era amoral, mais tarde desisti de cultivá-la.

No entanto, a experiência de funcionar em dois modos ao mesmo tempo, operando a máquina IBM e dormindo, continuou um mistério para mim. Desde então, raramente experimentei outros fenômenos paranormais. Talvez, parafraseando a expressão de Wordsworth, o mundo estivesse "próximo demais" de mim. Além disso, como sugeriu Blake, quem não acredita em milagres pode ter certeza de que nunca vai presenciar um deles, e minha fé em mim mesmo tinha se esvaído. Anos depois, Baba Muktananda fez eco a seu predecessor de dois milênios antes: "A dúvida é inimiga do espírito". Comecei a suspeitar que aquele espírito operava a máquina IBM sem trabalhar de acordo com meus critérios ou os de minha cultura.

Enquanto isso, são cada vez maiores as evidências da atuação recíproca entre uma cosmologia de cima para baixo e funções de baixo para cima. A mente pode interagir com a matéria de um lado e com a "mente no sentido amplo" de outro, construindo assim efeitos de retrocausalidade que não estão disponíveis em nossa dinâmica normal.

O mistério de Penfield

Examinando com o uso de eletrodos o cérebro de cerca de 15.000 pacientes ao longo dos anos, Wilder Penfield mapeou o território superficial do neocórtex. Já que o cérebro não tem sensibilidade e basta uma anestesia local para remover a parte superior do crânio, os pacientes de Penfield ficavam totalmente despertos e conversavam com o médico, descrevendo suas sensações enquanto ele examinava seus cérebros com os eletrodos.

Com frequência, Penfield encontrava certas "células-alvo" que, ativadas por um eletrodo, traziam à percepção consciente do paciente uma reprodução completa de um acontecimento passado na vida daquele indivíduo. Quando a célula-alvo era ativada eletricamente, o paciente fazia um relato do que ele tinha vivenciado, como um locutor de futebol comentando uma partida. Ao mesmo tempo que o paciente podia descrever em detalhes concretos a experiência sensorial pela qual estava passando, ele reconhecia que a experiência era uma lembrança de infância ou de um acontecimento remoto. Esses acontecimentos não se pareciam com os momentos "Eureca!", que acontecem num único instante. Ao contrário, desenrolavam-se no ritmo original como no acontecimento passado. O paciente se sentia diretamente envolvido num plano sensorial tão intenso quando o da experiência original.

Muitas vezes, Penfield encontrava uma célula-alvo que acionava a lembrança do paciente ouvindo uma peça musical, geralmente na infância, com tanta nitidez como numa execução ao vivo. Assim como as outras lembranças das células-alvo, isso também continuava enquanto o eletrodo estivesse ativo ou até que a lembrança do episódio chegasse ao fim. Quando o eletrodo era mantido no lugar sobre a célula-alvo, bastava o médico estimular de novo a célula para que o acontecimento fosse reproduzido por inteiro. Já que os pacientes olhavam para Penfield enquanto faziam seus relatos e respondiam de modo inteligente às perguntas do médico, Penfield e seus pacientes sempre se admiravam de que os dois acontecimentos fossem simultâneos, um que se passara anos antes e outro que estava se passando no presente, na sala de operações de Penfield. Tudo isso foi discutido pelo médico em seu último livro, The Mystery of the Mind, e ele teve a modéstia de não tentar invalidar nada com explicações, admitindo que aquilo era um mistério para ele.

A enfermeira que assistia Penfield e que estivera a seu lado em todos aqueles anos de neurociência pioneira foi uma hóspede frequente em nosso *ashram* de meditação na Índia, e tivemos longas conversas sobre Penfield, seus métodos e sua carreira em geral. Ela descreveu o extremo cuidado do médico a cada passo — uma operação podia levar várias horas — e as anotações meticulosas que fez sobre cada uma daquelas 15.000 cirurgias. Em muitos de seus cadernos de notas, Penfield fazia referência ao mapeamento do "homúnculo", a área superficial do neocórtex envolvida nas sensações físicas, mas as discussões sobre descobertas mais esotéricas que o interessavam acima de tudo, acontecimentos mencionados tantas vezes em suas anotações, foram geralmente ignoradas.

Como um adendo ao trabalho instigante de Penfield, alguém propôs que certas "células-avós" do cérebro podem conter uma lembrança inteira. Essa ideia foi aventada quando se descobriu que tais células, ao serem ativadas, acionam por sua vez muitas áreas do cérebro envolvidas na rememoração (ou reunião das partes) de uma lembrança. Esse processo pode abranger células-avós como parte de uma rede maior relacionada com a memória e possivelmente com o aprendizado. Por isso, a teoria das células-avós continua sendo pesquisada e ampliada.

O ganhador do Prêmio Nobel Gerald Eddleman argumenta que nossa memória pode ser constantemente atualizada pelo cérebro, e que no melhor dos casos ela não é muito confiável. Várias pessoas de bem foram enforcadas com base na evidência de lembranças tênues e questionáveis de alguém. Temos tendência a atualizar lembranças para que se adaptem a nossas novas opiniões ou conhecimentos, para manter nossa integridade ou ideação ou para melhorar nossa autoimagem. No momento em que a lembrança se modifica, protegemos furiosamente aquela mudança, pois muitas vezes nossa integridade também está em jogo. Parece que a mente pode se debruçar sobre seu próprio cérebro e embaralhar as cartas, assim como o cérebro pode embaralhar a mente.

Neste capítulo, tocamos apenas a ponta do *iceberg* de informações sobre anomalias da função cerebral, por exemplo o trabalho assombroso do Laboratório de Pesquisas de Anomalias Estruturais na Princeton University e o trabalho de Brenda Dunne e Robert Jahn. No entanto, embora a massa de pesquisas, conjeturas e especulações aumente cada vez mais, o mistério da mente e seu cérebro continua tão misterioso quanto sempre foi.

Segunda Parte

O conflito
entre biologia e cultura

INTRODUÇÃO
À SEGUNDA PARTE

Há algumas décadas, uma jovem antropóloga, Margaret Mead, fez longas visitas a algumas sociedades polinésias no sul do Pacífico. Uma década antes, o antropólogo Bronislaw Malinowski descrevera em detalhes e de maneira muito mais impressionante o "comportamento sexual" dos habitantes das Ilhas Trobriand. Mas uma tempestade de controvérsias se desatou quando Mead publicou seu relato de que aqueles polinésios não impunham restrições sexuais às suas crianças e adolescentes. Cada aldeia dos nativos das Ilhas Trobriand, por exemplo, tinha uma "casa das crianças" onde as crianças púberes se reuniam, explorando a sexualidade em toda a sua excitação e deslumbramento.

As atrações e aventuras amorosas devem ter vindo à tona numa troca constante entre aqueles adolescentes polinésios, com casais formando-se e separando-se, os amores como marés que recuavam e fluíam e cresciam e transbordavam, cada adolescente testando repetidas vezes seu ajustamento sexual e emocional. Depois de cerca de quatro anos dessa experimentação, cada jovem começava uma relação estável com o parceiro cujas frequências de ressonância fossem mais duradouras. Esses casais amadurecidos separavam-se então do grupo, praticavam as cerimônias requeridas por sua sociedade específica e começavam uma vida em comum. Depois de algum tempo, quando eles decidiam ter um filho, a futura mãe pedia permissão à sua deusa guardiã e logo engravidava.

O detalhe curioso dos relatos de Mead era que, em todo aquele período de atividade sexual intensa com duração de quatro a cinco anos, não havia casos de gravidez e aparentemente nem sombra dessa expectativa ou preocupação se abatia sobre o processo de escolha e seleção sexual. Mead escreveu que ali prevalecia uma "esterilidade adolescente". Parece que essa "instância protetora" era uma expectativa cultural, e expectativas culturais tendem a ser vividas pelos membros de uma cultura. Quase não é preciso dizer que um comportamento parecido não seria aceitável em nossa cultura, que em grande parte determina nossa mentalidade. Por causa disso, esse tipo de esterilidade não seria possível.

Quando da publicação da obra de Mead, uma parte considerável de nossa população ficou horrorizada. A própria Mead foi severamente criticada, e mais de um crítico começou a desacreditá-la. Na verdade, seus relatos sobre sexualidade foram enterrados em grande parte, como o livro de Darwin *A Origem do Homem*. No final dos anos 80, um antropólogo repetiu as viagens anteriores de Mead, entrevistando os poucos nativos mais velhos que se lembravam de suas visitas, inclusive alguns que até tinham sido entrevistados por ela. O antropólogo não encontrou vestígios da promiscuidade aberta que Mead testemunhara e depois disso fez um grande escarcéu sobre suas descobertas. Segundo ele, os nativos mais velhos não somente negaram aquela complacência juvenil como pareciam constrangidos sobre os relatos antigos, dizendo que nada daquilo acontecera de fato.

Depois disso, outros antropólogos observaram, contestando aquela refutação, que, nas várias gerações entre as visitas da jovem Mead e as visitas posteriores de um antropólogo que se propôs abertamente a desacreditar Mead, muitas coisas tinham acontecido, sobretudo a cristianização do povo polinésio. Mesmo os nativos que resistiam à conversão total também foram envolvidos na atmosfera pesada de culpa, pecado e promessa de castigo caso continuassem sua licenciosidade sexual, e por via das dúvidas mudaram, reduziram drasticamente ou disfarçaram seus hábitos. A culpa é um instrumento poderoso e pode abafar o fogo da paixão mesmo em condições de inferioridade. Além disso, graças às "moléculas de emoção" geradas pela culpa decorrente, quando as relações sexuais e a gravidez ocorrem apesar das injunções contra elas, as emoções negativas que acompanham esses acontecimentos cobram seu preço, como explicaremos mais adiante nesta Segunda Parte. Curiosamente, Patricia Greenfield, da UCLA (Universidade da Califórnia em Los Angeles), escreveu que "os neurônios-espelho absorvem a cultura diretamente", enquanto outros estudos mostram que "emoções sociais" como culpa, vergonha, orgulho, constrangimento, nojo e prazer são automaticamente fixadas na memória pelos neurônios-espelho e agem automaticamente, abaixo da percepção ou da intenção conscientes.

Na época das últimas pesquisas, a roupa naquelas culturas polinésias já não servia como adorno, mas em vez disso era usada para cobrir partes vergonhosas do corpo. Muitas facetas da cultura polinésia tinham mudado em função da nova teologia, e de fato as neuroses, raivas, ansiedades e problemas da vida ocidental moderna tinham se introduzido devidamente para tapar as brechas. Apesar disso, o povo estava sendo bom e comportava-se moralmente, como os cristãos devem fazer, embora a antiga cortesia e benevolência estivesse desaparecendo, assim como a felicidade constante que costumava existir.

O ponto central desse relato é a clara seletividade darwiniana da natureza naquela população primitiva. O período experimental de quatro anos entre os jovens do grupo era um recurso da natureza para encontrar a melhor compatibilidade possível do DNA, base para uma vida familiar e uma sociedade estáveis nas quais a vida nova pudesse existir. Aquelas pessoas procuravam o amor em ressonância que constrói vínculos sem escravidão, e pode ser que a natureza soubesse o que estava fazendo com aquela profusão de testes seletivos. Será simples coincidência o fato de que tais sociedades pré-letradas geralmente viviam em equilíbrio entre população e ambiente, sendo a superpopulação um fato raro?

A natureza opera segundo um modelo de profusão, no qual grandes massas dão origem seletivamente a formas singulares bem-sucedidas e o caos generalizado dá origem a uma ordem específica. A forma dessa ordem é resultado de uma inteligência espantosa, mas essa inteligência é resultado da transição do caos para a ordem. Seja qual for o movimento ordenador gerado mais cedo ou mais tarde, ele equivale à inteligência que gera essa ordem. Partir do pressuposto, como faria um fundamentalista, de que a inteligência precede a ordem é ignorar a maravilha e o mistério do processo de retrocausalidade na criação. O que existe para além ou vem antes desse processo é o Fundamento do Ser, depois do qual vem a Vastidão — e, como pergunta o Rig Veda, quem aqui pode dizer de onde isso vem?

As fêmeas humanas nascem com algo entre quatro e sete milhões de óvulos em seus ovários. Se todos os ovos de uma mosca comum se desenvolvessem e se reproduzissem por algumas gerações de moscas, dentro de um ano as moscas cobririam a Terra numa camada de vários metros de altura. Do mesmo modo, se todos os óvulos de uma única fêmea humana resultassem em homens de carne e osso, em pouco tempo a Terra ficaria radicalmente superpovoada. Entre o nascimento e a puberdade, no entanto, a natureza reduz de maneira seletiva e gradual essa superprodução em massa de óvulos até que, na época da menarca (a primeira menstruação), o número é de apenas 400.000 óvulos aproximadamente. O que causa essa redução?

O potencial de cada óvulo é um desdobramento específico de DNA, sendo que não há dois óvulos idênticos. O DNA é sensível a uma grande variedade de sinais da mãe, da família, da sociedade e do mundo. A frequência ou ressonância global entre o mundo lá fora e o grupo de óvulos no interior passa por mudanças constantes durante as quais os potenciais ovulares com menos ressonância são eliminados. Com uma disponibilidade de quatro a sete milhões de variantes do tema geral da vida humana, praticamente todas as contingências de mudança possíveis podem ser abrangidas. Depois de cerca de 14 anos dessa seleção não muito aleatória, os óvulos sobreviventes caem para uma pequena percentagem da massa original.

No começo da menarca, a categoria de DNA que tem afinidade maior com o sinal agindo atualmente como fator seletivo no grupo em constante mudança — mulheres à espera, por assim dizer — dá continuidade à seleção sequencial da futura "noiva" no mês lunar. Isso envolve meses de preparação. O óvulo nupcial tem de amadurecer, abrigar-se no "vestido de noiva" da camada protetora (a membrana celular tão essencial à vida, como mostrou Bruce Lipton — nada a ver com a casca de um ovo de galinha que se quebra no café da manhã), e finalmente seguir para as tubas uterinas para ser depositado em sua posição definitiva no "altar", pronto para receber seus "súditos".

Nossos meninos, por outro lado, não nascem com funções reprodutoras ativas nem "súditos" futuros. Esse trabalho criativo só tem início na fase da puberdade, mais ou menos na época em que as simpáticas "damas" estão se preparando para sua oferenda mensal. Quando começa a "linha de montagem" masculina, no entanto, ela se torna uma operação constante, ininterrupta, 24 horas por dia. Graças a esse método que demora para começar mas passa a ser constante, cada espermatozoide masculino é automaticamente "atualizado" a todo momento pelo ambiente do macho e por sua própria experiência. Teoricamente, ao atingir a maturidade, um homem pode contribuir com "criaturinhas" agressivas em quantidade suficiente para fertilizar, num único encontro, todas as mulheres férteis do planeta que estejam prontas para a fertilização naquele exato momento.

A cada união entre homem e mulher, de 300 a 400 milhões desses "cavaleiros" pequenos e competitivos saem em disparada para nadar loucamente contra a corrente em direção à "noiva" que os espera. É um número gigantesco, considerando-se que um único espermatozoide vai terminar a empreitada, e ainda assim só no melhor dos casos, pois uma seletividade igualmente maciça tem lugar no último trecho contra a corrente: o próprio "rio" elimina todos os candidatos que simplesmente não estão à altura do desafio.

No momento em que se aproximam realmente do óvulo, os "súditos já foram reduzidos a um número pequeno, e até esse pobre punhado tem de passar por uma seleção final. Os remanescentes, como se sabe, formam um círculo ao redor do óvulo, que é milhares de vezes maior do que os pequenos "súditos". Na verdade, eles "desfilam" numa corte, onde aparentemente acontece uma comparação final de frequências entre óvulo e "súditos" para determinar o pequeno espermatozoide que será convidado a entrar no "santuário".

Pense um pouco em quantos milhões de possibilidades foram examinadas seletivamente antes de se encontrar a melhor afinidade, para que o óvulo finalmente abrisse seu "portal" — uma passagem da largura exata para permitir a passagem do "esposo" escolhido. Nesse momento, o portal se fecha depressa, pois a competição não seria apropriada dentro do santuário. Aquela cauda comprida, que batia o tempo todo para impulsionar nosso herói em sua jornada, agora para de se mexer e desaparece. O feixe de DNA restante é impelido em direção a seu complemento feminino e seu destino.

Há alguns anos, um biólogo tentou explicar por que as meninas nascem com um estoque de óvulos, enquanto os meninos têm de esperar vários anos para "entrar no jogo". O óvulo da menina conserva um modelo do "estado de coisas" no momento de sua concepção, dando assim uma base estável para o sistema genético. Cerca de 12 a 14 anos mais tarde, essa base estável será a mesma, mesmo que tenha ocorrido uma seleção em função do ambiente e do desdobramento do DNA. A contribuição masculina é uma variável, um fator de atualização determinado pelo ambiente mutável e pela própria experiência do macho em constante mudança. Sem a variável do macho, a base biológica estável da fêmea levaria à estase, reduzindo as chances de adaptação e evolução. A variável do espermatozoide masculino introduz instabilidade, mas também adaptabilidade — isto é, a capacidade de mudar junto com a vida. Se os dois fatores fossem imponderáveis, o processo acabaria em caos, enquanto duas bases estáveis causariam estase. Quando as duas coisas se combinam, o resultado é o ser humano.

Como ressaltou a bióloga-antropóloga Ashley Montague, a fêmea, base biológica estável da vida, é o mais forte dos dois fatores necessários para criar vida, enquanto a variável masculina é mais frágil. É importante lembrar que, na reprodução, um único óvulo fica à espera enquanto centenas de milhões de variáveis masculinas correm para chegar até ele. A condição masculina é precária: é mais difícil produzir um espermatozoide e mantê-lo vivo, e ele é descartado depois de dar sua pequena contribuição.

Nos vários períodos possíveis de aborto espontâneo da vida fetal (tal como por volta da décima semana e entre o quinto e o sétimo mês), 80% dos embriões ou fetos abortados teriam sido meninos se tivessem sobrevivido — e há boas chances de que teriam disfunções se a gravidez chegasse ao fim. Entre todas as crianças nascidas com disfunções graves — surdez, cegueira, ausência de várias partes do corpo, deformações etc. —, a maioria é de meninos. Entre todas as crianças autistas, a maioria, de novo, é de meninos. As mulheres adultas existem em maior número do que os homens, geralmente têm vida muito mais longa e arranjam-se sozinhas muito melhor do que os homens conseguem viver sem mulheres. (Por falar nisso, é interessante observar que a obra de referência de Ashley Montague, *The Natural Superiority of Women*, foi escrita muito antes do começo do movimento feminista.)

Estranhamente, nas sociedades ocidentais os bebês meninos, embora mais frágeis, recebem menos cuidados do que as meninas; são criados para ser "durões", de acordo com nosso mito atual, aparentemente para lidar mais tarde com algum animal selvagem. Por outro lado, nas sociedades pacíficas e pré-letradas os bebês meninos são amamentados por mais tempo do que as meninas, e geralmente são tratados como seres mais frágeis. Mas parece que nossa mitologia se voltou contra nós. A natureza deu estruturas cerebrais superiores aos seres humanos para que pudéssemos vencer os animais selvagens pela astúcia, mas não nos deu corpos maiores e mais resistentes para lutarmos fisicamente com eles. Foi um erro grave na interpretação dos sinais. Sem cuidados maternos em todos os sentidos, nossos meninos crescem agressivos e revoltados, não constroem famílias estáveis e têm propensão à violência contra as mulheres, os filhos e uns contra os outros.

Em seus respectivos trabalhos sobre cérebro e evolução, tanto James H. Austin quanto Allan Schore ressaltam que nossa sobrevivência depende hoje em dia de criarmos homens abnegados, benevolentes, compassivos e afetuosos, coisa que, por sua vez, requer o mesmo tratamento para meninos a partir do nascimento e sobretudo entre 1 a 3 anos de idade e na adolescência. Mas essa noção é diametralmente oposta às atuais culturas capitalistas e neodarwinistas, com sua ênfase na competição e na sobrevivência dos mais aptos. Por isso, as chances de uma reviravolta radical parecem pequenas — como aliás nossa própria sobrevivência no planeta —, mas ao menos podemos tentar.

Portanto, a vida e sua criação são estocásticas e o acaso é um fator importante. Mas existe um objetivo óbvio por trás dessa aleatoriedade, e as características do processo seletivo revelam uma inteligência profunda. Na verdade, todo o escopo da criação mostra um desígnio incalculavelmente brilhante baseado no efeito retroativo, como ressaltou Walt Whitman ao olhar para uma simples folha de relva.[8]

---

8. Referência à famosa coletânea poética *Leaves of Grass* [*Folhas de Relva*, 1855-1892], do norte-americano Walt Whitman (1819-1892). (N. do T.)

7

O PLANO BIOLÓGICO DA NATUREZA

O bioquímico neozelandês Michael Denton argumenta que o universo caminha inexoravelmente para a criação de vida. Em outras palavras, a vida caminha inexoravelmente para a expressão de si mesma. Olhando para as imagens do espaço sideral do telescópio Hubble, vemos universos para além de universos que se estendem aparentemente para sempre, cada um deles formado por bilhões de estrelas e seus planetas. Se Denton estiver correto, toda essa grandiosidade tem o propósito único de produzir vida, e nós — você e eu — somos o ponto alto da vida neste universo.

O ACASO COM UM OBJETIVO

A ciência acadêmica parte do pressuposto dogmático de que a vida é um subproduto acidental de um acontecimento devido ao acaso. Essa crença neodarwinista serve para proteger a soberania do clero científico e eliminar qualquer influência de cima para baixo além dos limites de predição e controle do cientismo. A tese de que nossa origem se baseia no acaso é uma meia-verdade que, como muitas meias-verdades, pode ser duplamente ilusória, mas também pode levar à verdade se for perseguida até o fim.

Como vimos antes, a vida evolui de maneira estocástica, aleatória, mas com um objetivo. Negar o fator aleatório em nossa evolução é um ato de cegueira, mas ignorar o objetivo é pura tolice. No entanto, quem afirma que tudo acontece de acordo com um plano ou um desígnio inteligente é igualmente cego. Os acidentes acontecem o tempo todo na criação, pois cada possibilidade de expressão de vida procura uma acomodação com todas as outras possibilidades que estão sendo expressas num desenrolar constante de possibilidades. Aquela que funciona melhor persiste enquanto durar sua acomodação com a miríade de outras criações que seguem o mesmo esquema. Sem esse fator estocástico, tanto nossa biologia quanto o universo teriam de ser máquinas — e nenhum dos dois se parece remotamente com uma máquina.

A escala em que a natureza evolui é infinitamente grande quando observada por meio de tecnologias científicas como telescópios, imagens magnéticas, microscópios eletrônicos e assim por diante. As imensidões encontradas nas duas direções, para dentro e para fora, parecem nos reduzir enquanto indivíduos a algo insignificante, como costuma ficar implícito na visão científica. Os gregos, ao contrário, olhavam para as estrelas incontáveis e escreviam seus nomes sobre todas elas, sem nenhum acanhamento.

Mas nossa insignificância implícita pode ser amenizada por duas observações simples: primeiro, somos tão grandes diante das coisas muito pequenas como somos pequenos diante das coisas muito grandes. Os modos de ser são relativos. Nosso corpo, por exemplo, se compõe de mais de 78 trilhões de células, sendo que cada uma delas é uma criatura que funciona de maneira semi-independente e inteligente, embora geralmente em harmonia com suas vizinhas. Quando observamos o cosmos interior de que somos feitos, ele nos parece tão absolutamente imenso quanto o cosmos exterior do telescópio Hubble. As duas direções requerem o mesmo tipo genérico de tecnologia científica para serem observadas e, embora pudéssemos viver aqui bastante bem sem observar nenhuma, somos curiosos por natureza — intrometidos, inquisitivos, atraídos por tudo o que há de novo. Chimpanzés ou bonobos (*Pan paniscus*, até recentemente chamado chimpanzé pigmeu), por exemplo, vivem geralmente num mesmo local, mas aparentemente os humanos, desde o início, queriam saber o que havia do outro lado da colina, no sentido literal ou figurado, físico ou mental.

A descoberta da célula foi tão importante quanto descobrir as luas de Júpiter e criou excitação e aventura para aqueles interessados em tais descobertas. Com o tempo, nossa compreensão da complexidade da célula aumentou junto com a complexidade dos microscópios usados para "viajar" até lá. O microscópio eletrônico revelou um mundo à parte dentro de cada célula. Para falar do jeito mais simples, a célula é um corpo que abriga um núcleo de DNA dobrando-se e desdobrando-se dentro dela. A substância ao redor do DNA contém criaturas minúsculas chamadas mitocôndrias, que constantemente convertem energia em alimento e vice-versa. O enchimento ou substância chamado *tubulina* constitui a maior parte do interior da célula. A tubulina, por sua vez, é feita de microtúbulos que são oscilações de frequências, uma força que liga e desliga inúmeras vezes por segundo. Quando estão "ligados", os microtúbulos existem; quando estão "desligados", não existem. Esse liga-e-desliga aparentemente sem sentido dá uma base sólida às estruturas celulares mas, se for encarado ao pé da letra, abala a lei eterna e absoluta da física escrita nas estrelas e nos céus: a energia não pode ser criada nem destruída. Mas a verdade última e definitiva é a ficção de uma coisa chamada *energia*. Quando a energia "desliga" e não está presente naquele momento, onde está ela? Na verdade, ela não existe em nenhum dos dois estados. As oscilações dos microtúbulos são a verdadeira gênese do fenômeno de retrocausalidade que dá origem à matéria e ao universo que ela manifesta. Como explica Robert Sardello, a energia é uma hipótese da ciência antiga que nunca se mostrou realmente consistente, mas foi inventada como uma grade semântica para uma força desconhecida que está além de nossa capacidade conceitual. Assim, a ciência rotula efeitos fantasmagóricos e oscilantes como o neutrino e os microtúbulos por conveniência, para disfarçar uma categoria do ser que, se viesse à luz, simplesmente iria desarticular tautologias científicas.

    O espermatozoide é uma célula minúscula que consiste num corpo, não muito mais do que uma espiral de DNA, e uma cauda ou flagelo que serve para impulsioná-lo em direção ao óvulo. Essa cauda é feita de nove microtúbulos dispostos em círculo e supostamente providos de energia por mitocôndrias. Quando o espermatozoide é admitido no óvulo, a cauda "cai", como se diz, mas na verdade as mitocôndrias simplesmente param de alimentar os microtúbulos, que automaticamente deixam de existir — pois não são mais necessários. Assim, a tubulina, feita de incontáveis microtúbulos e que preenche a maior parte da célula e portanto de nosso corpo, é da mesma ordem de magnitude do que o cosmos lá fora (que supomos feito de algo mais palpável — embora essa suposição seja de novo necessária para que nossa mentalidade não afunde no caos; veja a esse respeito os trabalhos monumentais de Lynn Margulis e Dorian Sagan sobre microbiologia).

A segunda observação que relativiza nossa insignificância está contida no provérbio: "Quando você é dono da galinha, não precisa se preocupar com a omelete". Em outras palavras, a redundância extravagante e infinita da natureza e o aparente desperdício de tantas coisas para conseguir tão pouco não pode ser ressaltado o suficiente. E por que não operar dessa maneira? Crie uma partícula ou onda de energia, ainda que seja só uma ilusão ou jogo mental, coloque-a em relação com outra — como nove microtúbulos combinados para formar uma cauda perfeitamente funcional — e você dará início a um processo que permite criar qualquer coisa para sempre.

Esse movimento cíclico não tem necessidade de parar, pois, no efeito retroativo encontrado por toda parte na natureza, a criação não começa de qualquer maneira — pelo menos não de modo lógico ou linear como imagina nossa sensibilidade. A criação simplesmente é, uma origem sempre presente que depende da relação entre coisas que, por sua vez, foram criadas a partir de ondas, vibrações ou frequências. Essas, como os microtúbulos, só podem ter sua existência comprovada pelo uso de um aparelho feito de ondas, vibrações ou frequências — uma espécie de tautologia em si mesma: ondas, vibrações ou frequências precisam existir para provar que existem. (Curiosamente, só os aparelhos da ciência tecnológica podem provar a validade da moderna ciência tecnológica, o que significa que o sacrossanto método científico também é um tipo de tautologia.)

Tudo o que existe está além dos limites de outra coisa ou separado dela. Uma frequência de onda só pode ser separada de outra onda ou de si mesma. Nos primeiros anos de vida, a criança inventa um mundo interior imaginário em suas brincadeiras. Então, projeta isso no mundo exterior dos seus sentidos, que se organizam e sentem graças ao mesmo cérebro-mente capaz de imaginação. A criança brinca daquilo que o psicólogo do desenvolvimento Lev Vygotsky chamou de "realidade modular" do seu próprio "faz de conta", mas suas brincadeiras nunca podem ser outra coisa a não ser ações do mesmo cérebro-mente. O resultado é uma tautologia verdadeira e funcional — uma tautologia que dá certo. Tudo o que a criança quer é brincar nesse estado, uma espécie de jogo divino no qual ela domina o mundo que criou. Na verdade, ela está brincando de Deus. Impedir a criança de brincar equivale a matar sua soberania nascente e sua divindade natural.

Portanto, a ordem estocástica indica um objetivo em meio ao acaso. A ciência tecnológica exige a clareza de uma abordagem disciplinada, economia de procedimentos, erradicação do acaso se possível com pouco ou nenhum desperdício de esforço, e uma ilusão máxima de previsibilidade e controle. No entanto, se a maneira com que as estrelas, os planetas, as luas e o lixo cósmico são criados pudesse caber sob a única rubrica de organização, seria uma "ordem a partir do caos", o que transformaria o caos na ordem do dia. O caos indica um território de pura aleatoriedade, e portanto de potencial infinito e grandes quantidades de material bruto para ser ordenado num ser.

Disso decorre uma ladainha da natureza na qual a ordem a partir do caos reproduz a si mesma infinitamente, assim como o caos necessário para a existência da ordem. É um método de criação em que qualquer coisa que algum dia pudesse acontecer ou vir a ser já existiu, existe e sempre existirá. Portanto, objetivo, vida e sua perpétua expressão por meio dos indivíduos sempre serão inseparáveis de toda a aleatoriedade, que na verdade é uma parte essencial do processo de produção. O que importa se uma galáxia colidir com a outra, aniquilando as duas, e esse tipo de coisa acontecer aqui e ali? Ainda que a colisão leve provavelmente um bilhão de anos para se completar, há muitos milhões de outras galáxias e muitos bilhões de outros anos pela frente, e mais ainda sempre estarão sendo criados. O que importa se só uma estrela entre um bilhão tirar a sorte grande e produzir as condições necessárias para a existência da vida? Até aí, nada se perdeu e tudo se ganhou. Você e eu estamos aqui e o universo está de novo consciente de si mesmo e só quer repetir o que fez. Mais vida! Mais vida!

Em todo campo de lixo casual, sem objetivo e sem utilidade, ou no caos da "dança majestosa para lugar nenhum" (como formulou o paleontólogo e biólogo evolucionista Stephen Jay Gould, de Harvard), esconde-se uma pérola preciosa — as próprias condições que levarão ao surgimento espontâneo da vida, expondo assim o erro de Gould com toda a clareza. O lugar nenhum mencionado por Gould é na verdade todos os lugares, e sua dança majestosa acontece eternamente, sempre atingindo seu objetivo, a cada vez, a cada instante. E pérolas como você e eu sempre existirão, pois os campos de caos continuam formando-se para criá-las.

Isso justifica o esforço aparentemente prodigioso por trás da criação, tornando-o perfeitamente válido. Sim, nosso cosmos é uma concessão incrível, magnífica e esmagadora daquela força por trás dele que aparentemente deseja a existência do Ser — e como um processo criativo poderia se comportar de outra maneira?

Walt Whitman disse que um simples molusco em sua concha era suficiente (isto é, suficiente para provar a maravilha da criação), e William Blake disse: "Mais! Mais! é o grito de uma alma equivocada. Menos do que Tudo nunca será suficiente". Em nossa visão científica, isso implica um universo em expansão. Whitman se espantava de que algo altamente complexo e assombroso como uma folha de relva — que ele encarava como uma amostra da criação tão grande quanto a "jornada das estrelas" — pudesse de fato *existir*. Qualquer um de nós, se as escamas caíssem de nossos olhos, se espantaria também. Blake encontrou um mundo num grão de areia e a eternidade numa hora. Outros poetas tiveram experiências semelhantes.

Na verdade, a criação não envolve esforço. A criança brinca sem esforço, criando mundos a serem habitados. A criação é livre. Só quando chegamos a formas de vida superiores e mais maduras, na condição de humanos adultos, percebemos que a "entrada franca" não existe mais e temos de pagar um preço por muitas coisas. Então, tendemos a transformar tudo num esforço, talvez como um recurso para afirmar nossa importância ou dar um sentido à vida. Essa compulsão especificamente humana, que assume a forma da busca de um sentido ou do desejo de ser importante, parte da noção de que não somos dignos de um acontecimento magnífico como a vida — uma patologia estranha que se apoderou de nós em algum momento ao longo da história antiga e estragou nossa brincadeira. Nós até agimos como se não devêssemos estar aqui e tivéssemos de justificar nossa existência, comprando nosso ingresso para a vida com sangue, suor e lágrimas. Nossa aculturação nos impede de entender a ideia de que, como produto final da ordem estocástica da criação, somos, ao menos por definição, coproprietários do processo que nos deu origem. Não importa em que grau de parentesco, somos herdeiros da fortuna e do processo de fabricar moedas, mas aparentemente preferimos desperdiçar a vida em conflitos, trapaças, mentiras, roubos, assassinatos e guerras — por causa de alguns centavos.

O DESENVOLVIMENTO DO CÉREBRO E A ASCENSÃO DO CÓRTEX PRÉ-FRONTAL

Em sua primeira grande obra, *A Origem das Espécies*, Darwin mostrou que as espécies vivas surgiram a partir da mutação aleatória e de uma seleção baseada na sobrevivência. Na segunda obra, *A Origem do Homem*, ele descreveu o imperativo moral de amor e abnegação necessário para o surgimento e a sobrevivência da espécie humana. Como vimos antes, a natureza não teria condições de cumprir a segunda etapa enquanto a primeira não chegasse ao fim. Portanto, as duas obras, "Darwin 1" e "Darwin 2", apresentam um efeito retroativo: uma se encontra na outra e dá origem à outra.

Os cientistas envolvidos em pesquisa cerebral no Howard Hughes Medical Center estudaram o DNA de nossos numerosos antecessores e fizeram recentemente a afirmação ousada de que nosso cérebro humano surgiu num período curto demais pela lógica do processo darwiniano de mutações aleatórias e sobrevivência dos mais aptos. O cérebro humano ao qual eles se referem é o quarto e último cérebro acrescentado pela evolução, o córtex pré-frontal, que abrange os maiores lobos de nossa cabeça e nos alça acima de todos os outros animais. Mas esse quarto cérebro se apoia nos cérebros mais antigos de nossa cabeça — o reptiliano e os dois límbicos, antigo e novo — e essencialmente depende deles. A natureza levou éons para dar origem a esses cérebros notáveis do tipo "Darwin 1" pelo processo de seleção aleatória e seleção baseada na sobrevivência, e, com base em seu princípio de economia, não estava disposta a reinventar a roda quando chegou a vez de formar o novo cérebro.

Assim, quando esses primeiros feitos neurológicos evolutivos já tinham preparado o terreno, a natureza nos gerou depressa. Ela só tinha de mudar algumas partes físicas de lugar, livrar-se de outras que já estavam superadas e acrescentar um novo cérebro que era um produto do amor e abnegação — isto é, amor por si mesmo e pelas outras pessoas — e que, por sua vez, produzia amor e abnegação. Isso não aconteceu da noite para o dia, mas com certeza envolveu menos procedimentos de tentativa e erro do que na criação dos cérebros anteriores, e a transição provavelmente não demorou muito em termos evolutivos.

Como já vimos, os cérebros animais inferiores são os sistemas neuronais que nos dão o conhecimento do nosso mundo e do nosso corpo e formaram a base do novo e precoce "dono do pedaço", o córtex pré-frontal. O neurocientista Paul MacLean foi o primeiro a sistematizar a característica evolutiva desses três cérebros. O cérebro reptiliano básico, de função sensório-motora, interpreta nosso corpo e nosso ambiente. O antigo cérebro límbico ou emocional-cognitivo põe em jogo a relação com outras pessoas, e o neocórtex ou novo cérebro límbico acrescentado acima dos dois primeiros é essencial para os mecanismos precursores da fala e do pensamento. Os três desenvolvem suas estruturas celulares básicas no ventre materno na mesma sequência, mas com sobreposições entre cada estágio: primeiro o reptiliano, depois o límbico e, por fim, o límbico novo. Depois do nascimento, eles se desenvolvem de novo na mesma sequência, mais ou menos, com mais algumas sobreposições. (Veja figura 5.3 à p. 79.)

O quarto cérebro, o novo córtex pré-frontal, desenvolve suas estruturas celulares depois do nascimento e acaba sendo a maior estrutura do cérebro. Ele é tão grande que, se sua estrutura se formasse no útero, nunca teríamos condições de nascer. Surgiu em época recente de nossa história, há apenas 40.000 anos, por isso tem menos peso evolutivo por trás dele do que os cérebros mais antigos. Embora muito mais poderoso depois de inteiramente formado, esse recém-chegado é bastante frágil até a maturação completa, que leva aproximadamente 21 anos depois do seu aparecimento após o nascimento. Segundo uma regra baseada no método empírico, quanto mais antiga for uma estrutura neuronal, mais durável, instintiva, reflexiva e não negociável será ela, já que não tem capacidade de linguagem ou raciocínio; e quanto mais subimos na escala evolutiva, mais frágil é o sistema, mais tempo leva para se desenvolver, é menos instintivo e mais negociável e, ao ser completado, torna-se o mais poderoso.

O plano da natureza para o desenvolvimento de cada uma dessas quatro estruturas segue o mesmo processo de seu aparecimento na ordem evolutiva. Uma ordem evolutiva similar é encontrada na germinação, divisão e crescimento da vida celular do ovo fecundado para o embrião, o feto, o bebê uterino e o recém-nascido. Esse esquema recapitula aproximadamente o desenvolvimento de todas as formas de vida que vieram antes de nós na evolução, culminando no nascimento a partir de nossa primeira matriz, o ventre materno. Os estágios de desenvolvimento depois do nascimento seguem a mesma sequência, com muitas sobreposições, recuos e avanços entre eles (figura 7.2).

Na Faculdade de Medicina da UCLA (Universidade da Califórnia em Los Angeles), o psicólogo do desenvolvimento Allan Schore, autor da obra monumental *Affect Regulation and the Origin of Self*, chama esse desdobramento sequencial de "escala evolutiva". Cada degrau da escala representa o desenvolvimento de nossas várias heranças animais em sua ordem respectiva. Só chegamos ao segundo degrau depois de desenvolver o primeiro, temos de pisar no segundo com os dois pés para passar ao terceiro, e assim por diante. O alto da escada nos leva ao desenvolvimento e ao predomínio do córtex pré-frontal, o quarto cérebro acrescentado pela evolução não como o glacê por cima do bolo, mas como objetivo de todo o espetáculo. Apesar disso, a base do crescimento e desenvolvimento concretos desse quarto cérebro superior é o desenvolvimento de cada uma de nossas heranças animais em sua ordem respectiva.

Embora contenha muitas partes diferentes, nosso cérebro funciona como uma unidade integrada, como mostrou o neuropsicólogo Karl Pribram anos

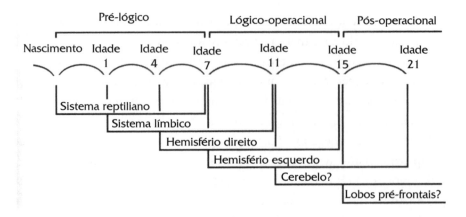

Figura 7.2. Progressos súbitos e mudanças de rumo na concentração e desenvolvimento do crescimento do cérebro.

atrás. Cada atividade pode envolver um módulo ou lobo específico do cérebro especializado naquela ação específica, mas automaticamente o resto do cérebro também se envolve de maneira periférica. Todas as partes agem numa função de apoio, ao mesmo tempo que registram ou fixam na memória o cerne geral da ação. Com isso, temos desenvolvimento e continuidade o tempo todo, um cérebro-mente sempre em expansão mas que conserva sua integridade. É um padrão que se mostrou viável para a vida em geral, famílias, comunidades, conjuntos musicais, elenco de peças de teatro e assim por diante. Quando somos totalmente envolvidos pelas emoções, por exemplo no ato do amor, todo o cérebro-corpo apoia essa grande empresa sem que nenhuma parte entre em choque com a outra. Quando nos envolvemos numa atividade intelectual intensa, nosso prosencéfalo domina a cena enquanto o rombencéfalo fica em segundo plano, atuando em papéis de apoio puramente físico.

Depois do nascimento, os módulos e lobos em nosso crânio continuam a mesma sequência de desenvolvimento, que segue um padrão muito parecido com o de seu crescimento celular no ventre materno. O rombencéfalo reptiliano e sensório-motor recebe a atenção principal nos nove meses depois do nascimento, enquanto os cérebros límbicos antigo e novo ficam meio dormentes, envolvidos de maneira periférica mas registrando zelosamente uma ressonância geral dessa atividade sensório-motora que está em primeiro plano. Desse modo, preparam-se da melhor maneira para assumir seus papéis quando chegar sua vez no desenvolvimento cerebral.

Quando cada módulo ou lobo do cérebro começa seu desenvolvimento superior, incorporando seu antecessor como fundamento e apoio auxiliar, esse último é alçado até certo ponto para o modo de atuação do módulo mais recente, completando seu desenvolvimento juntamente com o parceiro. Portanto, há uma sobreposição constante de desenvolvimento. Assim como não existem linhas retas na natureza, o desenvolvimento do cérebro é um processo cheio de curvas e retroações, menos rígido e linear do que sugere a figura 7.2.

Quando avançamos nessa escala evolutiva de desenvolvimento, novas oportunidades se abrem e se fecham para nós de acordo com fatores de crescimento prévios, determinados naturalmente, e uma série de influências ambientais sujeitas a mudança. Além disso, esses estágios de desenvolvimento são no melhor dos casos médias estatísticas, não valores rígidos e absolutos. Há muitas variáveis nesse desenvolvimento, o que significa que cada um de nós é, na verdade, uma exceção à regra.

A figura 7.2 mostra que percorrer os degraus da escala até a operação plena dos lobos pré-frontais pode levar muitos anos. Na verdade, quanto mais subimos a escala, mais complexa é a estrutura neuronal e mais devagar ela se desenvolve. Nessa ascensão, a capacidade de expansão depende parcialmente do fato de recebermos ou não um ambiente e modelo favoráveis ao crescimento em todos os sentidos. A cada novo degrau, nós nos abrimos para um novo repertório de habilidades. Exercendo as novas habilidades, superamos as limitações e coerções do degrau anterior, transcendendo-as para seguir adiante. Um bebê é radicalmente incapaz ao nascer, depois rasteja pelo chão e finalmente se apoia nas pernas traseiras, engatinhando por toda parte.

É claro que não existem garantias associadas a essa sequência promissora. Cada estágio pode ou não dar frutos, dependendo de muitas variáveis e reviravoltas do acaso. Quando somos criados da melhor maneira, com modelos de apoio na primeira infância, infância, adolescência e juventude, passamos automaticamente para estágios mais elevados de percepção consciente, experimentando cada novo desdobramento como a descoberta de um novo mundo de prazer e possibilidade — uma fase de excitação sem limites.

AS SEQUÊNCIAS DE MATRIZES

Essa escala evolutiva também pode ser encarada como uma sequência de matrizes. Na primeira matriz ou fonte (o ventre materno), os chamados trimestres correspondem aproximadamente ao crescimento celular do cérebro triádico/triúno ou tripartido. O primeiro trimestre dá origem ao sistema reptiliano sensório-motor, que com sua agitação inicial logo percebida pela mãe serve para acelerar o processo. Então, os cérebros límbicos antigo e novo se formam respectivamente no segundo e terceiro trimestres.

Uma descoberta científica importante do final do século XX foi que o crescimento celular e a capacidade potencial desse sistema triádico depende basicamente do estado emocional positivo da mãe. As "moléculas de emoção", como o neurocientista Candace Pert chamou esse estado, têm impacto profundo sobre o DNA envolvido nas estruturas celulares desde o início do desenvolvimento fetal.

A segunda matriz importante são os braços da mãe. A natureza quer que o bebê passe do interior para o exterior da matriz primária, o ventre materno, para permitir o crescimento do novo cérebro humano, o córtex pré-frontal, que cresce ao longo dos nove meses depois do nascimento. Ao mesmo tempo que os lobos pré-frontais começam a crescer, o cérebro reptiliano mais antigo começa seu desenvolvimento ativo. O cérebro mais recente é capaz de entrar no jogo, enquanto o mais antigo está trabalhando, em grande parte porque os braços da mãe são a matriz ideal para os materiais e modelos de que os dois sistemas precisam.

Os lobos pré-frontais nos concedem a humanidade para além de todas as espécies animais, mas seu crescimento é grandemente influenciado pelo estado emocional da mãe nessa fase do colo — e pelo fato de o bebê estar ou não no colo materno. É importante, assim, cuidar de uma mulher grávida, permitir que ela dê à luz com cuidado, cuidar de uma mãe lactante e, depois disso, cuidar tanto da mãe quanto do bebê. Qualquer tipo de distúrbio emocional para a doadora de vida e para a vida nova que ela deu à luz pode pôr em xeque o plano da natureza. As "moléculas de emoção" são ingredientes essenciais para o crescimento quando positivas e podem causar um "baque" destrutivo quando negativas.

O sucesso da criança nas várias matrizes em que ela penetra depois dos braços da mãe determina o sucesso do curso evolutivo do córtex pré-frontal, destinado a se transformar no governante de todo o processo, mantendo em ordem as estruturas animais inferiores que suportam as superiores para tudo o que a natureza nos reserva dali em diante. Tendo chegado por último na escala evolutiva, o sistema pré-frontal é o mais frágil: interferências ou acidentes em qualquer etapa do desenvolvimento comprometem o resultado. A importância da observação de Maria Montessori, segundo a qual "uma humanidade abandonada em seu estágio formativo inicial é a principal ameaça à sua própria sobrevivência", é corroborada ao nosso redor todos os dias.

São necessários muitos anos e muitos degraus da escala para que os lobos pré-frontais se desenvolvam da fase do colo até sua operação plena. Os indivíduos passam esse tempo num processo de imersão e emersão. Nós imergimos, enquanto estruturas psíquicas, personalidades ou mentes, na matriz de cada estágio, completamos o crescimento inerente àquele estágio e emergimos dele para imergir no próximo.

A terceira matriz é a família e o ambiente imediato, a fase que vai de 1 a 3 anos de idade, centrada no desenvolvimento do antigo cérebro límbico emocional-cognitivo. De novo, a atmosfera emocional é um elemento essencial para a imersão bem-sucedida nesse estágio. Aqui, habilidades de memória, aprendizado, defesa e toda uma lista de outras capacidades se desenvolvem para permitir o relacionamento consigo mesmo e com o mundo.

Emergimos da terceira matriz para entrar na quarta, centrada no hemisfério direito do novo cérebro límbico e seu córtex pré-frontal semidormente, abrindo-nos para a consciência da natureza lá fora. É a fase da "criança de sonho" de Jean Piaget ou da "criança etérea" de Rudolf Steiner, que desenvolve uma imaginação divina. Ao longo da quarta matriz, uma criança do fim do terceiro até o sexto ano de vida consegue modular seu ambiente sensorial, baseado nos dois cérebros inferiores, e criar um mundo de faz de conta que ela pode dominar. Graças às brincadeiras, ela desenvolve a capacidade imaginativa da qual depende grandemente toda a inteligência subsequente.

A emersão desse mundo etéreo e irreal dominado pelo hemisfério direito do cérebro leva à quinta matriz, o que resulta em imersão no hemisfério esquerdo do cérebro. Entre 6 e 7 anos de idade, a criança experimenta grande pique de crescimento cerebral que a deixa com massa neuronal no cérebro de cinco a sete vezes maior do que na fase anterior. Uma alteração fundamental na percepção se segue a esse crescimento neuronal, pois a matriz passa para o hemisfério esquerdo do cérebro. Com essa guinada, abre-se um novo reino do pensamento no qual a mente elabora os materiais do seu mundo físico, muda seletivamente aspectos da própria matéria física e até inverte as construções ontológicas do nosso mundo vivo de acordo com o que o olho da mente consegue imaginar. Antes disso, a criança projetava sua imagem interior numa imagem exterior e brincava no mundo modulado do seu próprio fazer — com um pé no mundo interior e outro no mundo "real" —, mas agora, nesse "novo estágio operacional concreto", como disse Piaget, ela tem os dois pés do mundo cotidiano embora use a mesma imagem interior imaginativa. Ela consegue modular a natureza do próprio objeto exterior: pode construir coisas, tocar um instrumento, inventar, combinar, cultivar, aglutinar — em suma, transformar uma coisa em outra quantas vezes quiser.

A partir desse estágio operacional concreto, a criança emerge para a sexta matriz onde a mente mergulha num processo, mais do que num lugar ou numa coisa. Piaget chamou este processo "pensamento operacional formal". É o primeiro estágio de emergência da mente com relação ao cérebro, no qual passamos para um reino de pensamento capaz de criar sistemas para além de todos os limites físicos. Imergindo nesse estágio, podemos retroceder às nossas raízes evolutivas para mudar a própria estrutura cerebral que nos deu origem, descobrindo assim como funciona o efeito retroativo. Podemos transitar do concreto para o abstrato e brincar com os limites entre os dois.

Operações formais levam, em meados da adolescência, à imersão da mente no córtex pré-frontal. Preparando-se para esse salto evolutivo, o cérebro pré-frontal passa por uma aceleração do crescimento que começa por volta dos 15 anos e só termina por volta dos 21 anos de idade. É um período transicional de formação e exploração, um estado desordenado e instável chamado adolescência. Nesse estágio, as emoções são tudo: o sistema cérebro-mente adolescente exige tanta paciência, tolerância e compreensão da família, da sociedade e do mundo como no caso da criança de 1 a 3 anos, e por razões notavelmente parecidas.

SOBRE O NASCIMENTO E A CRIAÇÃO DE UM VÍNCULO

Um pouco antes de ser convidado para apresentar uma conferência sobre o vínculo do nascimento, recebi um longo documento da American College Obstetricians [Associação Norte-Americana de Obstetrícia] dizendo que eu tinha de desmentir com minha assinatura qualquer conflito de interesses que eu, na condição de conferencista, pudesse ter com a Associação de Obstetrícia. (Parece que esse grupo era um dos patrocinadores do evento.) O documento continha uma advertência de que, se eu me recusasse ao acordo, a Associação tomaria várias medidas, inclusive informar ao público presente que eu não cumprira o acordo, o que supostamente abalaria minha credibilidade.

A Associação Norte-Americana de Obstetrícia, que reúne cerca de 40.000 obstetras, tinha acabado de aprovar uma resolução de que qualquer mulher que quisesse parto por cesariana poderia tê-lo, mesmo que não houvesse uma razão médica. Curiosamente, tanto os hospitais quanto os obstetras ganham muito mais dinheiro com cesarianas do que com partos normais. Depois das cirurgias do coração, as cesarianas são as operações que mais dão lucro aos cirurgiões, enquanto o parto representa mais da metade de toda a receita de um hospital. Além disso, todos sabem que a maioria dos hospitais dos EUA é propriedade de grandes cadeias corporativas, e a American Medical Association [Associação Norte-Americana de Medicina] é um poder político que tem de ser levado em conta. (Não preciso dizer que ignorei esse documento ameaçador e ofensivo e, depois disso, continuei falando o que penso em conferências e mesas-redondas sobre os danos de grande escala causados pelos partos hospitalares.)

Um conflito entre a inteligência natural e o intelecto humano

Paul MacLean descreveu a tríade de necessidades absolutas para o bem-estar e desenvolvimento na primeira infância e na infância: comunicação audiovisual, amamentação no sentido lato e brincadeira. Todos os três se instalam com o vínculo entre mãe e bebê no nascimento e se estabilizam com a amamentação no primeiro ano de vida. Sem o vínculo em primeiro lugar e a amamentação em segundo, todo o desenvolvimento subsequente do bebê e da mãe é comprometido.

Anos atrás, a psicóloga infantil Muriel Beadle perguntou por que o bebê humano parece nascer num estado de excitação e alerta que rapidamente se transforma em angústia, seguida por retração da consciência que dura em média de 10 a 12 semanas antes que a consciência plena se manifeste no bebê. Minha sugestão é de que a resposta a essa pergunta está no parto hospitalar de crianças.

A maioria dos mamíferos fêmeas, ao se preparar para dar à luz, procura o local mais afastado possível, de preferência escuro, silencioso e seguro. Ao primeiro sinal de uma intromissão (nas regiões selvagens, até o estalido de um galho causa uma reação de susto e alerta), a inteligência natural da criatura retarda e até interrompe o trabalho de parto, e ela espera até ter certeza de que o ambiente é seguro. Os instintos límbicos também comandam o parto humano, interpretando e reagindo aos sinais do ambiente em grande parte como fazem os animais. No início, o próprio ambiente hospitalar retarda o parto dramaticamente, mesmo no melhor dos casos. Se a futura mãe se sentir segura, amparada e confiante, em contato consigo mesma e com a natureza, pode dar à luz em apenas vinte minutos. Porém, ao menor sinal de uma interferência de qualquer tipo, independentemente do caráter ou do motivo, o trabalho de parto é perturbado, retardado ou mesmo interrompido por uma inteligência interior antiga e poderosa.

Se houver perturbação, as reações ressonantes de coordenação muscular da mãe podem se perder. O resultado é uma espécie de caos interior — músculo contra músculo, instinto contra instinto, tudo acompanhado por uma dor que foi predita e longamente esperada. A sabedoria interior fica confusa com as intromissões do exterior e as intenções da natureza se chocam com as atenções da cultura. Mãe e bebê perdem com isso em todos os sentidos. Infelizmente, esse tem sido o parto "normal" para a maioria das mulheres de nossa cultura e uma causa primária do nosso tumulto pessoal e social cada vez maior.

A fase do colo

Nikos Tinbergen, Prêmio Nobel em Etologia, estudou o metabolismo dos bebês e descobriu que um humano recém-nascido precisa se alimentar mais ou menos a cada vinte minutos nos primeiros dias de vida, sendo que os períodos entre as refeições vão ficando mais longos com o passar dos meses. Parece que o leite materno tem menos gorduras e proteínas do que o da maioria dos mamíferos e, embora rico em hormônios, exige que o bebê se alimente com frequência — e é esse o sentido da coisa. O ácido clorídrico, necessário para a digestão de gorduras e proteínas, é abundante em outros filhotes mamíferos, mas está menos presente em bebês humanos porque, como foi sugerido, é menos necessário (embora essa explicação tenha sido objeto de um debate recente). Alguns mamíferos, coelhos por exemplo, produzem um leite tão rico em gorduras e proteínas que seus filhotes só precisam mamar uma ou duas vezes ao dia, dando tempo à mãe para se alimentar livremente e produzir mais leite gordo para a próxima mamada. A natureza arranjou o horário de alimentação humana para equilibrar uma trama intricada de necessidades interdependentes cuja satisfação é essencial para formar um ser humano no sentido pleno. Essas necessidades se concentram sobretudo nos sistemas emocionais dos bebês e das mães. A pediatra Maria Montessori observou há mais de 50 anos que, cerca de nove meses depois do nascimento, o ácido clorídrico passa a existir no sistema do bebê em grau maior de concentração — e essa marca dos nove meses tem um papel importante na criação do vínculo. Steiner também enfatizou a função essencial da amamentação nos primeiros nove meses de vida.

Assim como o bebê recebe nove meses da natureza para crescer no ventre materno leva outros nove meses nos braços da mãe para se estabelecer firmemente na matriz de seu mundo novo. E o mais importante, como vimos, é que nessa época o córtex pré-frontal cresce. Além disso, a natureza precisa ativar e estabilizar todas as funções corporais, especialmente o coração, o que requer uma interação recíproca e constante com o complexo de DNA do corpo, coração e sistema emocional da mãe, além da sobreposição e sincronização entre os campos magnéticos da mãe e da criança. Para realizar tudo isso, a natureza faz o que pode para manter a criança no colo materno nesse período essencial de crescimento cerebral e estabilização do sistema.

Na tríade de necessidades de MacLean, a primeira é a comunicação audiovisual. A audição rudimentar surge bem cedo no ventre materno. Quando o feto tem uma mãe que ouve e fala normalmente, o desenvolvimento da linguagem tem início no segundo trimestre, graças às reações musculares do bebê aos fonemas falados pela mãe, unidades fundamentais de palavras nas quais toda linguagem se baseia. Esse fundamento fonético-muscular se forma em estágios sucessivos até o nascimento e rapidamente leva à capacidade da fala.

A visão, no entanto, que ocupa mais espaço em nosso cérebro do que todos os outros sentidos juntos, obviamente não pode se desenvolver no ventre materno, embora a sensibilidade visual se manifeste cedo, como se observa na aversão do feto a luzes claras dirigidas diretamente à barriga da mãe (fazendo com que o feto vire a cabeça). Mas o pleno desenvolvimento visual e a comunicação audiovisual que o acompanha têm de esperar o nascimento para desabrochar. Depois do parto, quando um rosto humano surge diante dos olhos do recém-nascido à distância de 15 a 30 centímetros, ele exibe duas reações imediatas: seu estado inicial de excitação e alerta se estabiliza e começam reações audiovisuais recíprocas entre mãe e bebê, seguidas rapidamente pela consciência plena. O bebê nasce com um padrão neuronal preestabelecido para perceber ou reconhecer um rosto e fixa os olhos nele imediatamente depois do parto, se o rosto se apresentar à distância requerida. Então, o recém-nascido continua enfocando aquela face, que literalmente "acende" a consciência do cérebro da criança e a mantém "acesa". Percepção e cognição têm início automaticamente, ativando todo o sistema corpo-cérebro do bebê. A paralaxe (coordenação muscular dos olhos) manifesta-se em questão de minutos (assim, o bebê pode até seguir aquela face se ela se mexer) e a criança começa a construir seu conhecimento do mundo visual — tudo isso com base no fundamento estável do rosto da mãe.

Em pouco tempo, a criança registra outros objetos na vizinhança imediata da mãe e, pelo processo de associação, formam-se os novos padrões neuronais de percepção correspondentes. O resultado é um campo cognitivo de objetos reconhecíveis que cresce exponencialmente (assim como o próprio cérebro) — se o padrão-rosto continuar sendo um ponto de referência estável.

Embora qualquer rosto "funcione" no nascimento, a constância do rosto e tudo o que ela implica são fatores essenciais na transição inicial do bebê das coisas conhecidas para as desconhecidas, e uma necessidade vital para o desenvolvimento estável e sem esforço. Se um rosto não se apresentar depois do parto, há uma reação de angústia em cerca de 45 minutos e a percepção consciente se esvai aos poucos. Normalmente, a consciência plena só reaparece depois de dez a doze semanas em média. Então, o vínculo enquanto função recíproca entre mãe e bebê se fragmenta, e os instintos maternais nascentes que o vínculo desperta e fixa nas reações da mãe tampouco se abrem ou se desenvolvem. Muitos desses bebês, então, só são expostos periodicamente a um rosto ou rostos. Nessa altura, com a grave retração de sua consciência, o bebê não tem a percepção necessária para que o reconhecimento do rosto aconteça e se estabilize. A natureza compensa o fato da melhor maneira possível, mas nessas condições sua capacidade de compensação é pequena e lenta.

A natureza fez com que o "gatilho" mágico do rosto ficasse a uma distância de 15 a 30 centímetros dos seios, fonte do alimento e do amor materno. A amamentação frequente, portanto, garante um reforço frequente do padrão estável do rosto que é a base da visão e da percepção da criança, ao mesmo tempo que estabiliza as frequências cardíacas do bebê pela sincronização com as da mãe. A "constância objetal" (estabilização de um mundo visível de objetos), como a chamou Piaget, ocorre por volta do nono mês desse período de construção intensa. Também por volta do marco decisivo dos nove meses, caso o vínculo e os cuidados no sentido lato tenham sido dados à criança, ocorre a mielinização dos padrões neuronais do mundo visual primário, uma constância objetal que torna permanentes as bases neuronais da visão para que a expansão constante do mundo visual seja automática e sem esforço. Agora, a natureza pode voltar sua energia construtiva para outros desenvolvimentos que começam por volta do nono mês de vida.

Curiosamente, todas as sociedades que separam as mães de seus bebês no nascimento têm uma percentagem desproporcional de problemas de visão. Os Estados Unidos, por exemplo, é praticamente um país de pessoas que usam óculos. Nós esquecemos (ou ignoramos) o fato de que povos "primitivos" têm visão muito mais precisa do que nós — com efeito, algumas dessas pessoas conseguem enxergar os anéis de Saturno a olho nu! Muito mais significativo é o grande número de bebês e crianças pequenas que andam em carrinhos, separadas dos adultos que cuidam delas, com um olhar estranhamente vago, sem foco, e expressões de apatia ou alheamento, como se uma luz nunca tivesse sido acesa no cérebro delas.

O vínculo do coração

Há cerca de 40 anos, pesquisas na Universidade de Adelaide trouxeram à tona a agora bem conhecida teoria de que o coração da mãe é um fator essencial para o desenvolvimento do feto, da concepção ao nascimento. Mas a mesma proximidade do coração da mãe é igualmente essencial durante os primeiros nove meses de colo no desenvolvimento do bebê. Há mais de meio século, pesquisadores descobriram que uma célula cardíaca retirada do coração de um roedor e colocada num nutriente apropriado para mantê-la viva continua pulsando, expandindo e contraindo regularmente de acordo com o ritmo definido pelo coração do doador. Depois de algum tempo de separação, no entanto, a pulsação rítmica se deteriora até surgir aquele espasmo errático e convulsivo chamado fibrilação, precursor da morte celular. Quando duas células cardíacas são colocadas numa lâmina de microscópio bem separadas, basta aproximá-las (elas não precisam se tocar e podem até ser separadas por uma pequena barreira) para interromper a fibrilação nas duas e restabelecer a pulsação coordenada. Parece, então, que cada célula "salva" a outra da fibrilação que leva à morte, restaurando o ritmo compartilhado da vida. Esse é o cerne do fenômeno do vínculo que a natureza gera no nascimento.

O milagre da comunicação celular ocorre quando os campos eletromagnéticos que se originam e circundam cada célula cardíaca entram em contato um com o outro, criando uma sintonia de ondas ou um padrão de coerência idêntico que levam essas células do caos para a ordem. As células e seus campos eletromagnéticos (EM) dão origem ou influenciam uma à outra, e o mesmo fenômeno ocorre, num nível muito maior e mais importante, com os corações do bebê e da mãe depois do nascimento.

Como vimos, o próprio coração produz um forte campo EM em três ondas sucessivas: a primeira e mais poderosa circunda o corpo de uma pessoa, irrigando todas as células e neurônios daquele corpo e daquele cérebro; a segunda se estende para fora cerca de um metro em todas as direções, interagindo com outros campos cardíacos naquela proximidade — um ingrediente essencial da emoção e dos relacionamentos interpessoais; a terceira se estende para fora indefinida e universalmente, o que é talvez um aspecto do espírito humano.

Depois da separação do nascimento, os corações do bebê e da mãe têm de entrar de novo em proximidade imediata para que um eleve o outro à ordem estável costumeira, a ressonância que o bebê criou no plano celular desde a concepção. A famosa depressão pós-parto é uma dor concreta e bastante real no coração materno. Mais uma vez, a distância de 15 a 30 centímetros do rosto da mãe, que também dá à criança uma proximidade imediata aos seios enquanto fontes de alimento, garante uma estabilização progressiva dos corações do bebê e da mãe. Por volta do nono mês depois do nascimento, o coração do bebê amadureceu o suficiente para funcionar por conta própria, por assim dizer, sem a necessidade de uma reestabilização frequente.

A medição das ondas cardíacas e cerebrais em recém-nascidos e suas mães (via ECG e EEG) mostra coerência e sincronia (igualação das frequências cardíacas) quando o bebê e a mãe estão juntos. Se houver uma separação prolongada, os dois sistemas se tornam incoerentes (caóticos), causando stress geral e produção de cortisona tanto no sistema da mãe quando no da criança. O excesso de cortisona é bastante tóxico para os sistemas neuronais, especialmente os mais recentes; assim, qualquer sociedade que interfira com o vínculo natural do nascimento terá um aumento correspondente de problemas cardíacos na população adulta.

A necessidade do toque

Há alguns anos, Ashley Montague escreveu o livro *Touching*, hoje considerado um clássico, e recentemente a escritora e massagista Mariana Caplan publicou *Untouched*. Os dois livros são estudos bem-documentados mostrando a necessidade crítica de estimular a pele do bebê depois do nascimento, quando o sistema nervoso periférico do recém-nascido ainda é pouco desenvolvido. As milhões de terminações nervosas sensoriais distribuídas sobre o corpo de um recém-nascido não puderam ser ativadas ou desenvolvidas no ventre materno — naquele mundo aquático, o *verniz caseoso* é um revestimento gorduroso e à prova d'água que protege o corpo do feto e também isola os inúmeros terminais nervosos. Por isso, depois do nascimento todos os animais que dão à luz lambem seus bebês vigorosamente por muitas horas, esporadicamente até por dias inteiros, a fim de ativar as terminações nervosas sensoriais dormentes do recém-nascido, pois esse sistema nervoso periférico é uma extensão essencial do cérebro e o que está em jogo é o desenvolvimento cerebral.

A falta de ativação dos terminais nervosos leva a uma dessensibilização que afeta, entre muitas outras coisas, o sistema reticulado de ativação do antigo cérebro reptiliano e sensório-motor, onde todos os estímulos sensoriais se organizam naqueles padrões de ressonância que, então, são enviados às áreas corticais do cérebro para a criação e a experiência do mundo. A falta de contato físico resulta no comprometimento do crescimento neuronal e na retração do sistema sensorial e da percepção consciente de modo geral, afetando o desenvolvimento do ouvido interno, do equilíbrio, dos modelos espaciais e mais tarde até da visão.

As mães separadas de seus bebês no nascimento obviamente não podem se encarregar desse estímulo do toque nem se sentem motivadas a isso quando a separação se prolonga, pois a mãe também tem uma chance importante de ativar as reações arcaicas de cuidado e proteção em todos os sentidos, nosso "instinto de sobrevivência da espécie", como disse Paul MacLean. Esses instintos do toque são ativados pelo contato físico da mãe com o bebê, no nível da pele, outra faceta da relação recíproca do vínculo mãe-filho.

A criação do vínculo produz linguagem

O aprendizado da linguagem começa no final do segundo semestre de gravidez e manifesta-se por meio de reações musculares do feto ao conteúdo fonético da fala da mãe. Quando há um modelo de estímulo apropriado — uma mãe falando em proximidade imediata —, essa dinâmica continua depois do nascimento. Nos primeiros nove meses de vida do bebê ocorre uma preparação da fala, com o aprendizado contínuo da linguagem, a formação do aparelho fonético e a atividade dos neurônios-espelho. Por volta do nono mês depois do nascimento, a fixação de fonemas no bebê, que é aberta a qualquer pessoa, focaliza a linguagem da mãe. Em média, essa preparação da fala no bebê leva ao balbucio ("gu-gu-dá-dá") e até às primeiras palavras. Tudo isso acontece automaticamente se o bebê for embalado no colo, se for amamentado — e se os pais conversarem com ele.

Bebês separados de suas mães no nascimento e confinados depois em várias formas de distância prolongada (como acontece à maioria dos bebês modernos em berços, cercados, carrinhos horizontais, carrinhos de passeio e a longa separação nas creches durante o dia) ficam impedidos de ter essas reações, e seu desenvolvimento é comprometido. A natureza compensa o fato da melhor maneira possível — mas a compensação é sempre um substituto pobre do crescimento espontâneo e mimético.

Um novo cérebro

Talvez o desenvolvimento mais importante dessas duas etapas de nove meses é o término da fase inicial de formação do córtex pré-frontal. Só esse sistema mais recente é capaz de organizar o cérebro inteiro numa intenção sincrônica e regular, ligando todos os nossos instintos inferiores, assim como o pensar e o sentir, com campos superiores da inteligência, e traduzindo todos os atributos humanos superiores como amor, empatia, consideração e criatividade em ações cotidianas. O córtex pré-frontal nos dá o que Elkhonon Goldberg chama de "mente civilizada" — mas ele só se desenvolve num clima de amor e carinho.

As pesquisas de Allan Schore mostram que a estrutura genética do córtex pré-frontal mostrou ser o sistema cerebral que mais depende da experiência — isto é, o mais dependente de um *feedback* apropriado do ambiente, relacionado com as funções multifacetadas do vínculo e das relações entre bebê e mãe e com o ambiente emocional positivo que resulta disso. A amamentação e outros cuidados, o movimento suficiente e os estímulos sensoriais, a proximidade imediata do rosto e do coração da mãe, a ressonância coerente e contínua entre os campos cardíacos da mãe e da criança, a linguagem e os estímulos da fala — todos estes fatores são essenciais.

A falta ou deficiência desse apoio emocional amplo resulta inevitavelmente num comprometimento do córtex pré-frontal que, literalmente, não consegue gerar estruturas celulares suficientes e construir as conexões neuronais necessárias com o resto do cérebro para sua operação plena. Um córtex pré-frontal comprometido prejudica a inteligência emocional, com dificuldade correspondente no relacionamento com outras pessoas ou para controlar nossos antigos instintos de sobrevivência. Essa falha leva à tendência para a apatia, desesperança, angústia e vários tipos de violência que conhecemos e presenciamos ao nosso redor.

O circuito orbitofrontal

Todas as variantes dos cuidados maternos descritas aqui juntam suas forças ao redor do marco dos primeiros nove meses de vida para completar um processo. Então, do nono ao décimo segundo mês, outra estrutura neuronal importante surge para conectar o novo córtex pré-frontal (ou cérebro executivo) ao antigo cérebro límbico (ou emocional) e ao cérebro reptiliano (ou defensivo), que mais tarde serão controlados pelo primeiro. Ao mesmo tempo, conexões diretas e imediatas com o coração estão indissoluvelmente envolvidas nessa rede. O circuito orbitofrontal, como é chamado (pois localiza-se por trás das órbitas dos olhos), é uma ponte importante entre o novo cérebro e os antigos e mostrou ser um fator decisivo da vida, essencialmente baseado na experiência. Quando os cuidados emocionais com a criança estão faltando ou não funcionam, essa ponte se deteriora, reduzindo nossas habilidades de atenção, concentração, controle das emoções e relacionamento com outras pessoas.

Ao mesmo tempo que o circuito orbitofrontal começa seu crescimento maciço, o antigo cerebelo na parte posterior do cérebro também acelera seu crescimento. Até então rudimentar, o cerebelo está envolvido na capacidade de falar e andar, na coordenação de sistemas musculares e muito mais.

Então, depois desse período essencial de nascimento e criação do vínculo mãe-filho, com seus desenvolvimentos específicos, o bebê chega à fase em que aprende a andar, o que implica uma nova série de vínculos com novas matrizes — como mencionamos acima, as matrizes da família, da sociedade e do próprio mundo —, todas as quais levam à continuação do ciclo de união conjugal, parto, formação de um vínculo com os filhos e assim por diante.

Marshall Klaus falou numa "cadeia de padrões redundantes" criada pela natureza para garantir a formação do primeiro vínculo essencial, e chamou o vínculo mãe-filho de "principal história de amor do universo", da qual depende toda a evolução espantosa da vida humana.

Agora podemos ver a inteligência surpreendente e exata e o planejamento cuidadoso de inúmeras reações concatenadas no tempo e interdependentes, que a natureza aperfeiçoou ao longo de milênios e investiu no processo do nascimento e da criação de vínculos. E agora podemos ver até que ponto as práticas modernas ignoraram, prejudicaram ou até eliminaram esse incrível modelo arquitetural da evolução. Podemos entender por que a interferência médica no nascimento — considerada axiomática e aceita inconscientemente como norma — está nos levando para o desastre global.

O acompanhamento absurdamente caro de todos os partos com procedimentos médicos e hospitalares pôs em ação ao mesmo tempo uma operação terapêutica igualmente cara para reparar o dano que estamos causando. Podemos testemunhar a contradição estranha de um país preocupado com a cura à base de esparadrapos e uma unidade que só existe na esperança, enquanto permite práticas de parto antinaturais e danosas e continua se recusando a questionar e examinar o complemento das creches e outros tipos de "assistência" à criança longe da mãe.

Mas existe um caminho na criação de vínculos ao longo do processo de imersão e emersão em todas as matrizes, enquanto o córtex pré-frontal chega à maturidade plena. Nossa emersão e separação de todas as matrizes físicas durante o crescimento se deve não só ao córtex pré-frontal, como também ao coração, e sua finalidade é uma exploração dos mundos superiores ao longo da vida inteira. Mais tarde, isso poderia nos dar a chance de penetrar na matriz universal da própria criatividade, além de todos os limites e constrangimentos do nosso reino físico — uma mudança de rumo muito conveniente quando as partes do corpo físico se desgastam e nós precisamos ir para algum lugar.

8

CRIAÇÃO DE VÍNCULOS: UM IMPERATIVO DA NATUREZA

Como mencionei no final do Capítulo 7, o neurocientista Paul MacLean, na última fase de sua vida, escreveu um ensaio brilhante sobre a tríade de necessidades que têm de ser satisfeitas em todas as fases da vida — sobretudo na primeira infância e na infância. Essa tríade é essencial para o desenvolvimento e, como vimos, pode ser resumida da seguinte maneira:

- Comunicação audiovisual: não se trata só de estímulo, mas de comunicação recíproca, cara a cara e de coração para coração.
- Cuidados com a criança em todos os sentidos: na primeira infância, segundo o imperativo da natureza, eles sempre acompanham o encontro audiovisual pela amamentação (ação importante que vai muito além da simples alimentação).
- Brincadeira: é um instinto tão vital quanto qualquer instinto de sobrevivência e é uma reação automática quando os dois primeiros imperativos — comunicação audiovisual e amamentação — foram satisfeitos.

As três necessidades envolvem uma relação estreita e íntima. Nós nascemos para o relacionamento, a comunicação, o carinho e a brincadeira com nosso mundo e uns com os outros.

O RELACIONAMENTO E O CORAÇÃO

Nosso coração garante o relacionamento entre e no interior de nossas células, órgãos, cérebro, corpo e o mundo das outras pessoas. Um relacionamento apropriado é ação inteligente, e no interior do coração há um complexo neuronal ou "cérebro" que cumpre uma função essencial nessa habilidade de se relacionar com o ambiente e uns com os outros, em caminhos que levam ao bem-estar e ao prazer. Essa dinâmica entre corpo, cérebro-mente e coração determina nosso tipo de experiência do mundo que, por sua vez, influencia a dinâmica de modo retroativo. O coração é o centro de comando nesse jogo do relacionamento, e a mente é o recipiente que também interfere no processo.

Anos atrás, meus professores de meditação na Índia explicaram que há bilhões de egos ocupando nosso cérebro-corpo, mas só há um coração. (Considero a palavra *ego*, que em latim significa "eu", como algo sacrossanto, não o conceito negativo do qual a cultura se apropriou.) O coração que pulsa dentro de mim é idêntico ao que pulsa dentro de você, mas cada coração, sem perder sua natureza universal, assume as colorações ou qualidades de cada ego que o abriga e o protege.

O poeta Ibn Arabi, da Idade Média espanhola, escreveu: "[O] coração pode assumir qualquer forma — um retiro para os monges ou um prado para as gazelas". (Seja dito entre parênteses, a gazela era uma metáfora popular da mulher sedutora na poesia sufista dos séculos XIII e XIV e, embora o próprio Arabi não fosse um monge beato, era famoso por sua poesia espiritual e erótico-amorosa. No desígnio da natureza, as experiências espiritual e erótica se equivalem e estão inextricavelmente entrelaçadas. Assim, o coração de Arabi se sentia em casa nas duas variantes sem juízo de valor, assim como pode acontecer com cada um de nós.)

O coração tem conexões neuronais com cada faceta do corpo e do cérebro, mas não tem um complexo neuronal para fazer juízos de valor. A habilidade de qualificar a experiência e julgar o valor de um acontecimento cabe ao servo do coração — o cérebro em nossa cabeça. O resultado é que a inteligência superior do coração encara da mesma maneira o justo e o injusto, desconsiderando nossa complicada fábrica de julgamentos. Para começar, o coração não registra informações de conteúdo; aparentemente, ele só registra a natureza emocional de um acontecimento. (Encontraremos esse mesmo fator de indiferença no enigma do Fundamento do Ser ou da Vastidão, que nos ocupará mais adiante.) A sabedoria acontece quando a capacidade crítica do cérebro está em sincronia com a inteligência do coração, o que resulta em discernimento, lógica, prudência e senso comum como são transmitidos de geração para geração. O juízo de valor, por outro lado, é a sabedoria agindo às cegas, o cérebro funcionando sem o coração, o que leva à cultura e suas coerções.

O coração universal e a mente individual dependem um do outro e necessitam um do outro. Julgar uma pessoa atrapalha o relacionamento, erro desnecessário que aparentemente o coração é incapaz de cometer, mas ao qual o cérebro-mente parece fatalmente condenado, a não ser quando se alia ao coração. O universo tem origem nesse espelhamento recíproco de coração e cérebro, com nosso eu individual no centro.

Para cada um de nós, o coração universal é aquela profunda presença interior do *Eu* que conduz a um enigma. O "ego" ou "eu" é o único caminho pelo qual o coração pode vivenciar seu mundo e enxergar a si mesmo sempre de novo, a cada momento. Portanto, não é possível uma separação concreta entre coração e ego (por razões puramente biológicas). No entanto, muitas vezes cada um de nós se sente isolado e solitário, por mais que tenhamos uma relação íntima com nosso coração e apesar de nossa percepção e cultivo desse relacionamento por meio da meditação, da prática HeartMath, do yoga, da oração silenciosa e assim por diante. Sentimo-nos muitas vezes incompletos, isolados, carentes, e isso parece nos levar a procurar relacionamento lá fora no mundo. O relacionamento é a principal força motriz por trás de toda criação, e nossa tendência a sair em busca dele faz parte dos planos da natureza, independentemente de nossa orientação interior.

Um mal-entendido comum entre pessoas com inclinações espirituais é o de que, se estivermos realmente centrados no coração, seremos completamente autossuficientes, ricos e plenos do ponto de vista emocional, sem depender de nada lá fora. Parte desse mal-entendido é a noção de que, enquanto dependermos de qualquer coisa lá fora ou qualquer coisa depender de nós, não alcançaremos o desenvolvimento espiritual. Se isso fosse verdade, no melhor dos casos experimentaríamos vários tipos de compensação que deixariam nosso coração inquieto e insatisfeito, embora nosso ego pudesse se sentir orgulhoso das realizações espirituais. O relacionamento é tudo o que existe e tudo de que nosso coração precisa.

UNIÃO E COMUNHÃO SÓ SÃO POSSÍVEIS POR MEIO DO CORAÇÃO

A dinâmica do relacionamento coração-cérebro-mente num diálogo de equilíbrio é o fundamento, não o objetivo, da grande jornada do relacionamento. Transformar nosso fundamento num objetivo — como supor que a plataforma de lançamento de um foguete é a realização de seu objetivo — não nos deixa sair do ponto de partida.

O objetivo do diálogo pleno entre coração, cérebro e mente é simplesmente restabelecer nossa integração natural e básica tal como era antes da fragmentação do nosso sistema causada pela cultura. Isso não implica uma atitude radical de negar nossos progressos ou voltar para a floresta virgem, mas pode ser que tenhamos de retomar uma espécie de ponto zero hipotético do nosso estado natural para caminharmos em direção ao relacionamento e ao desenvolvimento plenos. Nosso estado natural é uma "plataforma de lançamento", não o objetivo de nossas viagens espaciais.

Viver plenamente é uma jornada para o relacionamento, e a sexualidade é o caminho mais eficaz e mais compensador. Nossa natureza sexual nos obriga a dar esse passo em direção ao mundo lá fora, por mais que nosso mundo interior ou nossa autoestima sejam satisfatórios. Por mais que tenhamos um vínculo com nosso coração e nos julguemos autossuficientes dentro de nós mesmos, o relacionamento com outras pessoas no mundo exterior é essencial para o desabrochar do nosso coração. A sexualidade pode criar uma síntese de todas as necessidades, prazeres e alegrias relacionais da mente e do coração e pode ser uma chave para esse reino dentro de nós.

O relacionamento do coração se concretiza quando um coração se relaciona com outro. No entanto, já que só existe um coração, ele só pode se relacionar consigo mesmo tal como existe em outra pessoa. É graças a isso que o conceito de coração como algo ao mesmo tempo universal e individual assume significado cósmico. Assumindo as colorações e características daquele ego ou pessoa onde está alojado, o coração tem ao mesmo tempo expressão individual e base universal. Dois corações, cada um vivenciado como um ego individual em sua variante única, podem experimentar relações extáticas um com o outro por meio de seus egos individuais que se fundem no aspecto universal no interior de cada um. Dois corações batendo em uníssono em sua sobreposição física necessariamente incluem uma sobreposição correspondente de seus campos eletromagnéticos que irradiam no exterior, ao mesmo tempo que os universos interiores se fundem. É significativo o fato de que somos os únicos mamíferos que fazem amor face a face, portanto de coração para coração.

Também é significativa a descoberta de Wilder Penfield de que uma mente-ego individual, em estado normal de consciência plena, pode experimentar bilocalidade (estar em dois lugares) simultânea. O biólogo Gregory Bateson falou sobre mente e natureza como uma unidade necessária que não passa de outro aspecto da mesma unidade encontrada no individual e no universal, em Deus e nos seres humanos, espírito e carne, coração e mente, eu e não eu. Para funcionarem, o coração e a mente individuais têm de ser singulares e estar separados num plano, mas em outro plano a unidade deles, o fundamento que dá origem à sua singularidade, nunca muda. É graças a essa singularidade que o relacionamento se torna possível, e só pelo relacionamento a realidade pode ser criada e vivenciada. Nisso repousa todo o enigma da existência, ainda que o paradoxo básico ao redor do qual gira nossa vida fique sem resposta; como disse Søren Kierkegaard em sua prece famosa: "Até a queda de um pardal Te comove, mas nada Te modifica, ó Tu Imutável".

A unidade e a comunhão podem ser encontradas em outras pessoas lá fora, graças ao coração. O coração anseia por criar uma relação entre um *Eu* e outro *Eu*. Quando temos uma conexão consciente com nosso coração e percebemos essa comunicação no interior de nós mesmos, encontramos uma comunidade no mundo exterior onde quer que estejamos, e qualquer relacionamento individual, sexual ou não, é então fértil e pleno, uma representação da unidade.

Porém, quando a conexão entre coração e mente não funciona, isso se reflete também no mundo exterior. Então, nós enxergamos as outras pessoas pelo prisma de uma prioridade cultural compulsiva que nos leva a perguntar: "O que eu ganho com isso?", ou: "Como posso usar essa situação ou acontecimento em meu benefício ou para meu bem-estar ou minha proteção pessoal?" Inconscientemente, nós prejulgamos os acontecimentos. Procurando um ganho ou vantagem, não enxergamos mais nada. Não assimilamos aquilo que o momento presente nos oferece. Quando excluímos o coração, a comunhão corre perigo, e tanto a mente quanto o coração perdem com isso. Se isso se repetir pelo tempo suficiente, provavelmente morreremos de "coração partido" em qualquer uma de suas inúmeras manifestações.

Desde a concepção, nossa aculturação nos separa do coração-ego dentro de nós (que Robert Sardello chamou de "a alma do mundo"), impedindo-nos pela nossa cabeça de recuperar a sincronia com a dimensão universal dentro de nós. Qual de nós consegue crescer um centímetro de altura só pela força do pensamento? Existem muitos truques de manipulação da mente mas, por mais que o truísmo pareça gasto, só abrindo o coração podemos alcançar o objetivo. Os exercícios espirituais de Sardello podem preparar o caminho para a entrega necessária, assim como a prática HeartMath. Mas, como o passo final no processo "Eureca!" de Laski, a mente tem de liberar o caminho para que o coração restabeleça o elo perdido que leva à alegria verdadeira nos relacionamentos, ao verdadeiro objetivo da vida e à força motriz por trás da criação e do universo.

A noção de que o prazer e a alegria são os únicos objetivos da vida é vivamente contestada por toda a nossa ideação cultural, nossa mentalidade e, sobretudo, nossa fé religiosa. Estamos aqui para servir à cultura sob suas inúmeras máscaras: venerar a Deus, prestar serviços à humanidade pelo sacrifício de si mesmo, sofrer e trabalhar pelo bem-estar das outras pessoas, e assim por diante. Este mundo de contrafações culturais monopoliza nossa atenção e exaure nossa vida. Mais cedo ou mais tarde, encontramos em cada contrafação uma ilusão vã, uma realidade virtual que nos deixa sem nada, a não ser um coração carente e insatisfeito. No entanto, se estivéssemos realmente conectados com o coração, todas essas contrafações revelariam a verdade por trás delas e nós estaríamos realmente a serviço do coração, criando relacionamento verdadeiro ao investirmos aí nossa vida. A intenção supera todos os outros fatores, e a intenção da mente aliada ao coração unifica todas as fragmentações da cultura. Como disse Kierkegaard, a pureza do coração equivale à vontade.

O PAPEL DO DNA NO ESPELHAMENTO

Já que o relacionamento é a única maneira de algo existir, nosso desenvolvimento é um imperativo biológico da natureza. Para se iniciar e se desenvolver, cada habilidade potencial de todo bebê ou criança, até as geneticamente inerentes em nós, precisa de contato direto com um exemplo daquele potencial específico em sua forma desenvolvida e funcional. Só se receber a informação em forma de sinal de um modelo próximo, o DNA no interior do bebê-criança pode construir sua cópia perfeita, pois essa construção envolve neurônios-espelho e ressonância entre o DNA da criança e o modelo. Somos imitadores natos. A vida nova e a criatividade têm origem na imitação.

Isso explica por que, como foi mencionado pelos cientistas que investigaram os neurônios-espelho, as realidades virtuais iludem a criança em desenvolvimento. A ressonância entre entidades, como foi proposto por Paul MacLean, é necessária para que todo relacionamento e todos os acontecimentos se desdobrem, para que o cérebro comunique seus vários relacionamentos e, na verdade, para que todo o sistema neuronal do corpo-cérebro funcione. Ressonância é relacionamento e, mais uma vez, relacionamento é tudo o que existe. Se você tocar a corda de um instrumento, haverá um zumbido fraco em todas as cordas que tenham ressonância com a que foi tocada; elas vibram graças às ondas criadas pela corda inicial. Toda a base física da harmonia está nesse relacionamento, e quando entramos num aposento e notamos que a "vibração" é agradável estamos simplesmente experimentando ressonância. As realidades virtuais envolvem frequências que podem estimular certas reações audiovisuais e emocionais, tanto no sentido positivo quanto negativo, mas que não oferecem ressonância, nada que sincronize com a sensibilidade do coração, nada parecido com a ressonância que captamos na comunicação silenciosa com outras pessoas, os sentimentos que podem nos alimentar, confortar e fortalecer. Sentimento e estímulo sensorial quase nunca são a mesma coisa.

Anos atrás, um grupo de pesquisas tinha alguns coelhos que estavam sendo usados para testar várias drogas e vacinas. Esses animais foram inoculados com vírus para verificar qual a nova maravilha farmacêutica capaz de mantê-los vivos por mais tempo. As vítimas foram mantidas em gaiolas separadas, e todos os procedimentos foram cuidadosamente acompanhados e registrados. Um dos coelhos continuou miraculosamente saudável ao longo do teste, gordo e bem-disposto, seu pelo brilhando apesar dos vírus mortais introduzidos nele — na verdade, nesse caso qualquer droga parecia uma droga milagrosa. Então, o mistério finalmente foi esclarecido: o responsável pelos animais no turno da noite tinha se afeiçoado àquele animalzinho sortudo e, além de alimentá-lo, também o tirava da gaiola todas as noites, abraçava-o, acariciava-o e brincava com ele. O DNA é muito sensível aos sinais do ambiente, especialmente às "moléculas de emoção". Os centros emocionais que controlam o sistema imunológico são extremamente sensíveis a essa emissão de moléculas a partir de qualquer direção.

Um estudo de 1998 mostrou um fenômeno parecido: em resumo, trata-se da descoberta de que o estado emocional de uma mãe grávida influencia grandemente o crescimento cerebral do bebê em seu ventre. Quando a mãe se sente segura, amada, tranquila e amparada, ou — algo de suma importância — quando consegue criar esse estado dentro dela independentemente do ambiente, dá à luz um bebê com prosencéfalo mais desenvolvido (fonte da inteligência superior) e rombencéfalo menor (o antigo sistema reptiliano de sobrevivência). Quando a mãe se sente deprimida, assustada ou ansiosa, dá à luz um bebê com mais musculatura, rombencéfalo maior e prosencéfalo reduzido — uma reação sensata da natureza, mas que na verdade é uma involução.

Se o DNA não fosse sensível à informação sinalizada pelo ambiente, a evolução nunca poderia ter acontecido e nossa capacidade notável de adaptação não existiria — e, quanto mais avançamos na evolução, mais essencial para o DNA é esse fator emocional. A cada concepção em nossa espécie, portanto, a natureza de certo modo pergunta: "Podemos passar para os planos mais elevados de inteligência dessa vez, ou temos de nos defender de novo?" — uma pergunta evolutiva respondida pelas "moléculas de emoção" de nossas mães.

O CORAÇÃO ENQUANTO CÉREBRO

O coração é uma glândula endócrina importante do nosso corpo, pois produz toda uma família de hormônios que afetam as funções de todos os órgãos e, acima de tudo, o cérebro. Qual hormônio é segregado quando para influenciar o quê, são fatores determinados em grande parte pela informação que o cérebro emocional-cognitivo ou cérebro límbico antigo em nossa cabeça, assim como nosso corpo como um todo, enviam ao coração. Este último tem uma estrutura neuronal complexa ou "cérebro" que se conecta com o cérebro em nossa cabeça e todos os órgãos em nosso corpo. Assim, o coração literalmente "orquestra" todo o complexo corpo-cérebro-mente. (Veja figura 8.1.)

Como vimos no Capítulo 5, o coração também é fonte de um poderoso campo eletromagnético de energia que nos rodeia e impregna todas as células do cérebro e do corpo, assim como os campos eletromagnéticos ao redor da Terra impregnam todos os seres vivos do planeta (veja figura 5.5 na p. 86). Robert Sardello pergunta se esse efeito eletromagnético e nossa energia espiritual são a mesma coisa. A relação entre o campo eletromagnético e as células é provavelmente semelhante àquela entre mente e cérebro e, em algum momento, também tem caráter retroativo.

A dinâmica coração-cérebro

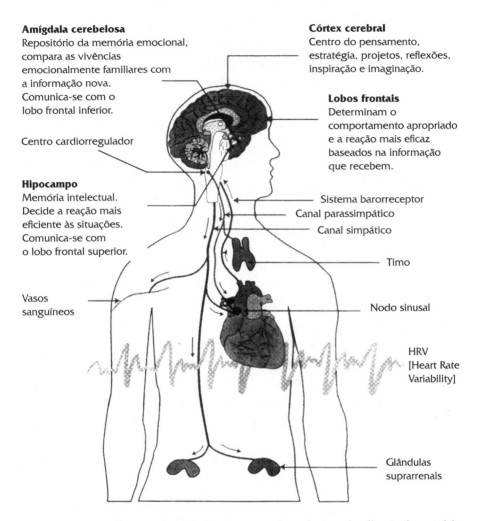

Figura 8.1. Neste diagrama da dinâmica coração-cérebro, observe a localização da amígdala, que tem papel central nas emoções.

Rudolf Steiner predisse que a grande descoberta científica do final do século XX seria a constatação de que o coração não é só uma bomba, mas também uma fonte importante de inteligência, e que nosso maior desafio seria deixar que o coração nos ensine uma nova maneira de pensar, a qual aparentemente poderia nos abrir para os mundos superiores. Steiner ressaltou que o coração capta tanto os sentidos interiores do nosso corpo quando os sentidos exteriores do mundo, reagindo a eles. Para enxergar o mundo com novos olhos, diz Sardello, "a 'tarefa do coração' é [encarar] tudo no mundo com um sentimento de não saber, como se o estivesse descobrindo pela primeira vez" — isto é, voltando a ser uma criança pequena. Portanto, abrir mão de nossa ideação e nossas suposições pode nos reconectar com o coração, um primeiro passo para conexões mais profundas e mais conscientes com nossa vida.

Na verdade, nosso conhecimento prévio é usado como um escudo para nos isolar do vínculo e da vida eternamente novos que o coração gera e oferece a cada momento. "Vede", disse Jesus, o grande profeta do coração, há dois milênios, "eu renovo todas as coisas." Mas nós não queremos uma renovação de todas as coisas; queremos corrigir alguns aspectos do nosso momento presente — em geral o comportamento das outras pessoas. Para nos abrirmos à novidade do fluxo que parte do coração e chega ao momento presente, temos de deixar para trás o registro de todas as injustiças que nos foram feitas, nossas feridas e cicatrizes de relacionamentos, nossa raiva e rancor pelos quais exigimos compensação ou justiça. Apegando-nos a esses acontecimentos antigos, reforçamos nossa história caótica de injustiças como uma responsabilidade sagrada, embora elas nos amarrem ao passado e afastem a vida nova pela qual ansiamos. Além disso, se quisermos um pouco mais do que só um lance de cartas melhores retiradas do mesmo baralho gasto, temos de deixar para trás nossas noções sobre o que a renovação da mente precisa ser ou poderia ser.

Em nossa cegueira aculturada, porém, ignoramos o momento presente em função de um *replay* constante do conhecimento passado, como uma religião dirigindo nosso presente de volta para um passado morto ou implantando um passado morto no presente. Como diz Sardello, estamos sempre esquecendo que vivemos num mundo unificado. O coração se lembra dessa unidade — na verdade, ele reúne os fragmentos da unidade a cada instante, embora ao mesmo tempo os fragmentos se separem para se juntarem uns aos outros, criando nosso mundo. Steiner escreveu sobre os "chakras do coração" e nosso despertar para eles, enquanto Sardello fala sobre as maneiras de despertar as forças do coração — e eu acrescentaria: despertar *para* elas. Tudo é recíproco, nada é unilateral.

A CRIAÇÃO DA VIDA

Um bebê de proveta é um bom exemplo de ressonância entre o DNA e os modelos absolutamente necessários para a vida. Em primeiro lugar, o termo *bebê de proveta* é impróprio em todos os sentidos, pois implica algo impossível. Um óvulo e um espermatozoide podem ser reunidos numa proveta e a união pode acontecer ali, mas, depois de algumas dúzias de divisões preliminares da célula fertilizada, ela morre caso não seja colocada num útero (ou congelada para fertilização futura). O DNA dá o primeiro passo em direção à mitose (duplicação do material genético) naquela situação de laboratório, como é programado para fazer em todas as formas de crescimento celular, mas a construção da vida nova exige uma matriz humana viva. O núcleo da divisão inicial é seguido por uma cadeia mitótica de complexidade incalculável que não para de crescer — num total de até 78 trilhões de células atuando em sincronia — até que uma nova vida seja criada.

Os cientistas tentaram descobrir o alimento e a temperatura apropriados para que a célula continuasse se dividindo na proveta, mas sem resultado. Pense um pouco: se eles conseguissem manter a mágica embrionária até o feto terminar o crescimento, criando assim um autêntico bebê de proveta, os mágicos assumiriam o lugar de Deus numa escala nunca antes alcançada, nem mesmo pelos criadores da bomba atômica. E, mesmo que o sucesso desse passe de mágica tão glorificado criasse um pesadelo igual ou maior do que o causado pela bomba, é preciso admitir que os manipuladores bem-sucedidos quase certamente ganhariam o Prêmio Nobel — a honraria máxima pela qual muitos cientistas venderiam suas almas ou as de suas mães ou a da Mãe Natureza.

Para a construção de uma vida inteiramente nova, e não de um punhado de células soltas numa proveta, o DNA recém-concebido precisa receber do coração materno frequências sonoras, hormonais, eletromagnéticas e muitas outras. Com sua sabedoria, portanto, a natureza colocou o ventre do DNA perto do coração da mãe (mas talvez um tempo infinito de seleção aleatória darwiniana tenha sido necessário para acertar os detalhes).

Além desse diálogo entre coração e DNA, todos os órgãos e partes do corpo da mãe também mandam ao DNA do bebê sua informação modelar. Isso faz com que o bebê crie não só uma cópia exata do coração materno, como também do fígado, pulmões, estômago etc. Quando não existem modelos, como naquela pobre proveta, nada disso pode ocorrer. O DNA não pode criar uma cópia exata de uma proveta.

O MODELO INDISPENSÁVEL PARA A LINGUAGEM

Décadas atrás, Noam Chomsky afirmou que a linguagem era complexa demais para que a criança pequena a aprendesse tão depressa, e assim tinha de ser uma capacidade inerente com a qual todos nós nascemos. É preciso lembrar que toda ação repetida por tempo suficiente se torna um instinto transmitido geneticamente e que funciona abaixo da percepção consciente. Essa é a história da linguagem.

Entre o primeiro e o segundo trimestre de gravidez, o sistema muscular rudimentar do bebê uterino reage aos sons do ambiente, e a água conduz o som muito bem. Sons barulhentos causam uma reação abrupta de susto e alerta no feto. Nessa altura, cada camada de tecido muscular tem um "fuso" (feixe de fibras citoplásmicas), uma partícula de tecido nervoso ligada a uma rede de outros fusos, todos eles conectados com o cerebelo na parte posterior do cérebro reptiliano. Mais tarde, o cerebelo tomará parte ou mesmo assumirá o comando de todas as funções da linguagem e da fala, além dos sistemas musculares, equilíbrio, aprender a andar etc.

No segundo trimestre, o antigo cérebro límbico emocional-relacional mostra suas primeiras reações e a musculatura fetal começa a reagir seletivamente à voz da mãe. No terceiro trimestre, o novo cérebro límbico, precursor do pensamento e da fala, entra em cena, e a reação muscular, que antes era aleatória, se estreita seletivamente de novo para abranger músculos específicos ou grupos musculares que reagem aos fonemas individuais, igualmente específicos, da fala da mãe. Essa reação muscular envolve quase o corpo como um todo e é a base fisiológica da linguagem humana. (William Condon e Louis Sander foram os primeiros a mapear esse repertório de reação muscular-fônica em recém-nascidos já nos anos 70, e na França o físico Alfred Tomatis realizou pesquisas semelhantes.)

Como vimos no Capítulo 7, o recém-nascido reage visualmente — e, portanto, seletivamente — a um rosto humano. Embora no começo ele reaja a qualquer padrão complexo o suficiente para ter alguma semelhança com um rosto, a reação a substitutos como esses dura pouco. O cérebro visual do recém-nascido tem um padrão inato de cognição facial, o único padrão preestabelecido ali. Quando é ativado por um rosto concreto, o padrão "acende" não só o cérebro visual, como a própria percepção consciente. Se a natureza prevalecer, o rosto é acompanhado por um dos pais, que fornece os vários outros estímulos na tríade de necessidades que o sistema do bebê está equipado para receber. Aquele rosto, portanto, é a faísca que dá origem à explosão controlada de uma vida nova adaptando-se a um mundo novo. Certamente, todos os adultos que não tiveram a sorte de trocar olhares com uma vida nova, no momento em que ela emerge de sua primeira matriz e procura visualmente o rosto de que precisa, perderam uma das muitas oportunidades de renascimento que a natureza nos oferece.

Como já explicamos, a proximidade imediata com o rosto da mãe (uma distância entre 15 e 30 centímetros) ao longo do período pós-parto é garantida pela amamentação. Isso também coloca o bebê em proximidade imediata com o coração da mãe e todas as partes do seu corpo, que fornecem o DNA das partes infantis correspondentes — sobretudo o coração, com seu reforço constante dos estímulos originais. Nessa situação de proximidade, a musculatura da face e do pescoço do bebê imita, em movimentos minuciosos, os músculos da mãe quando ela fala. No mundo inteiro, sabe-se que as mães têm tendência a conversar com seus bebês daquele jeito tagarela típico do relacionamento mãe-filho, e o resultado é um crescimento e uma reação reativos do cérebro. Existem, na verdade, cerca de 200 pequenos músculos da face e do pescoço envolvidos na fala; eles são ativados e praticados pela reação automática do bebê.

A natureza faz com que o bebê olhe fixamente para o rosto da mãe em cerca de 80% do seu tempo de vigília nas primeiras semanas de vida. Assim o "espelhamento" no bebê dos músculos do modelo conecta os dois ramos principais da preparação da fala, um dos quais já foi estabelecido pela interação entre fonemas e músculos no período uterino, e o outro pelas ações audiovisuais da fase do colo depois do nascimento. Se o bebê não for acalentado pelo tempo suficiente, esse desenvolvimento é prejudicado ou retardado.

Essa mescla de linguagem corporal e expressão verbal prepara o período de "lalação" ou balbucio interminável, durante o qual as conexões fonético-neuronais são treinadas o tempo todo, resultando muitas vezes nos gritinhos de alegria e excitação do bebê. (Afinal de contas, todos nós gostamos do som da nossa própria voz!) Essa prática mieliniza os campos neuronais correspondentes, tornando-os permanentes. O bebê, então, está pronto para brincar concretamente com as palavras por conta própria, completando a dinâmica plena da comunicação audiovisual acompanhada de amamentação e brincadeiras que ocorreu quase desde o nascimento.

Cada passo dessa interação imitativa depende do modelo materno. Se a mãe grávida for surda-muda, por exemplo, e o ventre for basicamente silencioso, com exceção dos borborigmos do abdome e ruídos da respiração, o feto só reage ao som da maneira mais rudimentar; a reação seletiva aos fonemas deixa de ocorrer porque não existem modelos. O bebê nasce sem reação muscular à linguagem, e portanto não começará a falar até que a natureza tenha a chance de compensar o problema.

Se não houver amamentação, a fase dos músculos da fala não evolui como deveria. Qualquer compensação posterior terá de competir com outros padrões que a natureza, ao longo de milênios, aperfeiçoou para serem acionados em suas fases respectivas depois do nascimento. A fala é retardada indefinidamente, e o desenvolvimento em curso pode ser prejudicado.

Nos casos de ausência desse modelo, a consciência plena também se atrasa, pois o padrão do rosto aciona não só o córtex visual, como também o cérebro como um todo e a percepção consciente. Os relances ocasionais de um rosto presente na entrega da mamadeira ou na troca de fraldas, por exemplo, não são exposição suficiente para garantir o fluxo estável de informação de que o DNA precisa para o desenvolvimento e mielinização daqueles padrões primários.

No ventre materno, de acordo com os planos da natureza, a maior parte da energia do feto pode ser usada na fixação linguístico-muscular. Depois do nascimento, na fase do colo, a energia é canalizada para o espelhamento da fala e o desenvolvimento visual. Essas capacidades básicas só se desenvolvem de modo pleno e automático se encontrarem os modelos apropriados na época do florescimento — princípio que vale para todos os estágios evolutivos ao longo da infância. Até as capacidades que desabrocham na idade madura e nos levam para os mundos superiores precisam de um modelo e cuidados apropriados para se desenvolverem.

Scott Williamson e Innes Pearse, biólogos especialistas em citologia, mostraram há 60 anos, depois de mais de 20 anos de pesquisas, que o funcionamento pleno de uma habilidade acontece sem esforço se houver reação apropriada do ambiente na época do seu aparecimento (a partir da formação do ovo). Caso contrário, a função se perde e a natureza precisa encontrar uma compensação. Mas a compensação, como provaram esses cientistas, tem um preço que mais cedo ou mais tarde pode levar à destruição. Embora a natureza compense as faltas mesmo em níveis maiores, toda operação de reparo vai por água abaixo e a morte das funções pode ocorrer pouco a pouco, mesmo quando a medicina moderna consegue arrastá-la por vários anos.

Colapso das funções, compensação e morte — a tríade perversa de Williamson e Pearse — preenchem o vazio deixado pelas necessidades insatisfeitas da tríade de MacLean. Aparentemente, o desígnio inteligente da natureza pode ser rompido pelas estúpidas ações humanas.

A QUEBRA DO VÍNCULO

Seguindo os argumentos apresentados no final do Capítulo 7, considere o que acontece à formação do vínculo quando o bebê nasce num ambiente hospitalar tradicional, como foi a norma durante quase todo o século XX. A longa série de intervenções técnicas que costumam ser impostas produz uma mãe e um bebê semiconscientes, sujeitos a luz forte e temperaturas baixas. O cordão umbilical é cortado de modo prematuro, causando falta de oxigenação e pânico no bebê. Nenhum rosto se aproxima imediatamente, só máscaras, seguidas por uma série de manobras violentas que envolvem agulhas para afastar os germes demoníacos, esfregação para lavar depósitos uterinos "nojentos", e enfim o insulto supremo do isolamento no berçário dos recém-nascidos com alimentação por mamadeira. Tudo isso priva o bebê não só do padrão facial necessário e tudo o que ele implica, como também de qualquer oportunidade de compensação. Pior ainda: essa carência inicial faz com que os vários modelos que deveriam se seguir ao primeiro em sequência sejam assimilados de maneira casual ou caótica.

O imperativo biológico da formação do vínculo com modelos apropriados no nascimento vale para cada uma das várias matrizes que se sucedem ao longo da infância. Se houvesse um nascimento benevolente, carinhoso e alegre e cuidados maternos benevolentes e carinhosos de todos os tipos depois disso, uma nova vida civil e benevolente teria chances de surgir. Essa benevolência civil, porém, só se manteria e progrediria se fosse seguida pelo apoio de matrizes civis e benevolentes nas esferas familiar, política e social.

Décadas de pesquisas mostraram que, embora o parto hospitalar com tecnologia médica seja uma grande tragédia da história, foi e continua sendo um imperativo cultural. Variantes dessa intervenção têm ocorrido há gerações e até séculos, como explicou Suzanne Arms exaustivamente em seu livro clássico *Immaculate Deception*. Homens dominadores decididos a usurpar o poder das mulheres e assumir o controle do nascimento tão importante de um bebê, com a subsequente fixação de modelos, exerceram seu poder maligno por muito tempo. Infelizmente, a percentagem crescente de mulheres no mundo médico, inclusive obstetras, teve pouco impacto nessa caricatura do parto médico. Quase sempre, as mulheres têm de macaquear os méritos de seus modelos, professores, mentores, conselheiros, fiscais dos exames de graduação e outros, se quiserem receber as bênçãos finais e credenciadas para entrarem na confraria fechada da medicina. Não é fácil driblar a cultura.

No melhor dos casos, o primeiro vínculo indispensável entre mãe e filho é prejudicado — ou mesmo impedido — pela cultura, o que resulta em isolamento, abandono, problemas de desenvolvimento etc. — tudo o que define o cidadão moderno. Na verdade, impedir ou quebrar esses vínculos é uma necessidade básica para a sobrevivência da cultura, assim como criar vínculos é necessário para a sobrevivência de uma sociedade pacífica. Como conjunto de estratégias de sobrevivência aprendidas e adquiridas, a cultura nos condiciona desde o berço, e é para sobreviver à própria cultura que empregamos automaticamente essas estratégias ao longo da vida, ao mesmo tempo que, ironicamente, alimentamos sua força demoníaca.

De toda a vasta rede de regras, diretrizes, proibições e inibições endossada pelas ameaças correspondentes de um possível castigo, o sentimento de abandono — o castigo mais terrível que um ser humano pode experimentar — está presente no cenário cultural do nascimento. Na primeira infância e na infância, ele cria os comportamentos previsíveis e controláveis que nossa cultura acha tão necessários. O abandono é portanto a base da aculturação, garantindo o conformismo cultural desde a primeira infância e fixando um modelo que a própria criança usará mais tarde, quando tiver filhos. Somos condicionados por esse imperativo cultural e não conhecemos outro tipo de paternidade.

Embora nossa relação com a cultura seja às vezes conflitiva e nossa intenção consciente para fazer o bem seja genuína e sincera, no melhor dos casos a criança recebe sinais contraditórios de todas as direções. Essa dissonância cognitiva desde cedo causa uma fratura na psique infantil que só tende a aumentar na passagem de cada fase de desenvolvimento. Assim, a cultura enquanto campo formativo se fortalece geração após geração, século após século, e a violência que ela produz aumenta no mesmo ritmo. Existe uma saída, é claro — não por meio da cabeça, do aprendizado livresco e das modificações de comportamento, mas por meio do coração e seus campos de ressonância de amor e solidariedade.

9

A BIOLOGIA DO RELACIONAMENTO

Todas as criaturas vivas, inclusive as unicelulares, têm algum tipo de detector sensorial positivo/negativo, basicamente uma reação química de aproximação e afastamento necessária para a sobrevivência: aceitar (ou devorar) um acontecimento benéfico e evitar um acontecimento ameaçador antes que ele nos devore. Quanto mais avançamos na evolução, mais extenso e variado é esse instinto primário.

Nos mamíferos, a natureza desenvolveu um módulo cerebral específico para analisar uma informação em detalhes e determinar seu caráter positivo ou negativo. Os sinais a partir de todas as células do nosso corpo mandam milhões de fragmentos de informação química-molecular a cada segundo, reunidos no alto do cérebro sensório-motor num canal de passagem chamado "sistema de ativação reticular" ou RAS (*reticular activating system*). O RAS é uma porta para o prosencéfalo superior da emoção, do pensamento e da percepção consciente e, entre várias outras coisas, funciona como um relógio corporal com ritmos integrados de sono e vigília. Nós acordamos quando a porta se abre e adormecemos quando ela se fecha. Em caso de emergência, o RAS nos alerta por meio de sinais enviados por um módulo cerebral chamado "amígdala cerebelosa" (veja figura 8.1 da p. 137).

AS REAÇÕES REITERADAS DA AMÍGDALA CEREBELOSA

A amígdala cerebelosa fica numa região importante entre o RAS, ponto alto do cérebro reptiliano sensório-motor, e o plano inferior do antigo cérebro límbico relacional-emocional. A amígdala arcaica (que tem o tamanho e a forma aproximados de uma amêndoa — daí seu nome, que significa "amêndoa" em grego) é o "cão de guarda" da evolução na passagem para a inteligência superior. É o foco central de vários sensores emocionais nessa região, agindo como um filtro que analisa a vasta corrente de informações que passam do RAS para os cérebros superiores, onde são processadas. Qualquer informação que indique perigo, ameaça ou algo fora do comum é captada de algum modo pela amígdala cerebelosa, que imediatamente manda um alerta para o prosencéfalo e o rombencéfalo. A amígdala não só examina esse fluxo enorme de dados, vigiando todos os que pareçam suspeitos, como também faz um *backup* do seu trabalho, fixando seletivamente impressões negativas com as quais as novas experiências podem ser comparadas mais tarde. Sua "memória" só armazena ressonância ou semelhanças emocionais, deixando de lado todos os conteúdos específicos. Além disso, a extensão, profundidade e intensidade dos alertas da amígdala cerebelosa, enviados para cima e para baixo, variam com a força ou duração da informação no fluxo de dados e com o tipo de ressonância ativada na amígdala. Esses sinais de alerta vão de simples pedidos de atenção até uma mobilização total para a guerra.

Ao longo dos três primeiros anos de vida da criança, a amígdala cerebelosa armazena seu repertório de ressonância de experiências negativas, e por volta do terceiro ano esse depósito seletivo se mieliniza, isto é, sua função se torna permanente. Depois disso e pelo resto da vida, a amígdala cerebelosa passa a comparar silenciosamente os acontecimentos atuais com seus modelos negativos, informando o cérebro quando necessário. Essa atividade intensa de censura e sinalização acontece abaixo do nível consciente. Como sempre, a mente é a última a saber. Todos nós estamos acostumados a estados de susto e alarme, por exemplo causados por um barulho alto e inesperado, mas boa parte da atividade da amígdala é discreta, pois funciona com base em padrões automáticos e habituais do pensamento ou comportamento dos quais raramente temos consciência até que as reações aconteçam.

O Capítulo 10 traz um exemplo de comportamento infantil que leva o pai ou a mãe a dar um tapa no traseiro da criança e gritar "Não!". O pai ou a mãe poderiam perceber que aquele comportamento é uma reação natural da criança no momento em que ela investiga seu mundo maravilhoso ou imita uma ação dos pais, de maneira natural. Mas nós, os pais, quase nunca refletimos; tudo o que fazemos é reagir. A amígdala é instintiva e os instintos reagem, mas não podem refletir outras coisas. Se refletissem, o pai ou a mãe perceberiam que o comportamento aparentemente provocador da criança tem ressonância com um padrão parecido, ainda que muito remoto ou de conteúdo concreto diferente, na própria infância do pai ou da mãe. Esse fato negativo registrado na amígdala cerebelosa dos pais aciona um sinal de ressonância. De novo, os conteúdos não fazem parte do repertório da amígdala (como pode acontecer nas lembranças imitativas dos neurônios-espelho); ela só reconhece acontecimentos e informações com base no caráter emocional. Se analisarem mais a fundo, o pai ou a mãe podem descobrir que sua experiência negativa de infância também foi causada por um acontecimento parecido na infância de seus próprios pais, e assim por diante. Portanto, os mesmos padrões se repetem geração após geração, sempre abaixo do nível da percepção consciente, que só registra os acontecimentos externos. Tentar mudar o comportamento de uma criança pode ser então um esforço inútil, pois o problema provavelmente está num dos pais, isto é, na atividade de seus neurônios-espelho e sua amígdala cerebelosa.

Pesquisas mostram que, quando um alerta negativo chega à nossa percepção consciente, milhões de reações neuronais já foram ativadas no corpo e no cérebro. Depois do fato consumado, nossa mente reflexiva só tem a opção de racionalizar e pedir desculpas para nós mesmos e as outras pessoas por essas reações automáticas que "simplesmente acontecem". Mas os lapsos são mais importantes do que imaginamos, pois no esforço de racionalização os cérebros superiores são incorporados a serviço do cérebro inferior de sobrevivência, que é involutivo. Séculos, talvez milênios de padrões involutivos podem ter levado nossa espécie à beira de um abismo.

É claro que a amígdala cerebelosa fixa a ressonância de acontecimentos realmente perigosos, ameaçadores ou prejudiciais junto com os simples reflexos condicionados que provocam ocasionalmente uma pontada de remorso num dos pais. A ressonância não tem uma lógica para essas sutilezas de avaliação; ela só age pela identidade de frequência com algo parecido. Essa semelhança pode ser vaga, meio imaginária, talvez ilusória ou falsa, mas o alcance da ressonância é sempre longo. A memória indelével da amígdala se estende sobre gerações, e assim a cultura sempre se renova como uma herança quase imortal.

CENTRO DA DOR E CENTRO DO PRAZER

Na amígdala cerebelosa estão fincadas as raízes da crença mais insidiosa e compulsiva que herdamos e da qual não podemos escapar: a de que as crianças precisam aprender a se comportar, precisam aprender a obedecer. A cultura se apoia nessa diretriz compulsiva que arruína a vida de muitas crianças. Quando uma delas se afasta o mínimo que seja dos padrões comportamentais fixados por nossas vivências infantis, a amígdala reage imediatamente, levando a uma decisão quase instintiva e irracional de mudar o comportamento da criança para que seja igual ao nosso. Assim, fixamos em nossos filhos a mesma exigência problemática que nos foi feita, num circuito negativo de neurônios-espelho que reproduzem culpa e vergonha, junto com o medo gerado pelos padrões de ressonância da amígdala.

Por trás de tudo isso existe a noção de que, se nosso filho não agir de acordo ou não "se comportar", nós mesmos corremos o risco de perder a aceitação ou aprovação da cultura. Se nosso filho não se conformar culturalmente, seremos responsáveis por isso. Nossa culpa vai atrair a censura das outras pessoas. A força invisível que, desde nosso início, determinou a forma e o comportamento geral do nosso cérebro, com seus neurônios-espelho e amígdala cerebelosa, age dentro de nós e alimenta os ciclos da cultura, geração após geração.

Mas a sensibilidade humana tem um lado mais agradável. Anos atrás, o neurocientista James Old descobriu um centro da recompensa ou do prazer no antigo cérebro límbico emocional. Esse cérebro faz avaliações qualitativas da informação do rombencéfalo, mas o centro de recompensa é um módulo neuronal que vai muito além das avaliações. Captando sinais de frequência parecida, esse módulo reage a uma variedade infinita de experiências prazerosas, que vão de breves estados de excitação até alegrias tão intensas que quase ameaçam nossa sobrevivência.

Nos experimentos de Old, por exemplo, ratos com um eletrodo implantado em seus centros de prazer, que eles mesmos podiam acionar por meio de uma alavanca, não paravam de mexer a alavanca para manter a sensação de prazer. Privavam-se de comida até morrer de fome e de água até morrer de sede, os machos ignoravam as fêmeas no cio, e alguns ratos até cruzavam uma cerca eletrificada para manter o eletrodo e o centro de prazer ativos.

Todos os mamíferos têm esse ímpeto poderoso fixado em seu cérebro emocional — e, quanto mais evoluídos e inteligentes, mais forte é o centro do prazer. Como observou William Blake:

Como podes saber se cada pássaro
Que cruza os ares lá em cima
Não é um mundo imenso de prazer
Fechado para teus cinco sentidos?

Seres humanos nos quais Old conseguiu implantar eletrodos desse tipo (uma proeza difícil) contaram que se sentiam "no sétimo céu" quando o centro era acionado. Na verdade, qualquer tipo de prazer que sentimos aciona esse centro de uma maneira ou de outra. Quanto mais forte é o prazer ou alegria — como o sexo e o orgasmo para os seres humanos, por exemplo —, mais poderosa é a reação do centro. Experiências místico-religiosas podem envolver o centro do prazer e as drogas podem acioná-lo, tornando-o tão perigoso para a sobrevivência quanto no caso dos ratos da experiência de Old.

O único objetivo que a inteligência criativa universal pode ter é a produção em todo o nosso mundo de uma variação infinita dessa frequência prazerosa num número incontável de caminhos e graus, pois a própria criação é esse prazer. Não é absolutamente por acidente ou acaso que a evolução embutiu em nós a capacidade de sentir prazer (como a teoria de "Darwin 2" previu em parte), que é simplesmente uma expressão da matéria bruta que dá origem à criação. Além disso, a relação entre criaturas que resultam desse processo prazeroso, como eu e você, reflete, amplia e intensifica a sensação de prazer a cada momento — por exemplo quando entramos em ressonância com um amigo e nosso centro do prazer grita "Mais, mais!". Com certeza, o cosmos pode agir da mesma maneira.

O prazer e a alegria são objetivos básicos que estão na própria raiz da criação, por mais estocástica que possa parecer. É um fato evidente em toda parte para qualquer pessoa que tenha olhos para ver. Ele sustenta a convicção pessoal que me leva a escrever sobre isso e inspira meu desprezo pelos behavioristas teimosos e fundamentalistas puritanos que ajudaram a roubar esse tesouro — nossa principal herança de vida e o investimento que a vida fez em nós.

Tudo isso significa que nascemos para desfrutar esta vida em todas as suas facetas — mas, como qualquer outra inteligência ou habilidade, nossa capacidade de alegria tem de ser cultivada e desenvolvida. O modelo imperativo da natureza vale aqui como em qualquer outro contexto. Tudo o que nossos teimosos cientistas ou fundamentalistas provaram com seu repúdio condescendente mas implacável dessas propostas bem-intencionadas é que o dom maravilhoso do espírito não pôde ser cultivado dentro deles. A cultura reprimiu sua alegria espontânea e natural. Por isso, é estranho eles sentirem essa compulsão de impingir a pobreza de sua vida espiritual às outras pessoas, como muitos fundamentalistas tendem a fazer. Por acaso uma pessoa surda se sente obrigada a eliminar toda a grande música do nosso mundo?

Seja como for, aquilo que interpretamos como prazer e alegria é o simples estado de amor dentro de nós, pelo qual o universo se manifesta. Essa grande força é a razão de ser da evolução, a essência do amor e da benevolência que, na teoria de "Darwin 2", nos deram origem.

ONDAS DE COERÊNCIA POSITIVA

Todas as experiências prazerosas vividas por nós, criaturas sencientes, acionam até certo ponto o centro de recompensa positiva dentro de nós, enviando uma onda coerente de energia que pode entrar em sincronia, sobrepor-se ou misturar-se com outras ondas ou campos coerentes. Essas ondas de coerência positiva (as incoerentes são negativas) se relacionam diretamente com o coração e ao mesmo tempo são refletidas pelos campos eletromagnéticos que emanam do coração — uma parte significativa da interação entre coração e cérebro, de importância essencial para todos os aspectos de nossa vida.

Aparentemente, cada célula do nosso corpo registra uma espécie de prazer-dor, como mostra o biólogo Bruce Lipton. Assim, quando experimentamos prazer ou alegria, nosso corpo como um todo irradia vários tipos de ondas coerentes, um estado de espírito que se reflete imediatamente nas radiações magnéticas do nosso coração. Uma análise espectral do nosso campo cardíaco mostra o reflexo de um dos dois estados principais: coerente (positivo) ou incoerente (negativo). Frequências cardíacas coerentes têm origem no relacionamento, no amor, na alegria e em outras emoções positivas, e na verdade podem se propagar, se fortalecer e ser realimentadas por outras ondas coerentes, capazes de coincidir em seus altos e baixos numa base suficientemente regular para haver estabilização e mesmo intensificação. (Veja figura 5.1 na p. 77.)

Ondas incoerentes, que se formam quando sentimos medo ou dor, podem ser captadas por alguém que esteja fisicamente próximo, mas não irradiam muito além pois não podem sincronizar ou combinar com outras ondas. Elas permanecem localizadas pois não podem, por uma simples lei física, expandir-se para o plano das frequências coerentes. Portanto, ondas incoerentes bloqueiam nossas interações com frequências cardíacas mais altas, o que resulta em isolamento, carência emocional ou vazio espiritual.

A reprodução sexual, por exemplo, com exceção das formas de vida mais simples (e quem pode dizer o que acontece nesse caso?), cria reações de prazer poderosas o bastante para assegurar a sobrevivência de todas as espécies reprodutivas. Aparentemente, quanto mais avançada é a forma de vida, maior é a gratificação. Em seu livro *The Scientification of Love*, Michel Odent oferece uma análise brilhante das ramificações dessa gratificação. Todas as formas de sentimento benigno e protetor irradiam ondas coerentes e, a qualquer momento, vários bilhões de criaturas em todo o planeta se envolvem em atividades prazerosas, que exaltam a vida. Cada um desses acontecimentos aciona uma energia positiva coerente, por minúscula que seja — e, no campo universal das frequências, a intensidade não importa pois não é mensurável por nenhum dos nossos parâmetros físicos.

Nosso planeta como um todo irradia (ou deveria irradiar) uma energia positiva amplificada. Assim, quando começamos a rir o mundo realmente ri conosco, graças a princípios perfeitamente estáveis de ressonância ou interação de frequências (aquilo que o Instituto de HeartMath chama de "harmonização"). Inversamente, quando choramos geralmente choramos sozinhos, pois as frequências incoerentes do coração-mente não interagem entre si. Portanto, se nosso estado geral for incoerente, nenhum esforço, nenhuma disciplina, nenhum tipo de protesto, fúria ou violência podem comunicar nosso sofrimento a uma potência superior, pois tal potência teria de ser necessariamente coerente, e sem dúvida não localizada. Nossa incoerência localizada não encontra assim ressonância — o que nos deixa emperrados em nossa situação negativa. (E aquele que tem recebe mais ainda — tanto as coisas positivas como as negativas.)[9]

Pense num camundongo no momento da copulação, mandando breves impulsos de coerência positiva em direção ao éter, onde eles se combinam e reforçam as energias positivas em mim, em você e em outras criaturas. Então, pense no contrário: outro camundongo, no momento em que é devorado por um lince, emite uma breve explosão de incoerência negativa (como não podia deixar de ser), mas essa onda incoerente não irradia para longe do camundon-

---

9. "Porque ao que tem lhe será dado e terá em abundância; mas ao que não tem, até o que tem lhe será tirado" (Mateus 13:12). (N. do T.)

go (exceto para algum parente ali perto), pois ondas incoerentes não se combinam às incoerentes. No entanto, a reação negativa do camundongo pode ser muito breve: a pesquisa mostrou que, quando uma presa como um roedor é capturada e devorada por outro animal, a natureza libera narcóticos no cérebro da presa, anestesiando-a de fato e talvez até excitando seu centro de prazer, num último jorro de alegria na vida do camundongo.

Nos relatos do grande explorador David Livingstone sobre suas aventuras na África, ele conta que certa vez foi capturado por um enorme leão e que o animal começou a balançar Livingstone violentamente, com as mandíbulas cravadas em seu ombro. Livingstone sabia que seu fim tinha chegado, mas contou que naquele momento sentiu uma exaltação sublime. Os guias que o acompanhavam chegaram no último segundo para salvar sua vida e, assim como a dor no ombro que ele sentiu pelo resto de seus dias, aquele estado de êxtase nunca o deixou completamente e reforçou sua vocação espiritual que já era firme. A mente e o coração de Livingstone se fundiram numa coisa só e o coração cuidava da mente. Considerando a possibilidade de que o leão realmente tivesse acabado com ele, sua mente em estado de êxtase provavelmente teria se fundido a um êxtase maior. O ser humano não nasceu para perder!

Enquanto isso, para voltar à nossa fábula do lince e do camundongo, o lince, ronronando de prazer enquanto aproveita seu almoço, manda sinais positivos que, ironicamente, se juntam em algum plano aos do outro camundongo em sua copulação, aos meus ou aos do leitor ou de qualquer pessoa que esteja experimentando um acontecimento agradável de qualquer natureza. Animais caçadores mostram um prazer e uma excitação evidentes em sua ocupação, assim como animais de pasto e ruminantes se deliciam com um tufo especial de grama ou arbusto e procuram aquela planta específica da próxima vez. Parece uma simples questão de sobrevivência, mas é mais do que isso: o animal que consome manda sinais positivos, o que é consumido manda um breve sinal negativo. (É verdade que não podemos falar das ervas ou plantas, embora algumas pessoas tenham afirmado que as árvores podem se comunicar umas com as outras; na minha infância, eu certamente conversava com elas e sentia que elas se comunicavam comigo.)

De modo geral, portanto, as frequências positivas prevalecem não só no plano individual, como num espectro mais amplo. Mas as negativas podem se acumular como um efeito de campo e, captadas e refletidas por um número suficiente de mentes negativas, podem crescer não pelo efeito de coerência, mas criando mais reações emocionais incoerentes em outras pessoas. Um mecanismo retroativo infinito entre campo negativo e mente receptiva pode se instalar então. O indivíduo não tem consciência desse campo e aparentemente não consegue sair dele mesmo que a tivesse. O campo negativo ou energia arquetípica de um tipo especialmente sinistro que Carl Jung viu formar-se na Europa do século XIX irrompeu em forma de fascismo no século XX, criando o maior pandemônio da História até então. De novo observamos que uma ação ou comportamento repetidos podem se tornar habituais e mais tarde instintivos, e que tudo isso pode acontecer abaixo do nível não só da razão, como da própria consciência.

Quem, então, pode quebrar o efeito retroativo depois que ele se fixa? Em todos os lugares aonde vou, recomendo os livros *Love and the World* e *Silence* de Robert Sardello, e o livrinho *The HeartMath Solution* de Childre e Martin. Se praticarmos as soluções oferecidas por eles para abrir a inteligência do coração até que as práticas se tornem hábitos, mais cedo ou mais tarde elas serão tão instintivas quanto o bater do coração, e veremos o mundo com novos olhos.

10

IMPERATIVOS EM CONFLITO

No capítulo anterior, exploramos um conflito entre imperativos biológicos e culturais, mas um conflito igualmente sério entre dois imperativos biológicos, embora seja indiretamente um efeito cultural, também pode obscurecer nossas ações ao longo da vida.

Imagine a seguinte situação: uma mãe recebeu de herança um objeto precioso, uma estatueta em porcelana de Dresden, que ela coloca orgulhosamente sobre a mesinha da sala. Seu bebê de 16 meses de idade entra na sala, vê o objeto novo e sedutor e vai engatinhando até ele para investigar. Um dos instintos límbicos básicos do bebê literalmente força-o a interagir com qualquer objeto desconhecido em seu meio — para examiná-lo, prová-lo, tocá-lo, cheirá-lo, conversar com ele, ouvi-lo e construir aquilo que Piaget chama de "estrutura sensorial plena de conhecimento", ou rede neuronal para conhecer, reconhecer e categorizar um objeto ou qualquer outro semelhante a ele.

A mãe entra na sala, vê o bebê indo em linha reta em direção à peça frágil e grita assustada: "NÃO! — Não toque nisso!" O bebê para ao ouvir essa ordem que contraria seu impulso interior de investigar. Ele se vira para estabelecer contato visual com a mãe, pois tem um imperativo biológico igualmente poderoso de manter contato com a pessoa que lhe dá a própria vida. A separação dessa pessoa é de fato o medo principal na vida do bebê, uma ansiedade inata e instintiva com raízes no verdadeiro perigo dos animais ferozes e outras criaturas de nossos ancestrais.

Mas o outro imperativo básico da natureza (investigar novos objetos) é tão poderoso quanto a ordem dessa pessoa. Além disso, qualquer objeto ou acontecimento no "ninho" (para o bebê, o "ninho" ou a casa são simplesmente uma extensão da mãe doadora de vida) valem para investigação. O instinto de aprender e estabelecer novos relacionamentos aciona o antigo cérebro sensório-motor em sua investigação, enquanto a inteligência emocional-relacional da criança a leva a manter a relação básica com a mãe. Com os olhos voltados para o rosto da mãe e as mãos estendidas para a estatueta, o bebê tropeça e tateia em direção a seu objetivo na mesinha da sala.

Mais tarde, quando a mãe (poderia perfeitamente ser o pai) conta essa história ao marido, à avó, ao vizinho, à sogra, conclui com a frase: "E o danado me olhou bem nos olhos e fez exatamente o que eu lhe disse para não fazer!" A repetição desse "desobedecer de propósito" leva a uma variedade de castigos, pequenos ou grandes. Acima de tudo, nós, pais civilizados, somos ensinados a acreditar que as crianças têm de aprender a obedecer. Mudar o comportamento de uma criança como regra geral, independentemente da circunstância ou da lógica, sempre acaba valendo, e nós forçamos esse aprendizado "para o bem da própria criança".

O aprendizado baseado na curiosidade natural, na investigação e na descoberta é muito mais eficaz e permanente quando o bebê ouve alguma explicação sobre o objeto enquanto a interação está acontecendo. A explicação não só sanciona socialmente o acontecimento, como também define esses acontecimentos como parte do mundo dos pais, envolvendo o sistema fônico muscular do bebê associado à memória. Tudo isso constrói seletivamente a "estrutura de conhecimento do mundo". O bebê espera uma explicação para suas descobertas. "Não faça isso!" não é uma explicação.

O livro *Affect Regulation and the Origin of Self*, que Allan Schore levou doze anos para escrever e no qual incluiu 2.300 citações, enfoca as reações emocionais do bebê diante de punições negativas. As "moléculas de emoção" envolvidas nisso têm importância central para a memória, o aprendizado, a defesa imunológica e a saúde nessa fase da vida, e são parte integrante de todos os relacionamentos mais tarde. Schore descobriu que o córtex pré-frontal recém-formado no bebê é a parte do cérebro mais afetada por sinais conflitantes e pela agitação emocional que eles causam. Segundo a neurocientista Patricia Goldman Rakic, o córtex pré-frontal se destina a governar mais tarde nosso cérebro de quatro camadas e seus comportamentos. Paul MacLean chamou os lobos pré-frontais de "angélicos", pois são os canais da compaixão, do amor, do carinho e da compreensão, do ato de proteger e ser protegido. Como já vimos, qualquer dano precoce ao desenvolvimento pré-frontal afeta todos os aspectos do desenvolvimento e dos relacionamentos futuros.

O CONFLITO ENTRE DESEJO DO CÉREBRO E ACULTURAÇÃO

A cada etapa do crescimento do cérebro — da formação do córtex pré-frontal ao crescimento da "ponte", ou lobo orbitofrontal, entre o antigo cérebro límbico emocional e o primitivo cérebro reptiliano sensório-motor, até a maturação dos lobos pré-frontais como verdadeiros governantes do cérebro por volta dos 21 anos de idade —, a natureza formula uma pergunta fundamental: podemos partir agora para uma inteligência evolutiva superior, ou temos de nos defender ou reforçar nossas defesas de novo?

Examinemos mais uma vez os dois imperativos que levam aquele bebê a engatinhar em direção à estatueta de Dresden: o primeiro é explorar o mundo desconhecido e construir uma estrutura de conhecimento dele tanto pela exploração como pela imitação dos modelos paternos e as sugestões que eles dão automaticamente, e o segundo grande imperativo é manter contato com a mãe protetora e doadora de vida. Os mesmos imperativos biológicos exercem pressão igual de maneira mais sutil, porém mais ampla, no pré-adolescente.

No "ninho" dos pais, toda exploração é válida, mas lá fora, na floresta para além do "ninho", a situação é diferente. Lá fora, a investigação de novos fenômenos é precedida pela consulta ao pai ou à mãe para determinar sua reação em geral. Essa consulta aos pais é tão instintiva e essencial na criança quanto em todos os mamíferos — para determinar até que ponto a investigação é segura mas também, no caso dos humanos, para obter uma explicação e identificação daquilo que vamos encontrar. Se a reação dos pais for positiva, a criança começa a interagir com o objeto desconhecido em todos os planos sensoriais; se a reação dos pais for negativa, nosso instinto límbico nos recomenda precaução e talvez até ignorar o objeto ou acontecimento. A criança pode então se voltar para outras opções sancionadas pelos pais, num universo de possibilidades infinitas. Graças a essa reação aprobatória, ela constrói um mundo compartilhado pelos pais e por outras pessoas.

Quer seja no interior do "ninho" ou lá fora, a criança capta automaticamente sinais sutis relacionados com o estado emocional dos pais por meio dos neurônios-espelho, das moléculas de emoção e outras influências. Se um dos pais mostrar sinal de inquietação ou preocupação, a criança captará o sinal mesmo que o pai ou a mãe não o exprima conscientemente. Se a criança captar uma aprovação do tipo "Tudo está bem", mas o pai ou a mãe também emitir um sinal inibidor do tipo "Não faça isso", bloqueando a ação da criança, ela ficará dividida entre dois sinais conflitantes. Como explicou Bruno Bettelheim: não se pode mentir para uma criança, pois ela capta mais sinais do que você pensa estar manifestando. Ou, como disse certa vez meu professor de meditação Gurumayi: se, ao interagir com uma criança, aquilo que você pensa e sente for diferente do que você diz e faz, com certeza a criança ficará dividida interiormente.

O imperativo natural dos modelos está sempre em jogo. Em todos os sentidos, o modelo transmitido pelos pais tem papel determinante na natureza das estruturas de conhecimento que a criança vai absorvendo. Também é significativo que, quando a orientação dos pais é ignorada ou continuamente afrontada pela criança, o castigo é usado para enfatizar a determinação dos pais de que o bebê aprenda a obedecer — nós, pessoas aculturadas, aprendemos desde cedo que temos de obedecer... ou aguentar as consequências.

A ANULAÇÃO ANTIEVOLUTIVA DO CIRCUITO EVOLUTIVO

A verdade chocante é aquela para a qual Allan Schore também chama a atenção: em média, um bebê norte-americano típico sofre esse bloqueio desordenado de sinais cruzados a cada nove minutos — e o resultado é uma reação emocional na criança muito mais intensa e extensa do que parece à primeira vista. Nos planos emocional e hormonal, uma recuperação plena de cada conflito leva muito mais do que nove minutos, como provaram ao longo de anos as pesquisas do Instituto de HeartMath. (Um minuto de raiva ou medo pode deprimir o sistema imunológico por horas, antes que o sistema nervoso parassimpático nos traga de volta ao equilíbrio.)

Não temos consciência da reação em cadeia contínua que esse conflito cria na criança (ou em nós mesmos), mas ele é surpreendentemente complexo e agudo. Schore dedicou boa parte de suas pesquisas ao conflito interior que impele a criança em duas direções opostas — ambas cruciais para a sobrevivência, o clássico *double bind* ou duplo vínculo. Ocorrendo em média a cada nove minutos, esse conflito preenche boa parte do dia a dia de um bebê e serve, é claro, "para seu próprio bem". Diante da exploração espontânea de uma criança, nossa reação do tipo "Não faça isso!" é tão automática como se a criança estivesse o tempo todo prestes a ser atropelada.

A maior vítima do bloqueio da modificação comportamental a cada nove minutos é o circuito orbitofrontal, de enorme importância, pois ele liga o córtex pré-frontal aos outros sistemas cerebrais e ao cerebelo, reforçando os elos entre cérebro e coração. Entre o décimo segundo e o vigésimo mês de vida, o circuito orbitofrontal deveria ser continuamente exercitado no bebê, pois ele organiza todos os sistemas numa única concentração de exploração do mundo e do eu, deixando sua própria marca nos padrões resultantes. A partir desse exercício, o circuito também se mieliniza (isto é, as conexões se fixam), tornando-se parte permanente da estrutura cerebral. Mas a exigência incessante dos pais para que a criança modifique suas ações exploratórias principais de acordo com as noções paternas de segurança ou conveniência social começam literalmente a cindir a jovem mente, e o resultado é que a concentração de energias na atividade prazerosa da construção do mundo se fragmenta e se desorganiza. Assim, as conexões neuronais tênues do circuito orbitofrontal, ainda não mielinizadas, não se exercitam nem se fortalecem. Ao contrário, começam a mudar, desconectando-se e reconectando-se com vários resultados daninhos. Os circuitos que ligam os lobos pré-frontais ao sistema emocional-cognitivo são redirecionados para formar conexões mais fortes e mais poderosas entre o cérebro emocional-cognitivo e o cérebro defensivo, que cuida da sobrevivência. Mais uma vez, embora a natureza tenha caminhado para uma evolução superior, ela é redirecionada para reforçar seu sistema defensivo.

O resultado é que a criança vive dividida entre o pai ou representante da autoridade (mais tarde o professor, os vizinhos etc.), para não desagradá-los e sofrer censura, e qualquer objeto ou acontecimento que chame sua atenção. Ela não pode concentrar suas forças na tarefa em questão, seja o que for que estiver fazendo e aprendendo pela reação dos lobos pré-frontais, porque ao menos metade do seu sistema neuronal está na defensiva. Incapaz de confiar em seu mundo o bastante para interagir plenamente com ele, sua atenção se divide, todo aprendizado dirigido se torna forçado (resultado da ordem "Faça isso ou aguente as consequências") e o stress aumenta, despejando ainda mais energia emocional no rombencéfalo defensivo (parte posterior do cérebro) e deixando ainda menos energia para o verdadeiro aprendizado nos lobos préfrontais. Forma-se um circuito negativo cujo foco se fragmenta entre dois polos, e a criança não tem uma visão única que possa encher seu corpo de luz.

Desse modo, a visão de mundo paterna que infligimos inconscientemente a nossos filhos reflete as limitações e constrangimentos a que nós mesmos fomos submetidos na primeira infância. As mudanças comportamentais forçadas por nossos pais afetaram nosso próprio circuito orbitofrontal e desenvolvimento pré-frontal, da mesma maneira como vamos afetar os de nossos filhos. Nosso próprio impulso cego e automático exige conformidade às prerrogativas socioculturais, que agora se concentram na maneira de moldar nossos filhos. Isso garante um futuro cidadão que segue as diretrizes culturais — mas, se a criança não obedecer, os próprios pais são considerados responsáveis: somos culpados aos olhos de nossa cultura, criticados de maneira sutil e indireta ou mesmo aberta em condenações visíveis, sofremos até mesmo alienação e ostracismo. Nenhum de nós suporta bem essa culpa, pois ela é gerada por nosso próprio cérebro de sobrevivência, e sentimos o mesmo velho perigo que emana do nosso cérebro antigo tal como aconteceu na ameaça implícita ou real de abandono que sofremos na infância. Embora nossos pais tenham sido substituídos pela cultura, pelos vizinhos, pelos parentes ou pelo governo, o ostracismo — o fato de ser expulso do rebanho social — é a concretização da mesma ameaça de abandono. A amígdala cerebelosa só registra ressonância, mas não conteúdo ou lógica.

Nós dizemos e realmente podemos acreditar que estamos agindo pelo bem-estar da criança, mas nosso próprio bem-estar enquanto pais, nossa integração e aceitação sociais estão sempre ali, num nível mais profundo e mais difuso. A pergunta "O que os outros vão pensar de mim?" nos espreita sob a superfície. De qualquer lugar ou por qualquer motivo, o vínculo entre pais e filhos é bloqueado ou prejudicado pelos corretivos sociais que nos sentimos induzidos a usar. Com o bloqueio da atividade pré-frontal e o redirecionamento do circuito orbitofrontal, as deficiências resultantes podem se mostrar por inteiro anos depois, sobretudo na adolescência — e é assim que a cultura vai se reproduzindo ao longo das gerações.

O ABRAÇO PRECIOSO

É claro que existem emergências e situações em que a criança precisa nos obedecer, e é preciso dizer "Não!" ou "Não faça isso!". Mas Allan Schore nos ensina um jeito terapêutico de fazer passar a mensagem em qualquer situação.

A cada vez que uma censura negativa-inibidora tem de ser usada, deve ser seguida imediatamente, no mesmo lugar e de preferência até durante a própria censura, pela confirmação do vínculo. Simplesmente pegue a criança nos braços, segure-a bem perto moldando o corpo na altura do rosto e do coração, e mantenha o contato por um breve momento. Esse pequeno truque pode poupar a você e a seu filho anos de desgosto acumulado ao longo do tempo.

O "abraço precioso" não deve distrair a criança. Esse gesto simples tem uma vantagem ainda maior. Schore mostra que as censuras ou imposições negativas feitas dentro do vínculo criam um aprendizado positivo: o vínculo torna a censura aceitável e compensadora para a criança. Jean Liedloff, autor do clássico sobre evolução infantil *The Continuum Classic*, argumenta que a criança quer, sim, obedecer, ceder, tomar parte e integrar-se no mundo dos adultos, e para isso está disposta a mudar seu comportamento se a censura acontecer dentro do vínculo. Obedecer dentro do vínculo é um tipo de imitação que reforça o vínculo constantemente. No interior do vínculo, aprender e obedecer são momentos lúdicos de relacionamento — ou seja, são a essência da vida. Graças ao vínculo, os limites são traçados e aceitos com prazer, pois as crianças precisam muito de limites para definir seu mundo, sua identidade e relacionamentos. Conforme vão crescendo, ultrapassam os limites anteriores e aceitam limites novos, adequados a cada etapa do desenvolvimento.

Por outro lado, enfatizar os castigos pelos erros da criança ou ensiná-la a obedecer e aceitar — o mito cultural da "construção do caráter" — faz com que a carga negativa se multiplique e se estenda ao longo da vida, como já vimos. Por trás da mania de mudar o comportamento existe muitas vezes uma grande dose de rejeição da vida em geral por parte dos pais, e muitos de nós preferem transferir essa rejeição para os filhos.

DESTRUIÇÃO CONTÍNUA DO VÍNCULO

O vínculo com a terra surge cedo, mas aprofunda-se sobretudo por volta dos 4 anos de idade, na transição para o predomínio do hemisfério direito do cérebro. Esse vínculo com a terra se desenvolve com dificuldade quando a criança não se vinculou primeiro aos pais nem teve a liberdade de explorar este mundo. A coisa fica ainda mais difícil quando o vínculo é bloqueado enfaticamente ou anulado pela realidade virtual que substitui a natureza. Essa realidade virtual começa com o parto tecnológico, continua com as mamadeiras, creches, escolinhas, cercados para a criança, a televisão como babá na primeira infância, *playstations, game boys,* computadores. Uma criança sem vínculo com a terra liga-se a um mundo eletrônico, e mais tarde apoiará a realidade virtual à custa do planeta Terra. O dano resultante pode não ficar claro na criança, pois a consciência ecológica não encontra receptividade numa criança da realidade virtual. Além disso, qualquer prejuízo aparente é racionalizado. Uma criança assim só pode procurar tipos ainda mais intensos de estímulo artificial quando crescer, pois depende disso para manter a percepção consciente plena e para se sentir viva.

Já discutimos antes o surto amplo de crescimento cerebral por volta dos 6 aos 7 anos de idade, que faz o jovem cérebro ganhar massa neuronal e glial[10] para o aprendizado de cinco a seis vezes maior do que aos 3 ou 4 anos de idade. Além disso, essa capacidade neuronal de aprendizado é de cinco a sete vezes maior do que a criança terá aos 12 anos, aos 13 ou mais tarde. O crescimento maciço por volta dos 7 anos de idade se perde por volta dos 12, literalmente eliminado pela natureza. Uma das leis naturais é: "Aquilo que não encontra uso deixa de existir". A natureza nos oferece uma série infinita de possibilidades de pensamento operacional concreto, mas, se não houver um ambiente apropriado de estímulo e modelos apropriados para essas operações nos anos intermediários da infância, a evolução não pode acontecer. A natureza, então, reage da única maneira possível, eliminando boa parte da massa neuronal por volta dos 12 anos. De certa maneira, ela "pede de volta" aquilo que ofereceu e passa à etapa seguinte na escala do desenvolvimento. O leque de oportunidades que se abre por volta dos 7 anos volta a se fechar aos 12, e o próximo leque se abre, quer esteja pronto ou não. Assim como os molares dos 12 anos substituem os molares dos 6 anos, o plano da natureza se constrói a partir de uma premissa genérica de sucesso, não fracasso. O que vale é a intenção da natureza, não nossa negligência. O plano natural é a única estrutura inata, ao passo que nosso plano tem de ser acrescentado arbitrariamente.

Por volta dos 12 anos de idade, se as oportunidades na escala evolutiva existirem, estágios mais elevados da consciência estão prontos para se abrir. A evolução passa do pensamento operacional concreto para operações for-

---

10. Glia, ou neuróglia, é uma rede de células que sustenta o sistema nervoso central. (N. do T.)

mais que são procedimentos muito mais sofisticados, fazendo com que a mente possa dirigir suas funções cerebrais e chegue ao pensamento abstrato, inclusive em voos criativos como a matemática avançada e os sistemas filosóficos. São de fato níveis de criatividade muito além do pensamento concreto e inato do período anterior. O pensamento operacional concreto é a primeira etapa importante, uma espécie de trampolim para o salto aos mundos superiores que nos elevam acima de todas as limitações e restrições da infância.

No entanto, as operações formais só podem funcionar se a natureza eliminar a porção sem uso da massa neuronal constituída por volta dos 7 anos de idade. Uma massa de agregados neuronais e gliais que não vai a lugar nenhum, consumindo energia sem produzir nada em troca, prejudica as novas estruturas que tentam se formar e exaure a energia e atenção necessárias para sistemas evolutivos muito mais avançados que surgem nessa época. As operações formais são tão diferentes de tudo o que veio antes, que exigem um campo aberto e sem entraves, ao mesmo tempo que o cérebro aproveita todos os progressos e habilidades anteriores.

Esse processo de eliminação se dá quando a natureza produz um hormônio que dissolve todos os neurônios e conexões neuronais não mielinizados. A mielina, proteína lipoide (gordurosa) que acelera os sinais entre neurônios e de um campo neuronal a outro, forma-se pelo uso repetido de um campo neuronal específico — e ela não é afetada pelas substâncias químicas da eliminação neuronal feita no cérebro, de modo que esses campos continuam intactos. A porção não mielinizada, que ficou sem uso e desaparece, chega a 80% do sistema neuronal de uma criança, o que equivale mais ou menos à massa formada entre os 6 e 7 anos de idade. A massa neuronal restante é a mesma contida no crânio entre os 3 e 4 anos, e também é a mesma que a criança terá depois de adulta.

Essa nova possibilidade criativa de operações formais raramente se desenvolve por inteiro e às vezes falha inteiramente, pois o sistema operacional concreto que a sustenta não cresceu o suficiente — daí a eliminação neuronal maciça. Quando não estimulamos as operações concretas, não damos apoio às operações formais que surgem depois. Mesmo uma criança poupada das falsificações da realidade virtual, que bloqueiam bastante o desenvolvimento nas etapas anteriores, tem de carregar o peso enorme do aprendizado escolar, restringindo a viagem emocionante e sem limites do aprendizado que deveria acontecer entre os 7 e 14 anos. Em vez disso, a escola reforça a aculturação mais do que qualquer outro fator — inclusive a religião. A cultura e a escola andam juntas, assim como a cultura e a religião. Nas mais de oito décadas de minha vida, a reforma do ensino foi uma preocupação constante, quase tão discutida quanto a reforma política. Mas reformar uma ideia profundamente errada não pode gerar sua transformação radical. Como disse, alguns anos atrás, um grupo de professores do ensino básico e intermediário no Estado de Nova York, temos de pôr fogo no prédio inteiro e deixar que as cinzas esfriem antes de pensar no tipo de reconstrução que vamos fazer. É claro que a cultura tenta impedir esse tipo de "incêndio", pois a escola, do jeito como funciona agora, sustenta também nossa cultura comercial.

Portanto, no período entre os 7 e 11 anos, a natureza pergunta mais uma vez: podemos passar para uma inteligência superior ou temos de nos defender de novo? E, mais uma vez, ela escolhe a atitude de defesa, como acontece quase inevitavelmente no estágio evolutivo seguinte.

A ADOLESCÊNCIA E A REVOLUÇÃO PRÉ-FRONTAL

A eliminação neuronal por volta dos 12 anos de idade abre caminho para o terceiro grande surto de crescimento na criança desde o nascimento, um surto decisivo que acontece ao longo da adolescência. O córtex pré-frontal e seu complemento discreto, o cerebelo antigo no rombencéfalo (parte posterior do cérebro), são o palco desse crescimento novo e definitivo que implanta novos trilhos neuronais, como dizem os pesquisadores, até os 21 anos de idade, em alguns casos até os 25, se tudo der certo. Quando a evolução prévia até essa etapa não foi suficiente ou não aconteceu com os estímulos apropriados, o crescimento é tão prejudicado que chega a ser ineficaz ou inútil.

Nessa fase da vida, o cerebelo tem de passar por um surto de crescimento, não só como requisito pré-frontal mas também para gerir o incrível crescimento físico da puberdade, com sua energia enorme e a intensidade emocional explosiva da sexualidade em seu início. Falamos do adolescente desajeitado pelo mesmo motivo que o bebê nos parece desajeitado, quando desenvolve o equilíbrio e aprende a andar. O crescimento do adolescente é tão rápido e amplo que o cerebelo não consegue dar conta, não consegue manter a coordenação dos membros que crescem e pôr em dia a mielinização desse crescimento novo, para que os movimentos sejam suaves e aconteçam sem esforço.

Mais importante ainda, como observou Rudolf Steiner há muito tempo, é o fato de que o adolescente, do ponto de vista emocional, é tão vulnerável quanto o bebê, pois atravessa essencialmente o mesmo estágio emocional num plano muito maior. Agora, ele tem de aprender a lidar com um corpo novo, um mundo novo e novos tipos de relacionamento, mas também com a própria consciência universal que irradia a partir do coração. Por volta dos 15 anos de idade, ele está numa encruzilhada na qual a vida encontra seu centro, tentando acionar um processo evolutivo que só é possível pela unificação do cérebro, da mente e do corpo. O responsável por essa unificação é o coração.

Em seus dezessete anos de trabalho para o Programa de Biologia Comportamental e Evolutiva no National Institute of Child Health and Development (órgão dos National Institutes of Health, ou NIH), James Prescott fez pesquisas detalhadas mostrando que as limitações e inibições do plano biológico da natureza, impostas pelo modelo cultural e social, são fatores que alimentam a violência e impedem o crescimento. Entre os vários detalhes dessa situação estão, como já vimos neste livro, o parto médico-tecnológico, a falta de aleitamento materno, a falta de contato e movimento físico quando os pais carregam, embalam ou seguram o filho, além de um ambiente favorável para o recém-nascido, o bebê e a criança. Mais importante ainda, Prescott descobriu que o apoio emocional e a liberdade sexual para os adolescentes e jovens é igualmente vital para uma sociedade pacífica. (O fator polêmico da liberdade sexual não foi bem recebido — mas nós aceitamos facilmente a violência e reagimos a ela com uma indignação virtuosa e justa... e mais violência.)

Pense nos requisitos da natureza para o crescimento saudável do bebê — proteção, empatia, compaixão, apoio físico e estímulo suficiente. Como mostram as pesquisas de Prescott, são fatores críticos também para o adolescente, numa situação de vulnerabilidade e fragilidade. Mas o estímulo, o cuidado e a abertura necessários nessa fase da vida se opõem diametralmente à situação sociocultural do adolescente hoje em dia. Na prática, ele é considerado um inimigo público e tratado como tal — e, por isso, reage da mesma maneira.

Lembre-se de que o jovem cérebro-mente não é algo fixo, e sim maleável. Esse adolescente tão flexível pode mudar de direção a qualquer momento se tiver apoio, modelos e incentivo. Mas muitas tentativas de ajuda são na verdade tentativas ainda mais sutis de nossa parte para introduzir mudanças de comportamento e garantir o conformismo cultural. O adolescente capta essa intenção implícita e sente-se ainda mais traído, pois a mente não consegue mentir ao coração. Mas ele pode mudar de rumo e passar para outro plano se receber o apoio sincero que seu coração pede. Como mostra o imperativo dos modelos naturais, basta uma única conversa para que um adolescente mude de rumo — contanto que a pessoa que conversa com ele tenha encontrado o seu. As crianças se tornam o que nós somos de fato, não o que dizemos que elas deveriam fazer. Os neurônios-espelho nunca descansam, e são os adultos que precisam mudar para inverter a direção errada que seus filhos tomaram. O destino de nossa espécie não está escrito nas estrelas, mas em nossas intenções e decisões.

11

A MORTE DO JOGO E O NASCIMENTO DA RELIGIÃO

Em 1975, quando eu estava escrevendo meu terceiro livro, *Magical Child*, um professor de escola me perguntou como eu pretendia ensinar alguma coisa às crianças e prepará-las para enfrentar a "dura realidade da vida", se tudo o que elas queriam fazer era brincar. Percebi que, na minha própria infância, eu só queria brincar e ouvir histórias (outro tipo de brincadeira), e tudo o que meus filhos queriam durante a infância deles era brincar e ouvir histórias. Eu estava redigindo o capítulo daquele livro sobre brincadeiras infantis e procurei alguma autoridade no assunto, que eu pudesse citar para defender ou justificar o que muitos encaravam como perda de tempo. Sabia que a "dura realidade" do professor era uma ficção que se torna real quando se elimina a atividade lúdica. (Lembro-me muito bem de que, aos 6 anos de idade, fui mandado para um mundo que me pareceu coisa de pesadelo, pois me separava do mundo verdadeiro das brincadeiras.)

Não encontrei pesquisas satisfatórias sobre o assunto e meditei nele por várias semanas, reunindo mais e mais material, discutindo o tópico com participantes de seminários e outras pessoas. Um dia, alguém me mandou um estudo de um psicólogo tcheco que parecia estar no caminho certo. Alguma coisa se acendeu em mim e senti que eu estava perto de uma resposta verdadeira.

Juntei todas as minhas notas e tentei organizá-las desse novo ponto de vista, achando que a chave estava ali. Trabalhei até depois da meia-noite, mas sem resultado. Por mais que eu mexesse no material e meditasse, só conseguia fazer um novo arranjo de afirmações que não tinham nada de novo. Finalmente, exausto, inclinei-me para trás, literalmente com a cabeça nas mãos, e gritei: "Meu Deus, por que a brincadeira é importante em nossa vida?" Então, um raio de energia me atingiu, passando pela planta dos pés e irradiando em meu corpo. Sem a transição normal de estados da consciência, senti-me voando no espaço de um extremo do cosmos para o outro, numa euforia sublime, entre picos de alegria extasiada. Como uma criança jogada para lá e para cá, no meio de constelações inteiras, gritei várias vezes: "Deus está brincando comigo!" Finalmente o episódio acabou e eu chorei por algum tempo, pois o acontecimento fora emocional e sublime. (Muito mais tarde, percebi que aquele episódio seguiu o padrão "Eureca!" definido por Laski.)

Quanto ao capítulo do meu livro, eu ainda não tinha uma defesa concreta da brincadeira infantil, nem mesmo uma boa definição, mas depois disso nunca duvidei que o ato de brincar era o verdadeiro motivo da vida, a razão pela qual a natureza criou em nós a compulsão de brincar em todas as oportunidades possíveis ao longo da vida. A atividade lúdica é a vida vivendo a si mesma, a natureza celebrando a si mesma, sem explicação nem necessidade de justificativa. Nós nascemos para brincar. A Igreja inventou um dia de solenidade anual para pagarmos nossas culpas, mas nós o transformamos no carnaval; a noite anterior ao Dia de Finados é a festa do Halloween, com suas brincadeiras e sustos; o Natal é a noite do Papai Noel risonho e vermelho e dos sinos de Belém; a Páscoa é a semana dos coelhos e dos chocolates.

Desde o momento da concepção, a vida se expande graças aos elos de proximidade, prazer e alegria. Nosso relacionamento com seres humanos e com a Terra é lúdico. Quanto mais complexo o organismo, maior é sua inteligência e mais complexo é seu jogo de relacionamentos, sendo que o maior de todos são as expressões do amor que nunca deixam de se expandir. O ato de brincar exprime o amor da vida por si mesma, o maior imperativo moral.

Fred Donaldson e Stewart Brown mostraram que os animais brincam o tempo todo — quando os humanos não estão presentes. Nossa presença parece uma ducha de água fria na brincadeira dos animais; para vê-la, temos de nos aproximar sem ser percebidos ou usar máquinas fotográficas com lentes de longa distância, como fez Stewart Brown. (Donaldson usa um método bem diferente, pois vive com os animais até ser aceito como um deles.) Brown filmou brincadeiras entre espécies diferentes, sendo que seu vídeo mais famoso mostra um urso polar que visita regularmente um cão *husky* machucado para brincar com ele por algumas semanas. Fred Donaldson ensina professores do jardim de infância a brincar de novo, para que ensinem as brincadeiras às crianças que não sabem brincar — o que equivale a um peixe que não sabe nadar. Howard Gardner, psicólogo de Harvard e defensor da reforma do ensino, disse uma vez que as crianças nunca brincam quando nunca aprendem a brincar. Donaldson brincou literalmente com animais da África e com lobos selvagens e ursos em diferentes regiões. Michael Mendizza, cuja Touch the Future Foundation se dedica a promover a brincadeira infantil e um ambiente saudável para as crianças, trabalha juntamente com Donaldson e Brown.

A IMPORTÂNCIA DO JOGO NOS RELACIONAMENTOS E NO APRENDIZADO

Muito cedo, o bebê brinca com o mamilo, brinca de esconde-esconde com o rosto da mãe — na verdade, brinca com tudo ao seu alcance, para sua grande diversão, pois não sabe fazer outra coisa (até decidirmos adaptá-lo à realidade e ensiná-lo a levar a vida a sério). Na brincadeira, toda ação é um aprendizado, e nosso cérebro está livre para registrar coisas novas sem censura ou pressão. Quando existe pressão, a energia se volta para o rombencéfalo, dificultando atividades do prosencéfalo como o aprendizado.

Depois de trabalhar por décadas com mães e recém-nascidos em Case Western Reserve, Marshal Klaus disse que os bebês quase nunca choram quando têm vínculos suficientes e crescem num ambiente saudável. O choro é um alerta básico de separação nos mamíferos pedindo a ajuda do pai ou da mãe, um sinal de que alguma coisa está errada. Como mostra a obra de Marcel Geber, Mary Ainsworth, Jean Liedloff e Colin Turnbull, entre outros, os bebês quase nunca choram nas sociedades pré-letradas, nas quais as mães os levam a tiracolo, amarrados em faixas. Assim, mãe e bebê raramente se separam. Por meio das brincadeiras, os dois criam um vínculo — basta ouvir a fala aguda e infantil das mães quando conversam com seus filhos (comum no mundo inteiro, segundo as pesquisas de Alfred Tomatis) e os guinchos de prazer do bebê em resposta. O elo primário entre a mãe e o bebê garante mais tarde o amor apaixonado e sexual no adolescente e no adulto. O amor, o relacionamento lúdico que se estende à sociedade, ao planeta e à própria criação são nosso estado natural.

O relacionamento lúdico também cria o contexto de qualquer aprendizado e processo evolutivo. Já que aprendizado e crescimento são instintos de sobrevivência inatos em todos nós, a brincadeira também é um instinto de sobrevivência. Ela é o que o bebê, a criança e o adolescente gostam de fazer, o que lhes dá alegria — quando têm permissão para isso. Pelo espelhamento constante das relações em matrizes cada vez mais largas, as crianças descobrem e definem quem são, qual poderia ser seu lugar no mundo e, em última análise, no universo. O tipo e qualidade do relacionamento espelhado entre o indivíduo e seus pais, e mais tarde entre o indivíduo e a sociedade, determinam o que a criança precisa aprender, que capacidades tem de desenvolver e até as lembranças que deve conservar. Como explica Michael Mendizza, o que se aprende de fato em qualquer situação é o estado em que o aprendizado se dá — lúdico e alegre, ou opressivo e angustiado.

Alegria e prazer são o cimento do desenvolvimento físico, psicológico, social e espiritual, e o cérebro em crescimento tem de experimentar prazer e alegria para que a integração complexa de sensações seja possível. Mais ou menos nos três primeiros anos de vida (quando a amígdala cerebelosa fixa seu repertório), uma criança que não conhece alegria, prazer, o toque, a carícia e o movimento desenvolve um cérebro "neurodissociativo", como explica James Prescott, que se fragmenta em vez de integrar a experiência. A mesma coisa vale na puberdade e na adolescência. Quando eliminamos o espaço seguro do prazer e da alegria, da aceitação e do carinho, truncamos e impedimos a exploração variada e integrada do mundo. O resultado é que o adolescente regride ou se dissocia numa atitude de autodefesa, com sua violência implícita que emerge finalmente na dominação de outras pessoas ou se internaliza em forma de neurose, doença ou suicídio. A criança emocionalmente carente também pode experimentar uma intensificação da sexualidade na adolescência para compensar o empobrecimento do sistema sensório-emocional, mas essa sexualidade não inclui afeto ou amor, muitas vezes é violenta e destrutiva e dificilmente leva à criação de uma família e à convivência harmoniosa com os filhos, se eles existirem.

AS ORIGENS DA RELIGIÃO

Uma cristã fundamentalista, mulher aparentemente esclarecida com título de doutorado, me explicou em detalhes por que nosso dever de adultos é dominar a vontade dos bebês e das crianças, ensinando-os a obedecer para que eles, sem vontade própria, se submetam à vontade de Deus e sejam obedientes a Ele. Se não fizermos isso, disse ela seriamente, e deixarmos a criança agir como quiser, tanto a alma dela quanto a dos adultos correm perigo e podem parar no Inferno. Este é o Deus que ama sua criatura! Livros que recomendam castigo corporal pelo menos a partir do 15º mês de idade foram e ainda são *best-sellers*. "Evitar castigos é estragar os filhos" tem uma longa história, mas podemos mudar a frase para "Evitar castigos é prejudicar o mundo corporativo que conta com essas crianças 'dominadas' para suas fábricas e nosso Pentágono que precisa delas como bucha de canhão". Sem castigos, podemos criar um indivíduo de verdade — um perigo para a sobrevivência da cultura.

Conheci um professor universitário, pregador na juventude antes de perceber que sua fé era uma piada, que escreveu um livro baseado em pesquisa brilhante sobre aquilo que ele considerava um grande erro histórico — o monoteísmo. (Lembro-me de um professor do Ensino Fundamental explicando-nos que o monoteísmo era o maior feito que nossa espécie fora capaz de realizar.) O livro do meu amigo mostrava que, ao longo da história, houve paz em todo grupo social ou individual capaz de descobrir Deus livremente no interior de si mesmo e do seu mundo, elaborando qualquer relação que parecesse mais lógica. Mas, quando surgiu a noção de um Deus único — e ainda por cima um Deus masculino, ciumento e violento —, tudo foi por água abaixo. O lema que passou a valer foi "Seu Deus e meu Deus não podem ser ambos o Deus verdadeiro, por isso um de nós tem de desaparecer!". E a batalha começou. No Ceilão (hoje Sri Lanka), Kataragama reinava em seu domínio de 45 quilômetros. Ele e seus seguidores eram felizes e viviam em paz. Um dia, porém, chegaram os muçulmanos com seu Deus ciumento, e o caos começou. Por quantos séculos os muçulmanos e os judeus se mataram, na base do "olho por olho, dente por dente", todos eles cegos no meio da luta? E talvez acabem destruindo nosso planeta, deixando-nos com o único Deus verdadeiro: o Deus da destruição absoluta.

Um historiador recente escreveu que o idioma falado por Jesus deve ter sido o aramaico, não o hebraico. As traduções gregas das traduções hebraicas das palavras supostamente ditas por Jesus em aramaico, tal como estão registradas nos Evangelhos, foram feitas pelos seguidores machistas e chauvinistas do Apóstolo Paulo. Sempre que Jesus se refere ao Criador ou à Criação, as traduções gregas usam a palavra *Pai*. Mas o termo original em aramaico é geralmente feminino, embora em alguns casos possa ser interpretado como de gênero neutro. Ao longo da história, tudo o que gera vida, crescimento e colheita, tudo o que faz nascer alguma coisa é feminino — consequência lógica da experiência. Mas, se a Mãe Natureza é um conceito de todas as culturas, o Pai Natureza parece ser uma novidade cristã.

A escolha que fazemos das metáforas sempre refletirá, em algum momento, nossa história pessoal, nosso passado, nossa profissão ou interesse principal. Se examinarmos a linguagem dos ensinamentos de Jesus, tão ricos em metáforas e analogias, suas parábolas, seus ditos e explicações de sua cosmologia ou ponto de vista, veremos que todos eles têm relação com a terra e a criação. Os ritmos da natureza e suas estações: arar, plantar, semear, podar, colher, a chuva caindo sobre os justos como sobre os injustos — são imagens da terra e da criação que nunca têm fim. Basta ler qualquer episódio ou fato atribuído a Jesus, substituindo aquele *Pai* santificado pelas palavras *ela* ou *criação*, para que o texto ganhe um sentido novo e interessante.

A palavra *religião* vem do latim *religio*, que significa "religar, reconectar, refazer a ligação com alguma coisa do passado". As origens da religião podem estar num esforço para restabelecer o elo com a vida, destruído pela cultura. Mas refazer a ligação com o passado leva à repetição do passado no presente, como ensina Robert Sardello. Isso nos afasta do momento presente, que dá origem ao futuro e a todas as coisas novas. É no aqui e no agora que temos de procurar os motivos que nos levam à violência e à guerra.

A DEMONIZAÇÃO DA SEXUALIDADE

Enquanto fundamento da cultura, a religião tem um elemento demoníaco, pois inverte nossos sistemas naturais de recompensa e perigo para que a dor e o sofrimento se tornem virtudes e os prazeres físicos e emocionais se convertam em pecados. O tempo todo, a religião impõe contra nós sentimentos de acusação e culpa, usando truques e mentiras para relacionar essa inversão com a sexualidade. É uma trama cultural para diminuir a espiritualidade humana, fazendo com que a patologia religiosa de culpa, pecado e esperança de salvação (isto é, a saída de um impasse do qual não conseguimos escapar por nós mesmos) se torne o fundamento não só da cultura, como de nossa própria consciência.

Para aqueles que se perguntam qual a lógica disso tudo, o Apóstolo Paulo argumentava que seu sistema era mesmo irracional e ilógico, e que a recompensa maior só se consegue deixando a razão de lado e escolhendo a fé apesar de tudo. O livro de Sam Harris, *The End of Faith*, examina essa tendência de abandonar as estruturas superiores da mente evolutiva para voltar às inferiores, levando o autor a temer pelo "futuro da razão" — que de fato não parece muito promissor.

Transgredindo a evolução e os muitos milênios de herança social e biológica, a religião inverteu a capacidade de integração da alegria e do prazer (recompensa) e o poder dissociativo da dor (castigo) para aumentar o controle e modificar o comportamento de uma maneira que se opõe ao imperativo natural. Ela impõe sua lei pelo medo e pela dor, pelo castigo físico puro e simples ou pelo sofrimento ainda maior do abandono e da exclusão. Na infância, o abandono é o pior castigo e, na adolescência, indica afastamento da herança genética e dos prazeres e alegrias da sexualidade e dos relacionamentos em geral, deixando uma sensação de desespero e solidão. Na vida adulta, a alienação e o ostracismo da sociedade e dos prazeres do relacionamento são racionalizados, compensados ou até sublimados pela justificativa de que as coisas "são o que são" e não temos poder para mudá-las.

A fé religiosa cria uma desigualdade entre os sexos que prejudica o elo da dinâmica entre homens e mulheres, necessário para a vida familiar e a sociedade. Seja na religião hebraica, cristã, muçulmana, budista ou hinduísta, o processo da Criação e do Criador é encarnado pela imagem paradoxal, irracional e destrutiva de um Deus masculino (o único homem da história capaz de dar à luz, ainda que no sentido figurado), que desperta em nós a energia intensa e poderosa do impulso sexual só para prometer um castigo pesado ou mesmo eterno, se cedermos a esse impulso de outra maneira que não a dos canais culturais de cerceamento e controle. Para isso não existe saída.

A religião atribui às mulheres, consideradas origem do pecado da sexualidade, uma noção pesada de culpa (transformando os homens em eternas vítimas). Mas ela também afeta os meninos, tornando o sexo e até as funções corporais um tipo de "indecência". Sobretudo na tradição católica, qualquer desvio das imposições culturais com relação ao sexo é considerado um pecado ainda pior se o ato for prazeroso. (Mas, se você precisar mesmo de sexo, é melhor casar do que arder no Inferno, como afirma o misógino Paulo.)

A ironia desses preceitos religiosos é que no início a palavra *pecado* significava "separação". Como diz com razão o Evangelho, "O salário do pecado é a morte", pois a separação pode causar um grande sofrimento que leva à doença e à morte, ou pode gerar guerras e outras válvulas de escape para o ódio que criam morte em escala ainda maior.

É fácil entender por que a renúncia ao sexo se tornou um preceito religioso. Trata-se do mecanismo de repressão mais eficiente que a cultura impôs à humanidade: as religiões ensinam que a renúncia ao corpo e seus prazeres em favor do espírito é o caminho mais rápido para a salvação, isto é, para não sofrer no Inferno inventado por um Deus de justiça que, por sua vez, foi inventado por gente cheia de ódio. Mesmo acreditando que podemos rejeitar a religião individualmente, seu poder se estende como uma sombra sobre todos nós, cobrindo de culpa a atividade sexual, por exemplo, e criando uma série de problemas: impotência, frigidez, rancor contra o sexo oposto, medo de ter filhos, vergonha de amamentar, alarme ou perplexidade com relação à masturbação em crianças (no século XIX, as crianças tinham os punhos amarrados à cama para não tocarem em sua genitália e encontrarem prazer nisso), ou preocupação diante do interesse natural das crianças pela anatomia do sexo oposto (ou mesmo por sua própria anatomia — os mórmons costumavam tomar banho com a roupa de baixo para não correr o risco de enxergar suas partes íntimas).

Esse tipo de loucura invade nossa vida. São bloqueios sexuais que nos perseguem desde a infância e podem tornar-se uma condição de nossa identidade, transformando os seios ou o pênis em símbolos do pecado e cobrindo de vergonha as funções corporais. Em certos períodos da Inquisição e suas fogueiras, as mulheres usavam placas finas de chumbo por baixo da blusa para esconder os seios, caso contrário podiam excitar a libido de um homem santo e sofrer o castigo da morte. Minha avó batista (que era adolescente quando acabou a Guerra Civil nos Estados Unidos) disse certa vez que o ato de comer tinha algo de vulgar. Talvez, pensei então, deveríamos comer no escuro, já que copulamos no escuro. O falecido George Jaidar, autor de *The Soul: An Owner's Manual*, observou que podemos fazer melhor ainda: copular diante de todo mundo e comer em segredo, invertendo e anulando assim as imposições culturais.

A chamada liberdade sexual criada na revolta dos anos 60 não durou muito, pois logo em seguida a religião lançou seu contra-ataque poderoso. É verdade que ela não pôde restaurar totalmente o estado de coisas anterior, mas fez com que toda a liberdade sexual tivesse seu preço por trás das aparências, criando mais culpa, negatividade e uma enxurrada de pornografia ou sexo virtual.

No livro *The Biology of Transcendence*, afirmei que a sexualidade pode ser fonte de transcendência, uma abertura para mundos superiores e um prenúncio da união com o Fundamento do Ser, verdadeira jornada mística entre duas pessoas ligadas espiritualmente. (George Leonard, cofundador da Prática Integral Transformadora [Integral Transformative Practice, ou ITP], que realiza o potencial do corpo, da mente, da alma e do coração, escreveu palavras poderosas e bonitas sobre o aspecto espiritual da sexualidade.) Portanto, entre todas as expressões de alegria, a sexualidade tem de ser domada e mutilada pela cultura, pois caso contrário a escravidão cultural deixaria de existir. A cultura nos ensina muitas maneiras de rejeitar o corpo, o que leva à carência emocional e à falta de contato físico na infância, sobretudo no caso da incapacidade ou recusa de amamentar. O aleitamento materno foi criado pela natureza como uma experiência sensual e muito agradável para o bebê, e uma atividade sensual e sexual igualmente satisfatória para a mãe. Como muitas mães confessam em segredo, o orgasmo acontece com frequência durante a amamentação e é parte integrante do plano da natureza.

Meninos criados sem vínculo físico e alimentados por mamadeira (que são maioria esmagadora) sentem atração compulsiva e fascínio pelos seios femininos ao longo de toda a vida. É natural que os homens se interessem pelos seios das mulheres, mas a preocupação excessiva em nossa cultura atual não existia (e mesmo hoje em dia não existe) em algumas sociedades aborígines, onde as mulheres não escondem os seios e usam-nos como a natureza quis — para amamentar seus bebês. No mundo corporativo onde a pornografia está em toda parte, os seios são usados para vender produtos, filmes, programas de televisão etc., enquanto uma mulher pode ser presa por amamentar em público. Uma das dificuldades para que o aleitamento volte a ser comum nos Estados Unidos é justamente a posse corporativa dos seios femininos, uma farsa cultural que serve à manutenção da cultura e ao mesmo tempo faz com que as mulheres tenham pelo menos algum poder num mundo dominado pelos homens. Isso explica o desejo por seios enormes, que levou ao surgimento de novas técnicas médicas para criar "seios virtuais".

As alegrias e prazeres do relacionamento são obviamente uma fonte de vínculos necessários numa sociedade realmente civilizada, enquanto o mundo virtual dos aparelhos eletrônicos e das próteses médicas oferece falsificações sintéticas que só aumentam a solidão e bloqueiam ou substituem as necessidades naturais. O prazer e a alegria são sentimentos básicos, mas também moralmente necessários para criarmos uma sociedade realmente não violenta e inteligente. São literalmente o principal objetivo e o ímpeto primitivo na evolução do nosso universo, nosso planeta, nossa espécie e da própria vida.

Mas a religião, em todas as formas que assumiu ao longo da história cultural, renegou o demônio e os desejos ou prazeres da carne. Seja qual for a religião, o corpo é ruim e a alma é boa. De novo podemos encontrar uma resposta nos textos de William Blake: é melhor "assassinar uma criança no berço do que alimentar desejos insatisfeitos". Renegar o corpo em favor da alma é a grande barganha que fizemos com o Deus da religião: renuncie ao Demônio e a todas as obras da carne — e, acima de tudo, renuncie à natureza, pois ela é parceira do demônio e nosso maior inimigo (feminino, é claro). Somos convencidos a "lutar com a natureza e extrair seus segredos para conquistá-la graças a eles e destruir seu poder", como disse Francis Bacon (1561-1626). O filósofo-matemático Alfred North Whitehead (1861-1947) afirmou que a ciência só poderia ter surgido no mundo cristão, mas a negação da carne, que levou à morte quase completa do espírito, é comum a todas as religiões.

O aviltamento da natureza também assumiu outras formas para além da religião. Sigmund Freud (1856-1939), famoso inspirador de boa parte do pensamento do século XX e do neodarwinismo, fez declarações como esta: "[A] função principal da civilização, sua razão de ser, é defender-nos da natureza [... cujos] elementos [...] parecem zombar de todo controle humano; a terra que treme e arrasa, destruindo a vida humana e suas obras; a água que inunda e submerge todas as coisas num redemoinho; as tempestades que põem tudo abaixo; as doenças [...] que só recentemente foram reconhecidas como ataques de outros organismos; e finalmente o mistério doloroso da morte [...] a natureza se levanta contra nós, majestosa, cruel e inexorável [...]". É interessante o fato de que Freud, segundo alguns relatos, não teve experiência sexual até os 40 anos de idade, quando se casou, e rapidamente deixou o leito conjugal para se tornar a maior autoridade sexual do seu tempo e de todo o século XX. Aqui vão mais palavras de Freud: "Diante do terrível mundo exterior, só podemos nos defender por algum tipo de fuga, se quisermos resolver o problema sozinhos. [Mas] existe um caminho melhor: podemos nos tornar membros da comunidade humana e, graças a uma técnica guiada pela ciência, partir para o ataque contra a natureza, sujeitando-a à vontade humana. Então, estaremos trabalhando com todos pelo bem de todos".

Nós, influenciados pelo lema poderoso de Freud, espicaçados pela culpa, o medo e o ódio, destruímos a nós mesmos e observamos a destruição do corpo vivo do planeta, geração após geração. Agora, no auge da conquista da natureza, temos a bomba atômica, expressão definitiva do ódio, pois ela não só pode sujeitar a natureza à vontade humana como também destruí-la para sempre. A alma enquanto veículo da esperança religiosa, ilusão que gera ilusão, poderá então, acredito, reinar suprema em sua glória sem o incômodo do corpo em qualquer de suas manifestações malignas, embora a alma enquanto essência mais profunda do coração continue posta de lado.

"Adeus, mundo cruel!", gritam Freud e os fundamentalistas à espera da glória. "Adeus, homem cruel!", grita Sofia, a alma maravilhosa do nosso mundo agonizante.

Terceira Parte

O renascimento do espírito e a retomada da evolução

Um homem santo me disse: "Fende o galho
E verás Jesus". Quando fendi o galho
Com seu âmago escuro e seu grão áspero
Não vi nada que não fosse madeira, nada
Que não fosse Deus, e comecei a sonhar
Que da árvore erguendo-se outrora entre rios
Veio a Vara de Aarão posta diante do Faraó
E veio a Vara de Jessé, florescendo
Em todas as gerações dos Reis,
E veio o madeiramento da segunda árvore,
Os troncos e vergas da nave sagrada
De três mastros na qual o Filho do Homem
Ficou pendurado entre ladrões,
E veio a coroa de espinhos,
A lança e a escada, quando derramaram sangue
Para regar a semente corrupta de Adão.

HOWARD NEMEROV, **Runes XI**

INTRODUÇÃO À TERCEIRA PARTE

A edição de fevereiro de 1967 da revista *Scientific American* trazia um artigo ilustrado de Damodar Kosambi sobre um episódio que ele chamou de "pré-história de Livingstone na Índia". Um rito anual de sacrifício aos deuses da fertilidade, para garantir uma colheita satisfatória, ainda era realizado numa região remota em 1967 (embora possa ter desaparecido hoje em dia) e foi fotografado em todos os detalhes por Kosambi, que calculou a origem dessa prática em cerca de 2.000 anos. Originalmente, escolhia-se um rapaz um ano antes do ritual. O rapaz era declarado como encarnação do deus local, era confirmado em sua função numa grande cerimônia, e depois era tratado com as regalias de um deus pelo ano inteiro. Recebia tudo do bom e do melhor, inclusive moças virgens ansiosas para serem escolhidas.

Em outra cerimônia no final do ano, ungido e enfeitado, o rapaz era levado aos campos onde seria feito o plantio. Como parte da cerimônia, um longo mastro ou poste que podia ser manejado e girado para os lados, no qual havia um grande gancho de ferro e uma corda, era montado num carro de boi preparado com a canga. A certa altura durante os cantos e o toque de tambores cerimoniais, o grande gancho era cravado nas costas da vítima e o mastro era levantado com o corpo ensanguentado, sendo girado sistematicamente enquanto o carro de boi percorria os trilhos do campo a ser plantado. O sangue do rapaz era então distribuído como oferenda para o deus até o pôr do sol, quando era tirado do gancho. Pouco tempo depois, escolhia-se um novo deus para o ano seguinte.

Isso se repetiu durante gerações, até que certo dia um rapaz, exaltado com sua condição de deus durante o ano e com os cantos, os tambores e a excitação geral da tribo, entrou em estado de êxtase a caminho do local do sacrifício, o tempo todo repetindo aos gritos que ele era o deus verdadeiro! Quando o grande gancho foi cravado em suas costas, o rapaz não sangrou, nem houve sangue o dia inteiro enquanto seu corpo era balançado nos campos, de braços abertos, e ele cantava que era o deus e que seus campos eram abençoados. Finalmente, quando o grande gancho foi removido, não havia ferida, nenhum vestígio de sangue, e a vítima extasiada estava viva e feliz.

Podemos supor que a colheita foi boa, pois a partir daquele dia a cerimônia nunca mais causou ferimento ou morte da vítima. O *status* de deus era bastante disputado entre os rapazes, e a cerimônia ainda acontecia em 1967. As fotografias que acompanham o artigo mostram todas as etapas do processo: o grande gancho sendo cravado, a carne retesada, o corpo balançando para lá e para cá, a carne intacta e sem feridas quando o gancho foi removido ao pôr do sol. Mesmo que o ritual tenha desaparecido sob o impacto da tecnologia, da industrialização e da política, as fotos de Kosambi o preservaram para nós. Seu significado pode ser explicado do seguinte modo: uma vez que a possibilidade do não derramamento de sangue se implantou na consciência séculos atrás, abriu-se uma possibilidade de variações do efeito.

Jack Schwartz, sobrevivente dos campos de concentração na Segunda Guerra Mundial, tinha várias capacidades paranormais, inclusive a de espetar facas no braço, enfiar longas agulhas nas mãos etc., que ele usava para provar o conceito do poder da mente sobre a matéria, como se dizia então, e para apontar outros níveis de possibilidade dentro de nós. Schwartz desistiu de suas exibições em público quando percebeu que seus motivos eram mal interpretados e ele era tratado como uma sensação, em vez de um exemplo do que era possível. Embora fenômenos desse tipo aconteçam nos Estados Unidos ainda hoje, quando pessoas descobrem que podem espetar seu corpo sem causar ferimento, fala-se muito pouco nesses indivíduos, que andam por aí discretamente e de cabeça baixa. Há mais um motivo para chamar pouca atenção: os seguidores da onda Nova Era, fascinados por saúde, terapias e terapeutas como se fossem sucessos de bilheteria, geralmente dão pouca atenção à mensagem, pois o que importa é a aparência do mensageiro.

A FÉ DOS QUE CAMINHAM SOBRE BRASAS OU COMO CULTIVAR UM CAMPO DE INFLUÊNCIA

Contei muitas vezes a história abaixo, publicada originalmente na revista *The Atlantic* em janeiro de 1957, mas acho que sua mensagem ganha um sentido novo a cada década que passa.

Leonard Feinberg, professor visitante no Ceilão (hoje Sri Lanka) formado pela Universidade de Chicago, observou e descreveu por escrito uma grande cerimônia religiosa realizada uma vez por ano no templo do deus Kataragama. Antes do acontecimento, 80 candidatos para a cerimônia passavam três semanas cantando o nome de Kataragama, meditando, jejuando, rezando e abstendo-se de sexo, enquanto os sacerdotes do templo os ungiam diariamente com água benta. Quando o período de preparação terminava, acendia-se uma grande fogueira. A madeira queimava até se transformar em brasas brancas, e então os participantes eram "possuídos" pelo deus Kataragama, que "entrava" dentro deles em longos suspiros. Eles se levantavam todos juntos e andavam pelo poço em brasas, sendo que a maioria continuava viva depois disso.

O fogo era aceso num poço em local afastado, com 2 metros de comprimento por 1,8 de largura. Pirômetros ópticos registraram ali uma temperatura de 1.315°C, suficiente para derreter alumínio. Com efeito, os observadores tinham que ficar a uma distância de 6 metros do poço por causa do calor, e bolas de papel jogadas em direção ao poço queimavam em pleno ar. Cerca de 3% dos ascetas morriam a cada cerimônia, enquanto os restantes, possuídos pelo espírito de Kataragama, não se machucavam e entravam em êxtase. A explicação local para a pequena margem de erro era que os ascetas mortos "não tiveram fé suficiente em Kataragama". A taxa de mortalidade podia ser considerada um elemento de controle que provava, se é que precisamos de provas, que o fogo era autêntico.

Naquela época, Kataragama era um deus válido e funcional, cujo campo de poder e inteligência estava presente e ativo num raio de 45 quilômetros do templo. Feinberg descreveu vários fenômenos paranormais que testemunhou naquela área, muitos dos quais mais pareciam travessuras de um deus brincalhão (que era a reputação de Kataragama). O campo de influência de Kataragama para criar tais fenômenos foi fortalecido constantemente, construído ao longo de séculos por aqueles que acreditavam no deus e pelo investimento de energia, tempo e risco de vida. Esse fenômeno era uma variante do efeito de campo de Laski.

Hoje em dia ainda acontecem rituais verdadeiros de andar sobre brasas e alguns truques superficiais no estilo Nova Era. Vários anos atrás, o autêntico espiritualista Michael Sky organizou eventos demorados e intensos de andar sobre brasas que causaram em certas pessoas uma verdadeira metanoia, isto é, uma transformação fundamental da mente.

Os relatos de Carlos Castaneda (1935-1998) mencionam "campos divinos" numa região do Arizona e do México — todos eles negados desde então pelos difamadores de Castaneda, que tinha mais a nos contar do que estávamos preparados para ouvir. Costuma-se dizer que todos os deuses são ciumentos, e meio século depois o cientismo fundamentalista, a tecnologia e a religião destruíram, simplesmente por meio do contato, a maioria desses campos indígenas independentes, com seus respectivos deuses. Os poderes e a inteligência humana mostrados pelos seguidores desses deuses de segundo plano desapareceram quase totalmente junto com eles. Extasiados com nossa tecnologia e dependentes dela e de seus objetos, não temos noção daquilo que se perdeu. Por isso, preferimos duvidar dos relatos paranormais e considerá-los bobagem para que nossa ideação continue intacta.

Por que é necessário acreditar num poder abstrato qualquer para transcender os conceitos ontológicos do nosso mundo? Por que uma capacidade como a da imunidade temporária ao fogo, ou de ferir a carne sem deixar feridas, tem de ser atribuída em princípio a uma interação entre os planos divino e humano, embora ela seja possível depois disso sem a necessidade da intervenção sobrenatural? Talvez porque o deus que parece nos oferecer uma possibilidade nova dentro de nós já estivesse conosco o tempo todo, e a possibilidade oferecida em nosso interior consiga mudar as coisas sem a ajuda do deus. A partir do momento em que sabemos que a mudança é possível, não precisamos mais da fé interior.

Nem o deus, nem a possibilidade deveriam ser encarados como coisa do outro mundo, digna de veneração como o Bezerro de Ouro. Ao contrário, deveriam ser incorporados à vida cotidiana. Se projetarmos no mundo exterior o potencial de um poder qualquer, nunca nos daremos conta de que esse potencial está dentro de nós. Segundo a teologia contemporânea, Jesus tentou passar uma mensagem transparente, mas a elaboração teológica o transformou no Cristo e maquiou um pouco sua imagem para que ele se tornasse o fundamento da religião e da cultura e para que a nova mensagem, ou revelação "Eureca!" de Jesus, pudesse ser domada. Fazendo uma comparação, imagine que a televisão transmitiu um acontecimento realmente milagroso, capaz de nos salvar do nosso desespero, e nós reagimos colocando o aparelho de televisão num altar e adorando-o como um deus. Confundir o meio com a mensagem pode ser um beco sem saída.

O que está em jogo aqui é o imperativo natural dos modelos, já discutido acima. Qualquer potencial dentro de nós que possamos realizar ou manifestar precisa de um modelo correspondente em nosso mundo exterior para que o processo de largada possa começar. Como vimos na Segunda Parte, qualquer aspecto do desenvolvimento de um bebê ou criança depende do imperativo dos modelos. Mas um potencial novo que nunca tenha se manifestado antes, como o raio *laser* de Gordon Gould, também precisa de um empurrão inicial — e, como em todas as experiências "Eureca!", isso se dá pelo espírito. O empurrão inicial de Gordon Gould veio de seu próprio espírito, seu próprio ser interior (que também é nosso no sentido genérico), embora essa formulação possa ser constrangedora para Gould ou ofender o campo em que ele estava envolvido. Dá para imaginar uma revista científica sobre física óptica com um editorial sobre os dons espirituais de Gordon Gould? Infelizmente, porém, não tenho uma opção satisfatória para o termo *espírito*, usado nesse sentido.

O Don Juan de Castaneda finalmente diz a Carlos que usara as drogas e as técnicas de feitiçaria simplesmente para se livrar dos hábitos culturais de Carlos e abrir sua mente para aquilo que já estava dentro dele. A ciência contemporânea, baseada na tecnologia, levanta sérias dúvidas sobre qualquer fenômeno que não seja quantificável no contexto científico de referência, e portanto aceitável para a fé científica. Os fundamentalistas cristãos também duvidam por razões parecidas. Todos os deuses são ciumentos, sejam científicos ou eclesiásticos. O efeito mortal de duvidar desses fenômenos é sua eliminação em cada cultura ao redor do mundo — o que significa que essas capacidades também são eliminadas em nossa ideação cultural. A dúvida é a grande inimiga do espírito; ela nos encerra em nós mesmos e nos inibe. Duvidar de nós mesmos, da humanidade e até da própria vida, tal como a ciência apregoa e como a religião patrocina, introduz no planeta uma vasta depressão espiritual como aquela que observamos ao nosso redor hoje em dia.

Partimos do princípio de que a tecnologia e a ciência são os pontos altos da evolução. Mas a evolução tem relação com o desenvolvimento de grandes estruturas neuronais no cérebro, e o que resulta disso é a capacidade humana de transcender os limites e insuficiências dos animais inferiores. A transcendência nada tem a ver com o objetivo de artefatos físicos que o cérebro cria para modificar seu meio ambiente. Um foguete capaz de voar até a Lua não representa um passo a mais na evolução. Mas atingir os mundos superiores de Steiner, a exploração-expansão da alma em Sardello, a descoberta da imunidade humana ao fogo ou ao frio e a capacidade de sobreviver sem alimento — esses são casos claros de expansão evolutiva. Se fôssemos capazes de superar a violência, a guerra e o ódio, daríamos um passo decisivo na evolução humana.

Enquanto isso, os artefatos modernos que inventamos mudam devagar (e às vezes com rapidez incrível) o cérebro envolvido no próprio processo de invenção. A realidade virtual que criamos nos transforma e ao mesmo tempo destrói a natureza. Como descobriram o biólogo Gregory Bateson e o teólogo James Carse, mas também os especialistas em citologia Williamson e Pearse, a mente e a natureza são uma unidade necessária; o que fazemos é o que a natureza faz, e o que fazemos à natureza, fazemos a nós mesmos. Nem é preciso dizer que, assim como somos parte integrante da natureza, a natureza faz parte da evolução, pois esta última é um processo autossuficiente que não depende de outros fatores. Como o espaço, a evolução parece não ter fim.

Evolução e criação são processos em aberto que não dependem de leis ou regras além das que são criadas pelo próprio processo. A evolução pode criar um número infinito de produtos ou efeitos, possibilidades exploradas automaticamente, que geralmente incluem produtos com efeito retroativo em alguma instância específica da exploração. Portanto, o processo evolutivo pode gerar um produto destrutivo ou capaz de se autodestruir. Isso acontece a qualquer momento no universo e pode estar acontecendo aqui, em nosso mundo.

Graças a uma interação constante e sem preconceitos ao longo de vários anos, o psicólogo holandês Robert Wolff descobriu um mundo assombroso ocupado pelos Senoi, povo que vivia de maneira quase invisível na floresta tropical da Malásia. Esse povo não só existia num mundo fechado para nossos cinco sentidos, como também experimentava um estado contínuo de paz, amor e harmonia com seu mundo e uns com os outros. Como explicou Wolff, eles não mostravam nenhum sinal da tensão, raiva ou depressão que encaramos como normais em nossa natureza humana, e não possuíam nem queriam objetos de espécie alguma. Cada dia era uma nova aventura na descoberta de um mundo de prazeres sempre renovados.

Os Senoi levavam vantagem sobre os aborígines australianos, pois conseguiam analisar e entender alguma coisa dos hábitos e astúcias dos homens brancos que tinham invadido suas terras. Com certeza entendiam a mentalidade de Wolff, assim como Wolff entendia até certo ponto a deles. A mentalidade ocidental estava destruindo o povo Senoi ao destruir sistematicamente a floresta em que eles viviam para a plantação de seringueiras. Mas para os Senoi as árvores eram sagradas, e eles se comunicavam com elas. Era simbólico o fato de que eles e sua realidade assombrosa, descrita por Wolff, estivessem desaparecendo junto com as árvores.

Depois de vários anos de convivência com os Senoi, Wolff teve uma iniciação casual e silenciosa em sua cosmologia, suas estruturas de conhecimento, e assim descobriu ao menos em parte o mundo incrível que os Senoi habitavam. A experiência se revelou como a mais profunda na vida de Wolff, um acontecimento que mudou sua mente. Ele percebeu o profundo retrocesso que os homens ocidentais e seus parentes asiáticos haviam sofrido no processo evolutivo. Sua conclusão em tom de lamento foi a seguinte: não temos ideia do que perdemos.

Não temos ideia dos estágios de vida que outras civilizações — mesmo as que estão desaparecendo hoje em dia — poderiam ter criado ou compartilhado conosco. Tudo o que conseguimos ver, tocar e entender são artefatos físicos, objetos tangíveis, coisas feitas pelo homem que várias sociedades e culturas deixaram e que comparamos às fabricadas por nossa tecnologia hoje em dia. Encaramos todas as sociedades sem tecnologia como algo inferior na evolução.

Se nós, enquanto espécie, não tivéssemos ouvido musical — isto é, se perdêssemos a capacidade de discriminar os tons musicais —, não perceberíamos a música como fenômeno sensorial e talvez nem entendêssemos o sentido da palavra *música*. Não temos condições de perceber que perdemos alguma coisa sem um sistema neuronal para experimentar o que perdemos. Talvez um dia lêssemos sobre uma sociedade antiga que adorava acima de tudo um fenômeno chamado *música*, mas não poderíamos explicar esse fenômeno fora de seus próprios parâmetros, pois ele não teria equivalentes metafóricos. Não adianta dizer: a música é como isso ou aquilo. O *tom* musical, por exemplo, é o que é, não é algo parecido. E, para uma espécie que não distingue os tons, a *música* seria uma palavra inútil, sem sentido e sem referente. Usando essa comparação, podemos entender a frustração profunda de Robert Wolff ao tentar transmitir-nos o que os Senoi lhe tinham revelado. O fato é que não temos ideia do que perdemos.

Uma sociedade ou raça que tenha desenvolvido um sistema neuronal relacionado com estados da consciência pode não ser entendida nem mesmo percebida por um cérebro-mente orientado para os objetos, capaz somente de recriar as coisas e modificar a natureza, ignorando todos os estados ou experiências interiores e subjetivos. Essa sociedade orientada para os objetos pode nunca vir a saber que um certo povo cultivou e praticou estados de consciência em níveis inacreditáveis, inclusive tornando-se autossuficiente e não mais dependendo de nenhuma instância física. Só um cérebro-mente desenvolvido da mesma maneira poderia entender e comunicar-se com esses seres.

O Dom Juan de Carlos Castaneda menciona algumas pessoas que construíram estados de consciência compartilhados em grupo e simplesmente desapareceram dentro deles, por assim dizer, sem deixar vestígios. Muitos podem zombar ao ouvir relatos de "diplomados" do Instituto Monroe[11] discutindo encontros numa "não localidade etérea". Mas os que fazem parte do grupo não zombam — experimentam por conta própria. Nós descartamos a experiência em benefício de conceitos abstratos que criam seu próprio campo e então determinam nossa experiência.

Na Segunda Parte, vimos que, entre 2 e 3 anos de idade até por volta dos 6 anos, a criança desenvolve uma visualização interna que pode ser projetada nos objetos exteriores. Nessa fase da vida, uma caixa de fósforos pode se transformar num barco, um carretel de linha pode ser um carro etc. A criança brinca por horas num mundo que ela mesma constrói — um jogo divino em sua forma preliminar. A partir dos 6 ou 7 anos até 11 ou 12, a criança aperfeiçoa suas brincadeiras desenvolvendo o pensamento operacional concreto, ou capacidade de usar uma imagem interior para mudar concretamente os objetos exteriores de acordo com ela — isto é, agir num objeto com a noção abstrata do que ele deveria ser para modificar o próprio objeto. É um jogo divino num plano superior.

Por volta dos 12 anos de idade, a criança entra no estágio do pensamento operacional formal, no qual ela se encontra fora do seu próprio cérebro e trabalha com as possibilidades do pensamento e da imaginação, passando assim para estágios de consciência que vão além da concretude. Esse plano superior é em si mesmo só um exercício preliminar para a operação formal da criatividade, que não recria de maneira alguma e dá origem a estados de consciência inteiramente fora dos limites da matéria. Não sabemos até onde esse processo

---

11. Instituto Monroe: organização educacional criada em 1974 por Robert A. Monroe, dedicada ao estudo da consciência humana. (N. do T.)

evolutivo poderia nos levar, pois a escala evolutiva que nos permitiria compreender esse potencial foi truncada.

Os aborígines australianos desenvolveram essas operações formais num grau assombroso, incluindo capacidades que não temos condições de entender ou reproduzir de maneira alguma (nem mesmo com a ajuda de drogas ou de nossa realidade virtual). Eles sabiam intuitivamente onde estavam todos os membros da tribo a qualquer momento, mesmo a uma distância de muitos quilômetros, e onde havia água subterrânea naquelas regiões desérticas. Podiam detectar chuva a 80 quilômetros de distância e caminhar nessa direção, e viveram em perfeita harmonia e equilíbrio numa terra inóspita por quase 50.000 anos. Conseguiram criar alguns dos mais complexos objetos físicos com base em operações concretas (como o bumerangue, estrutura de duas asas à maneira de um hidrofólio, capaz de voar 270 metros sem se desviar para cima ou para baixo, e que volta exatamente ao lugar em que foi lançado quando não atinge o alvo ou a presa), mas os objetos que possuíam se reduziam ao mínimo, pois eles enfatizavam os estados mentais que eram seu verdadeiro tesouro e símbolo de maturidade. Um dos hábitos culturais dos aborígines era não deixar vestígios nos lugares por onde passavam (sendo que se deslocavam bastante, pois viviam da caça e da coleta), pois acreditavam que a terra era sagrada e devia ser perturbada o mínimo possível. Raramente usavam artefatos físicos, encarados como um estorvo ou empecilho no Tempo dos Sonhos em que eles se comunicavam e que consideravam seu mundo verdadeiro.

Nós, ocidentais, não entendíamos os estados de consciência em que viviam os aborígines e só víamos naquele povo um bando de selvagens nus. Por isso, eles eram para nós a forma mais baixa de vida humana. Por exemplo, eram tão estúpidos que não sabiam construir casas ou fabricar vestimentas. O Tempo dos Sonhos, que para eles aparentemente era muito mais válido do que objetos como casas ou roupas, não existia em nossa perspectiva e nosso mundo. Havia 500.000 aborígines no continente da Austrália quando chegaram os primeiros homens brancos, com suas armas e Bíblias. No final do século XX, restavam somente cerca de 5.000.

Tal como se desenvolveu, a ciência é expressão do pensamento operacional formal limitado ao que pode ser expresso fisicamente, ou seja, pelo processo operacional concreto. Na prática científica, portanto, o próximo degrau na escala evolutiva, as operações formais, encontra sua expressão em operações concretas, que são uma capacidade evolutiva inferior. De um lado, isso eleva o plano inferior ao nível do superior, como está na lógica da evolução, mas o plano superior também fica enredado no inferior, como se vê em nosso fascínio por todos os produtos considerados novidades. Tudo isso leva ao declínio ou retrocesso evolutivo que está destruindo nosso planeta. Como pessoas privadas de mundos interiores, tornamo-nos depressa dependentes da realidade virtual que criamos. Obcecados por essa realidade e suas mudanças constantes, nós mudamos com ela. A ciência enquanto aplicação abstrata de operações concretas torna-se uma religião e um processo autodestrutivo.

O antropólogo cultural Mircea Eliade levou cerca de dez anos escrevendo seu relato sobre os monges tibetanos (antes que eles fossem eliminados funcionalmente), estudando e testemunhando acontecimentos incompreensíveis para o pensamento ocidental. Um fato memorável descrito por ele são os exercícios de graduação de um rapaz de 18 anos, ao final de um treinamento de 12 anos nas técnicas de Yoga. Ele tinha de ficar sentado inteiramente nu num lago congelado, na noite mais fria do inverno, e descongelar com seu *tuomo*, seu calor corporal, uma pilha de lençóis previamente embebidos em água, que congelavam imediatamente. Se ele não cumprisse a tarefa pela manhã, não se graduava no curso. Como explicou Eliade, quando a fé é simples, a tarefa é simples.

Antes de Eliade, a belgo-francesa Alexandra David-Néel, primeira exploradora a penetrar no Tibete, escreveu relatos sobre acontecimentos testemunhados por ela, mas que foram desprezados como fantasias. Especialmente impressionante é seu relato de como criar uma *tulpa*, uma pessoa-fantasma com personalidade própria, que aparentemente vive e respira. A capacidade de criar esse fantasma lhe custou seis meses de atenção disciplinada, mas então, para divertimento de seus carregadores e ajudantes do povo sherpa, ela não conseguiu mais se livrar dele, e teve de ser exorcizada por yogues experientes que a tinham avisado sobre o risco de criar esses seres. Ela mentalizara um sábio digno e gentil, mas a *tulpa* se mostrou como um chinesinho gordo e traiçoeiro que não aceitava ser despachado, argumentando que tinha todo o direito de estar ali. (Os acadêmicos sempre desprezaram relatos do Himalaia como o de Alexandra David-Néel com base na grande altitude da região, que altera a razão e torna a pessoa suscetível às ilusões.)

Vários volumes foram escritos sobre os poderes de sociedades pré-letradas que não existem hoje em dia, mesmo nos remanescentes dos povos originais (como nos adolescentes polinésios que faziam experiências sexuais mas continuavam estéreis, descritos por Margaret Mead). Entender o que perdemos significaria abrir-nos de novo para o potencial que aquelas pessoas conheciam, o que por sua vez requer uma visão de mundo destruída pela aculturação — um verdadeiro *"double bind"* ou duplo vínculo. Mas, como veremos a seguir, a visão do coração mostra um caminho que pode nos levar além dos vínculos culturais.

12

A VIDA E O EFEITO RETROATIVO ENTRE MENTE E NATUREZA

Ouvimos falar na economia da natureza, mas a natureza também age por profusão, sem economizar materiais para sua criação, pois é dona de uma fábrica capaz de gerar com a mesma facilidade um milhão de estrelas ou apenas uma. Por que, então, criar apenas uma estrela que sustenta um planeta que por sua vez dá origem à vida e a sustenta? Por que não um bilhão de planetas?

Quando penso no DNA, como leigo no assunto, fico absolutamente pasmo. O DNA e a vida parecem uma unidade — uma dinâmica dupla e recíproca, como no caso de mente e natureza ou criador e criatura. "Levanta a pedra e estarei ali, fende o galho e estarei ali" — onde quer que haja vida, parece haver algum tipo de DNA dizendo em toda parte: "Estou aqui". De onde vem essa dupla hélice? Vem da vida, assim como a vida vem do DNA. A vida é encontrada nas profundezas do oceano sob pressões incríveis, onde um ambiente criado por fissuras termais em ebulição dá origem a grandes criaturas rastejantes, algumas de até 1,80 metros de comprimento, que vivem e morrem como todos nós. Na longínqua extremidade polar, a vida também é encontrada em forma de algas imobilizadas no gelo antártico.

UM TIPO DIFERENTE DE VISÃO

O DNA produz fótons, ou partículas de luz, de maneira regular e periódica, embora a dupla hélice seja em si mesma estreita demais para que uma onda luminosa possa registrá-la (tem menos de dez átomos de largura e é portanto invisível, a não ser com a ajuda de um microscópio eletrônico). Se cada uma das mais de 78 trilhões de células em nosso corpo que produzem DNA emite um fóton periódico, então existe um corpo de luz dentro de nós. "Se o teu olho for são, todo o teu corpo terá luz", disse Jesus.[12] O DNA retorcido em cada célula, embora só tenha dez átomos de largura, atinge cerca de 1,80 metros de comprimento. Esticado de ponta a ponta, todo o DNA contido num corpo humano poderia percorrer a superfície da Terra, indo até a Lua e voltando vários bilhões de vezes. Olhando dentro de nós, encontramos a mesma eternidade que se estende lá fora.

Já que o ser humano é a medida de todas as coisas, somos talvez o único limite contra o qual temos de lutar. Como observou William Blake, quem não acredita em milagres pode ter certeza de que nunca vai presenciar um deles. De maneira semelhante, os biólogos Maturana e Varela escreveram sobre a ação recíproca de olho e cérebro: o olho vê o que o cérebro faz, e o cérebro age de acordo com o que o olho vê — um clássico efeito retroativo.

Nossa visão interior, que vem do coração, pode se sobrepor à visão exterior do mundo e acrescentar uma dimensão criativa. Ficar preso à visão exterior significa embotar os sentidos e limitar os horizontes. É uma maneira de fragmentar nossa visão da unidade do coração e impedir uma elevação e libertação que nos levariam em direção às possibilidades da imaginação divina.

O desafio que Blake nos coloca é usar nossos olhos numa visão criativa, e não meramente como janelas através das quais vemos passivamente um mundo imóvel e destituído de espírito ou vida. A visão é um processo dinâmico, não uma rua de mão única. A falência da mente criativa fragmenta a visão. O resultado é que vemos uma coisa, sentimos outra coisa diferente e agimos de uma terceira maneira que não tem relação com as outras duas. Blake nos ensina a fitar o mal diretamente nos olhos e enxergar apenas a face

---

12. Passagem dos Evangelhos de difícil tradução e que tem despertado polêmica. "O olho é a lâmpada do corpo. Se o teu olho for são, todo o teu corpo terá luz. / Mas, se teu olho for defeituoso, todo o teu corpo estará em trevas. Se pois a luz, que há em ti, é trevas, quão espessas serão as próprias trevas!" (Mateus 6:22-3). (N. do T.)

de Jesus — pois essa é a visão criativa ou imaginação divina que pode nos levar a um novo patamar.

A IMPORTÂNCIA DA COERÊNCIA POSITIVA

Na Segunda Parte, vimos que toda experiência positiva e prazerosa em nossa vida emite uma onda coerente de energia que pode entrar em sincronia com outras ondas coerentes e construir um campo de força positivo. Os campos eletromagnéticos que emanam do coração refletem essa coerência: sinais positivos de nossa interação cérebro-coração criam coerência entre os primeiros dois campos do "toro" (isto é, um anel eletromagnético), que pode nos levar à interação com o terceiro plano universal, o Fundamento do Ser, o reino do espírito e da Vastidão onde todas as coisas novas têm origem.

As emoções negativas, porém, bloqueiam a interação com o plano universal, assim como a estática pode bloquear a frequência de onda de um rádio. É claro que o plano universal não é afetado por essa negatividade, pois não pode registrar sinais negativos e assim "nunca sabe que estamos incomunicáveis ou temos problemas", como disse Suzanne Segal. A Vastidão tampouco pode ser informada sobre nossos problemas. Nosso corpo como um todo irradia vários tipos de energia coerente e positiva, benéfica para a vida, como já vimos, mas ondas incoerentes e negativas não vão além do ambiente imediato, pois não sincronizam com nada. Plotino, o filósofo neoplatônico, propôs que a Criação é uma expressão de amor procurando seu próprio reflexo e preenchimento. Se isso for verdade, para se manter em nosso universo de frequências coerentes que chamamos de amor, nosso mundo tem de irradiar de volta para o universo nas mesmas frequências coerentes. Tudo é interação; na natureza não existem ruas de mão única. Se tentarmos nos isolar numa rua de mão única como a ciência ou a religião, nossos recursos se esgotam. Só pela ação recíproca e pelo relacionamento nossos recursos serão renováveis, seja individualmente ou no contexto do planeta.

Um dado interessante é que a troca de energia entre a Terra e o universo pode estar sofrendo alteração hoje em dia, por causa da proliferação de aparelhos eletrônicos no mundo inteiro e a invasão do planeta pela realidade virtual dos meios de comunicação. As estações transmissoras, computadores, televisores e agora os telefones celulares (alguns deles equipados com estímulos visuais televisionados) podem ser encontrados em toda parte. Os meios de comunicação enfocam um conteúdo negativo (às vezes violento) que, ao ativar nossos instintos de choque e alerta abaixo do nível da consciência, mantêm nossa atenção presa. Atraído por esses sinais potencialmente perigosos, nosso antigo cérebro sensório-motor hesita em se desviar deles, mesmo quando nossa mente (a última a ser informada) não gosta do que vê. O efeito global dessa energia negativa no mundo inteiro reforça a cultura, mas nós e nosso meio ambiente sucumbimos lentamente à depressão. Enquanto isso, a Vastidão lá em cima não sabe que algo está errado, pois é uma radiação positiva que não pode ser alcançada por frequências incoerentes. Coerência e incoerência nunca andam juntas.

CAOS CÓSMICO, ORDEM CÓSMICA

Uma imagem recente da atividade magnética da Terra, feita por satélite, mostra um emaranhado de impulsos caóticos formando uma rede densa de circuitos na superfície da Terra (veja figura 12.1). A imagem mostra também que nosso planeta ainda irradia o toro (anel) costumeiro de energia eletromagnética, como é encontrado ao redor do Sol em sua multiplicidade ou, em forma mais simples, ao redor do nosso coração. Examinando mais detidamente essa imagem recente, não encontramos nenhum vestígio de coerência no novelo confuso de emissões elétricas que cobrem a superfície do planeta.

Nosso sistema neuronal evolutivo teve origem e foi feito para atuar em campos eletromagnéticos coerentes e regulares. Cada um dos inúmeros campos eletromagnéticos em forma de toro do Sol (veja figura 5.5) é, em si mesmo, coerente e regular, assim como os campos de longo alcance que sustentam a relação entre nosso planeta e o sistema solar. Mas o embrulho de atividade caótica de superfície revelada pela imagem do satélite é o lugar onde vivemos e respiramos, e os "cintos de segurança" de nosso planeta não podem nos proteger contra as radiações prejudiciais criadas pelo homem. Enquanto isso, uma sensação estranha de mal-estar se espalha devagar pelo planeta, e ainda não sabemos qual o efeito global dessa situação de caos.

Nosso universo precisa de coerência interna, e nossa vida e cérebro-mente surgiram graças às relações harmoniosas num mundo regular. Não fomos feitos para o caos ou a desordem, mas para transformar o caos em ordem. Entrar em sincronia com nosso coração, que contém dentro dele a coerência do cosmos, pode nos elevar acima de nossas dificuldades, se nos esforçarmos para procurar essa harmonia.

Figura 12.1. Esta imagem de satélite mostra os efeitos de todos os tipos de microcircuitos na Terra, formados a partir de milhões de celulares, telefones fixos, televisores que transmitem ou recebem, estações retransmissoras, centrais de polícia, sistemas de rastreamento por satélite, aparelhos de radar, fornos micro-ondas etc. Tudo isso gera uma massa de estática — não se vê sinal de coerência no conjunto.

RINDO COM OS OUTROS, CHORANDO SOZINHO

Normalmente, quando damos risadas nosso mundo ri conosco, em função de princípios perfeitamente lógicos de ressonância. Por outro lado, quando choramos, choramos sozinhos simplesmente pela falta de entrosamento ou coerência com uma energia recíproca. A afirmação de Suzanne Segal, de que a Vastidão não sabe quando algo está errado, é um golpe fatal para as religiões e suas preces. Quando nosso estado geral é incoerente, seja por que motivo for, nenhuma violência ou esforço de nossa parte pode transmitir nossas queixas a um poder superior. Por sua própria natureza, o universo é indiferente. Se choramos sozinhos, não é porque um juiz vivendo nas estrelas não nos ouviu ou decidiu nos ignorar, mas porque a Vastidão não pode registrar a frequência de nossas queixas.

Nós somos o que "pensamos" em nosso coração — de maneira coerente ou não —, e talvez seja cada vez mais difícil pensar positivamente com o coração. Mesmo com a intenção séria de manter um foco positivo, a energia tende a se desviar para procedimentos de defesa abaixo do plano consciente. Se as frequências positivas, ausentes em nosso estado depressivo, são uma condição para entrarmos em contato com uma potência superior, estamos, como já foi visto acima, num aparente impasse (*double bind*). Quem tem mais recebe mais ainda, mas quem tem menos não recebe nada — ou perde o pouco que tem, como no grande modelo observado dois milênios atrás. Isso vale para indivíduos, países e mundos. Nosso intelecto e nosso juízo podem gritar "Injustiça!", mas a verdade é que não criamos este mundo — nós o herdamos, embora a cada momento ele seja inconscientemente recriado por nós. O Deus de Jó perguntaria sobre nosso intelecto cheio de juízos de valor: "Onde estavam vocês quando tracei os limites deste universo?" Não criamos as regras, mas estamos sujeitos a elas. Com uma mão espalhamos as sementes da destruição e com a outra imploramos piedosamente que nos poupem na hora da colheita.

Isso nos traz de volta ao tema tratado no Capítulo 2 sobre o estado de choque mundial que se seguiu aos ataques de 11 de Setembro. Com a liderança apropriada, o país mais poderoso do mundo, num momento em que os olhos de todos estavam voltados para nós mais intensamente do que nunca, poderia — pela primeira vez na história escrita — ter mudado o curso dos acontecimentos pelo perdão e pela reconciliação, ao invés da retaliação e da guerra. Os líderes americanos, porém, aproveitaram aquele estado de choque para tecer uma rede longamente planejada de maquinações insidiosas com vistas à dominação, fazendo esse trabalho sujo não só por trás da fachada das bandeiras ondulantes, como costumam fazer os políticos trapaceiros, mas também escondendo-se, de maneira infinitamente mais prejudicial, por trás da cruz — a mesma cruz onde nasceu o perdão neste mundo, como um modo de nos livrar de séculos de discórdia e sofrimento. O mal infame que se apoderou desde então dos Estados Unidos fez ressurgir, com mais força do que nunca, o poder diabólico que ensombreceu a história mundial no último milênio. (Na verdade, quando vi nosso líder, à caça de votos, olhar direto para a câmara e dizer: "Quero que vocês entendam que fui salvo por Jesus Cristo", percebi que a triste história do cristianismo e sua Igreja, que eu amei tanto, caíra num buraco tão fundo e destrutivo que não tinha mais futuro. Foi então que decidi escrever este livro para fazer o que podia em função deste final. Como observou Carl Jung certa vez, um arquétipo pode perder sua utilidade e tornar-se destrutivo.)

A Igreja Romana deixou simbolicamente aquele corpo pendurado na cruz, no sentido figurado, pois os problemas evolutivos de um cérebro-mente em expansão, chegando a um auge no Gólgota, foram deixados sem solução. Os mesmos problemas nos afligem até hoje e estão de novo perto de um limite crítico. Problemas ainda maiores podem estar surgindo no Oriente Médio, prontos para desabar sobre o mundo mais uma vez, como veremos no próximo capítulo.

Faço minhas as palavras da queixa do soldado ferido no poema *"A Shropshire Lad"* [*Um rapaz de Shropshire*] de A. E. Houseman:

"Deus salve a Rainha", cantamos nós, os vivos [...]
Ah, Deus há de salvá-la, não temam:
Sejam as pessoas que sempre foram,
Tenham os filhos que seus pais tiveram,
E Deus salvará a Rainha.

13

O CÉREBRO EM MUTAÇÃO

Nossa suposição é de que a neurociência atual oferece um modelo que nos permite interpretar as estruturas cerebrais e mentais de sociedades antigas, mas isso só nos dá uma ideia inexata, no melhor dos casos. Os cérebros mudam — o que ajuda a explicar por que a cultura passou de um sistema prático e lógico de transmissão do conhecimento acumulado por cada geração para um sistema que instiga o conflito difuso e mortal que vemos hoje em dia. Mas como escapar da armadilha das religiões culturais e redescobrir a inteligência do coração e a vida do espírito? Para receitar um remédio para nossas doenças, primeiro precisamos de uma estimativa exata sobre elas.

O DESLIGAMENTO DO CÉREBRO

Pesquisas recentes sobre o cérebro mostram sua plasticidade — pois ele é flexível e capaz de regeneração, até mesmo criando novos neurônios para substituir os que se perderam — mas também sua fragilidade, pois ele pode sofrer disrupção funcional ou de crescimento, especialmente em estágios críticos. A neurocientista Marian Diamond disse que as funções superiores do cérebro humano continuam a todo o vapor enquanto são exercitadas e usadas, mas o cérebro superior mais recente em nosso sistema é o "músculo mais preguiçoso do corpo" e perde rapidamente sua capacidade funcional. Nossos antigos cérebros instintivos requerem muito menos energia e manutenção do que os sistemas evolutivos posteriores.

Meu amigo médico Keith Buzzell observou que, assim como construímos nosso cérebro de baixo para cima, a partir do antigo reptiliano, acrescentando os novos cérebros como camadas de um bolo, infelizmente o sistema também pode desabar de cima para baixo. Sociedades e culturas podem sofrer mudanças profundas no desenvolvimento cerebral global pela mudança de uso e aplicação desses sistemas, desabando de cima para baixo pela falta de uso ou pelo mau uso deles.

Como vimos na Segunda Parte, o estado emocional de uma mulher grávida afeta a natureza, a estrutura, o tamanho e a função do cérebro infantil que está se formando em seu ventre. Pense nas ramificações do problema quando as percepções e o estado emocional da mulher também são afetados pela cultura, que por sua vez é sancionada e afetada pelo tipo de cidadãos que a cultura gerou. Os efeitos retroativos sempre agem de novo. Sociedades inteiras podem enlouquecer, apesar de um núcleo forte de sanidade mental que tenta deter a maré de loucura, como se observa na Alemanha nazista do século XX ou nos Estados Unidos do século XXI.

No livro *The Biology of Transcendence*, fiz uma breve descrição de estudos de psicologia na Universidade de Tübingen, na Alemanha, cobrindo um período de duas décadas, mais ou menos de 1975 a 1995, que revelaram sérias mudanças no estado mental e no comportamento dos estudantes. As variações mais notáveis nesses relatórios podem ser atribuídas às alterações no sistema de ativação reticular (*Reticular Activating System* ou RAS) do cérebro reptiliano sensório-motor. Vale lembrar que o RAS é o mecanismo de passagem que canaliza a informação sensorial do corpo para as estruturas cerebrais superiores (veja Capítulo 9).

Nosso cérebro evoluiu num ambiente sensorial de intensidade baixa, mas hoje em dia, no nascimento e na primeira infância, ele é subjugado pela realidade virtual dos novos aparelhos eletrônicos de alta densidade. O mecanismo de passagem do RAS se estreita seletivamente, na tentativa da natureza de afastar estímulos de alta densidade que não são apropriados e podem facilmente sobrecarregar o jovem sistema. Formas mais brandas desse fechamento ou desligamento podem ser encontradas nos adultos. Por exemplo, operários que trabalham em ambientes barulhentos tendem a perder a capacidade normal de audição. Várias formas de dessensibilização ocorrem nas diferentes situações tecnológicas.

Tais efeitos nos jovens, como em Tübingen, foram descritos como "avanços evolutivos positivos" que nos levam a um admirável mundo novo, mas esse argumento desmorona quando é examinado mais de perto. Em vez de uma evolução gloriosa em direção às estrelas ou estágios superiores, pesquisas mostram uma deterioração antievolutiva específica no crescimento cerebral e nas funções mentais a partir dessas mudanças. Os pesquisadores de Tübingen, por exemplo, observaram que os jovens tendiam a criar ambientes com estímulos de alta densidade, pois sem isso sentiam um tédio que beirava a ansiedade. Seus canais sensórios filtravam o mundo exterior tão rigorosamente, que estímulos normais ou naturais não causavam impressão. Num ambiente tranquilo, não tecnológico, os jovens sofriam um tipo de isolamento sensorial acompanhado de ansiedade. É comum ouvir música em alto volume nos carros que passam e pessoas com fones de ouvido em toda parte. Assim, o conteúdo dos filmes, dos jogos de computador, da música popular e dos meios de comunicação em geral aumenta de intensidade para compensar a dessensibilização cada vez maior das pessoas com a filtragem maior do RAS, a qual, de novo pelo efeito retroativo, é motivada pelo nível sensorial de alta intensidade.

Pesquisas recentes nos Estados Unidos provaram que, em média, um bebê de 6 meses passa duas horas por dia diante de uma tela de televisão. A tevê é ótima babá: a criança não mexe os olhos — ou o corpo —, fascinada pela tela. Seu sistema visual, literalmente prisioneiro de um encadeamento entre amígdala e cérebro inferior, é imobilizado por estímulos que mudam muito depressa, sem nunca formar imagens estáveis que possam desenvolver estruturas de conhecimento. A exposição à tevê faz com que os padrões sensoriais básicos do nosso cérebro reptiliano entrem em ritmo de perigo e alerta, reagindo à oscilação subjacente e à mudança rápida das imagens. Tudo isso provoca uma confusão sensorial que indica possível ameaça. O efeito de choque no cérebro antigo cria um estado de alerta e emergência no cérebro superior, que fica preso ao inferior enquanto a criança olha fixamente para a tela. É claro que essa imobilidade traz "segurança" para o bebê, de modo que os pais não se incomodam com ela.

Nosso cérebro visual primário evoluiu num ambiente de imagens estáveis, e para desenvolver esse sistema precisamos de outro ambiente mais ou menos igual. A matriz-espelho de neurônios e amígdala funciona desde os primeiros dias de vida. Psicólogos especialistas em desenvolvimento infantil falaram de uma "constância facial" e da "síndrome de pessoas estranhas" por volta do oitavo mês de vida, se a criança mantiver contato constante com um guardião estável. Por volta do nono mês, forma-se uma "constância objetal", isto é, uma estabilização visual global que indica mielinização dos componentes visuais primários. Mas todos esses marcos do desenvolvimento foram questionados recentemente, o que significa que o plano ordenado da natureza pode estar indo abaixo ou pode estar mudando, e as velhas normas se tornam obsoletas. Basta lembrar a mudança notável no início da puberdade — que caiu de uma média de 14 a 15 anos para 11 ou 12 anos em menos de meio século.

Jogos interativos de televisão, computadores, *playstations, game boys* etc. causam mudanças claras no desenvolvimento cerebral. Pesquisas recentes de cientistas japoneses mostram fortes conexões neuronais que se formam entre a mão e o córtex visual nas crianças que usam esses aparelhos com qualquer frequência, a par de uma redução notável no desenvolvimento do prosencéfalo, área relacionada com as emoções, o raciocínio superior, a linguagem etc. Essas áreas neuronais avançadas são relegadas a segundo plano pela concentração no envolvimento entre mãos e olhos. O resultado é que esses jovens têm reflexos físicos muito rápidos mas pouco controle emocional, reagem facilmente com violência e têm sérias dificuldades de aprendizado. Em seu livro *Hand and Brain*, o neurocientista Frank Wilson explica como as duas partes do corpo evoluíram para formar uma unidade interativa. Ele enfatiza a importância de manejar objetos pequenos nos primeiros anos do desenvolvimento infantil e elogia o método Waldorf, que ensina habilidades complicadas como tricô, crochê e outros artesanatos para crianças do jardim de infância e do primeiro grau.

A realidade virtual oferece substitutos falsos que prejudicam o desenvolvimento. Cria ambientes artificiais assim como o cultivo de organismos num tubo de ensaio. Sociedades inteiras ou segmentos sociais passam então por sérias mudanças, e as normas que nos permitem encarar objetivamente nossa situação podem se alterar tanto que o anormal de antigamente passa a ser normal hoje em dia.

MUDANÇAS DE PERSPECTIVA NA HISTÓRIA

O filósofo suíço Jean Gebser apontou mudanças notáveis na perspectiva visual, ocorridas no final da Idade Média europeia e refletidas na evolução das artes, da literatura e nos testemunhos pessoais daquela época. A perspectiva, aqui, não envolve só as relações visuais e espaciais, mas também os padrões intricados de organização neuronal dos estímulos e alterações no sistema de conceitos e percepções resultante. Gebser analisa o impacto que essa mudança de perspectiva causou, tanto nos europeus quanto nas sociedades pré-letradas que os europeus encontraram naquela época e que não conheciam a perspectiva.

Por exemplo, ele cita a conquista espanhola dos astecas da América Central, cujo exército de 100.000 guerreiros cegamente obedientes a seus líderes se rendeu quase sem exceção e sem condições a um punhado de conquistadores espanhóis sedentos de ouro. Na verdade, os astecas simplesmente cruzaram os braços e olharam os europeus invadindo e saqueando sua nação e mandando o ouro de volta para a Europa. Gebser atribui esse colapso à visão de mundo ou mentalidade perspectiva dos espanhóis, com a qual a mentalidade pré-perspectiva dos astecas simplesmente não podia competir no plano da percepção ou dos conceitos. O resultado, para os astecas, foi uma confusão mental em massa e um verdadeiro colapso psicológico e social. (Se pensarmos na quantidade de pessoas que dizem ter sido abduzidas por extraterrestres, podemos atribuir essa dinâmica limitadora a seus relatos: talvez essas pessoas experimentaram a confusão extrema de perspectiva que um cérebro-mente humano, voltado para o planeta Terra, sofreria inevitavelmente se encontrasse uma frequência radicalmente diferente encontrada, por exemplo, em seres de outra frequência ou de outro mundo.)

Julian Jaynes, professor da Princeton University, psicólogo clínico e autor do livro *The Origins of Consciousness in the Breakdown of the Bicameral Mind*, publicado em meados dos anos 70, usa o termo "bicameral" (isto é, "dividido em duas câmaras") no título para se referir aos hemisférios direito e esquerdo do nosso cérebro. Aparentemente, essas duas estruturas neuronais funcionavam bem em sua divisão do trabalho até que, talvez milênios atrás, foram abaladas e começaram a degenerar de várias maneiras ao longo de muitos séculos. Na era bicameral analisada por Jaynes, a troca normal entre os hemisférios deixou de ser funcional. Antes de descartar essa teoria do colapso neuronal, convém lembrar a descrição de Allan Schore sobre disrupções neuronais no elo entre o córtex pré-frontal e o cérebro emocional na primeira infância, e os estudos de James Prescott sobre falhas de desenvolvimento que causam problemas neurodissociativos e outras alterações neuronais intrigantes observadas hoje em dia. A teoria de Jaynes, desprezada por alguns acadêmicos, tinha sérios defeitos mas também percepções valiosas, um dos casos em que, como diz a expressão, o bebê é jogado fora junto com a água do banho.

Podemos nos concentrar aqui nos aspectos positivos da argumentação de Jaynes, deixando de lado o conceito problemático de *consciência* mencionado em seu título. Com seu uso limitador e restritivo do termo, Jaynes criou sérias barreiras semânticas no exato momento em que o fenômeno da consciência estava começando a ser foco de investigações sistemáticas e sérias da neurociência — e, é claro, quando o movimento da "nova consciência" estava no auge nos círculos Nova Era. Jaynes ignorou toda essa confusão e ofereceu pistas sobre mudanças de pensamento e comportamento causadas por alterações na própria estrutura do cérebro. Essas mudanças podem ser resultado de novos hábitos culturais, tal como são praticados hoje em dia, ou podem ter caráter evolutivo (indicando que a evolução ainda não acabou para nós), ou podem ser resultado de um cataclisma geográfico de algum tipo.

Jaynes usou o mesmo episódio histórico da conquista espanhola discutido por Gebser como exemplo de um povo "pós-bicameral" — o povo espanhol, no qual um antigo colapso bicameral tinha se recomposto de algum modo — que desarticulou o estado mental de uma das sociedades bicamerais antigas, mas decadentes — os astecas. Jaynes argumentou que nossa atual consciência individual está emergindo em função de mudanças semelhantes de perspectiva na organização e funcionamento do cérebro que começaram talvez já há três ou quatro milênios. De acordo com Jaynes, a mudança que ocorreu foi esporádica e acidental, e acho que ela está longe de ter acabado, mesmo hoje em dia. Enredados nessa mudança histórica, possivelmente evolutiva, não temos perspectiva suficiente para saber ou reconhecer até que ponto nosso aparato perceptivo e conceptual é incompleto, mas podemos enxergar muito bem nossas guerras periódicas e nossos movimentos sociais totalmente ilógicos de destruição.

A CIÊNCIA POR TRÁS DA TEORIA DE JAYNES

Como psicólogo clínico, Jaynes trabalhou com pacientes esquizofrênicos, e sua teoria bicameral do cérebro surgiu a partir do estudo de esquizofrênicos que sofriam de alucinações auditivas leves ou graves — vozes incontroláveis do mundo "lá fora" que os pacientes ouviam com intensidade e que praticamente abafavam o mundo ao redor deles. Às vezes, essas vozes levavam as vítimas a atos terríveis que elas nunca cometeriam em estado normal. Cerca de 6% da população sofre dessa doença estranha e terrível.

O trabalho de Jaynes se concentrou em questões em grande parte sem resposta: de onde vêm essas vozes, e por que ocorrem? Sua análise abordou os dois hemisférios do cérebro e a interação entre eles. A pesquisa anterior sobre a secção do cérebro[13] de Roger Sperry, Michael Gazzaniga e outros, que envolvia cirurgias para tratar epilépticos pela extração do seu corpo caloso, lhe deu informações valiosas. A teoria resultante da cirurgia para secção do cérebro indicava que nossos hemisférios direito e esquerdo têm uma personalidade ou mente semi-independente — um acréscimo intrigante às propostas anteriores sobre as várias funções assumidas por cada hemisfério. Como percebe qualquer criança em idade escolar, o hemisfério esquerdo — aparentemente ligado ao nosso eu social consciente, nosso uso da mão direita e nossa habilidade superior de movimentar o corpo — é verbal, analítico e intelectual. Este cérebro esquerdo tem poucas conexões com o resto do cérebro, a não ser por meio do corpo caloso formado posteriormente, que liga os hemisférios esquerdo e direito (e cujas funções não estão totalmente esclarecidas). O corpo caloso, que só completa seu crescimento celular por volta dos 4 anos de idade, pode ser um acréscimo evolutivo posterior, e às vezes só existe em estado rudimentar em algumas pessoas. O autista Kim Peak, por exemplo, mencionado na Primeira Parte, não tem corpo caloso e seu hemisfério esquerdo é pouco desenvolvido. Peak possuía pouco controle motor em algumas áreas, mas tinha habilidades pianísticas fantásticas que indicavam reações motoras sofisticadas com relação à música. (Essa anomalia nos lembra as observações de Jaynes sobre o ato de tocar piano no início do Capítulo 4, e fornece pistas sobre o mistério da mente e do cérebro.)

O hemisfério direito (com seus movimentos desajeitados e toscos) é mais holístico, mais fortemente ligado ao resto do sistema neuronal e cardíaco. Embora não seja dominante na personalidade e nas habilidades físicas e bem menos verbal, esse hemisfério é (como observa Elkhonon Goldberg) capaz de aprender material completamente novo e perceber situações novas, bem como interpretá-las rapidamente para saber o que fazer, habilidades que requerem pensamento associativo rápido e o uso dos instintos corporais e dos sistemas mnemônicos (o que nos dá pistas sobre as habilidades de Kim Peak). Em cérebros normais, o hemisfério direito passa automaticamente as decisões críticas de aprendizado e percepção para o esquerdo, fisicamente dominante, onde elas são instantaneamente elaboradas pelo pensamento e o movimento

---

13. No sentido de "seccionar", "separar, "dividir". (N. do T.)

"da mão direita". O cérebro direito dá ao esquerdo novo material para pensar e, coisa decisiva para nossa sobrevivência, explica como reagir em situações novas ou perigosas, minuto a minuto. Por isso, com nossa consciência essencialmente localizada no cérebro esquerdo, precisamos de *feedback* constante dos cérebros mais antigos (o reptiliano e o antigo límbico) recebido do cérebro direito (que tem conexões intactas com os cérebros antigos) por meio do corpo caloso. Só temos noção, é claro, do resultado integrado final (nossa reação à vida cotidiana baseada no senso comum) mas, sem a capacidade de adaptação fornecida pelo cérebro direito, só teríamos os instintos de sobrevivência com que nascemos e nunca poderíamos sobreviver enquanto espécie.

A especialidade do hemisfério esquerdo nos humanos pode ser um fato evolutivo posterior ao hemisfério direito e suas capacidades. Os precursores do hemisfério esquerdo, formados no útero como em todos os mamíferos, têm formação mais lenta que os do hemisfério direito. Enquanto o córtex pré-frontal que os completa se desenvolve no esquerdo e no direito a partir do nascimento, o desenvolvimento global do esquerdo é consideravelmente posterior ao do direito. (Veja figura 7.2 na p. 114.)

Além disso, tudo indica que o hemisfério esquerdo, com suas conexões escassas com os dois cérebros animais, talvez estivesse ligado a eles originalmente, como ainda acontece com o hemisfério direito. É possível que a natureza tenha desconectado depois o cérebro esquerdo dos sistemas mais antigos para desenvolver uma inteligência nova e superior, não sujeita às limitações e às reações instintivas e reflexivas dos cérebros animais inferiores. Isso abriria caminho para a linguagem, o pensamento abstrato e criativo etc. Libertos de nossa herança animal, o espírito e o intelecto humano puderam voar.

Não poderíamos sobreviver só com a nova habilidade do cérebro esquerdo, porém, sem recorrer ao fundamento dos sistemas mais antigos. O problema se resolve porque o hemisfério direito retém sua atitude holística e incorpora os cérebros animais inferiores a seu serviço, ao mesmo tempo que mantém a capacidade de passar informação para o cérebro como um todo, coisa necessária para as operações do novo hemisfério esquerdo. Isso envolveu um aumento e desenvolvimento do corpo caloso, que funciona como uma ponte entre os hemisférios esquerdo e direito.

É bom lembrar as observações de Karl Pribram sobre a unidade e integridade globais do cérebro: qualquer atividade numa região especializada do cérebro envolve perifericamente toda a estrutura. A biologia evolutiva pode reforçar as propostas de Julian Jaynes e sugerir que houve um longo período intermediário em nossa evolução cerebral, quando o hemisfério esquerdo estava passando pela transformação explicada acima e não era muito funcional. Durante esse período, o hemisfério direito tinha dupla função, pois devia informar arbitrariamente o esquerdo sobre as ações necessárias. Deixando de lado etapas complicadas em toda a maquinaria neuronal envolvida no processo, é possível que o resultado tenha sido as ações bicamerais sugeridas por Jaynes: o hemisfério esquerdo não conseguia "pensar" sozinho e dependia grandemente dos sinais do cérebro direito para sobreviver. Em algumas regiões do mundo, a transição pode ter sido precoce e fácil, e as sociedades dessas regiões entraram num estágio superior de existência. A cultura cooperativa, benevolente e edênica que teria existido na ilha de Creta, descrita por Riane Eisler, exigiria um funcionamento equilibrado de todas as funções neuronais e cardíacas. Em outras áreas geográficas, com características ambientais e hábitos hereditários diferentes, as variações, os ajustes parciais e até as disfunções podem ter sido extremos.

De acordo com Jaynes, o caráter automático de nossa capacidade do cérebro esquerdo e da mão direita era a regra durante o período bicameral. O hemisfério esquerdo, independente mas subdesenvolvido intelectualmente, era quase impotente sem os sinais do hemisfério direito, que o esquerdo executava instantaneamente e por reflexo. Mas mesmo esses elos de conexão se romperam, de acordo com a teoria de Jaynes, embora talvez esse período de nossa história represente ou o desenvolvimento de novas capacidades, ou a retenção e recuperação de capacidades perdidas durante o próprio estágio de transição. De novo, como insiste Riane Eisler, em vários momentos da história a humanidade "funcionou" num nível altíssimo de sabedoria integradora, intelecto criativo e harmonia que se perderam periodicamente e depois foram reconquistados. No período que Jaynes analisa, o corpo caloso necessário para as novas capacidades talvez ainda não fosse plenamente desenvolvido, ao mesmo tempo que ainda não se desenvolvera o pensamento independente do hemisfério esquerdo e a capacidade de raciocinar sem depender mais da reação instintiva dos cérebros animais inferiores.

Nesse contexto, uma sociedade inteira pode ter funcionado como uma única entidade de pensamento automático, como na explicação sugerida para os astecas. Fosse qual fosse a forma de divisão bicameral do trabalho, ela começou a desmoronar por várias razões possíveis. Em seu trabalho, Jaynes examina os períodos históricos em que aconteceu uma disrupção em épocas diferentes, sociedades diferentes e regiões geográficas diferentes, criando em todos os casos uma condição social mais ou menos semelhante ao que acontece hoje em dia numa pessoa normal atacada de esquizofrenia — uma espécie de desagregação ou separação dos hemisférios direito e esquerdo.

O hemisfério direito, com sua operação holística, teve de assumir à força a função do hemisfério esquerdo, como uma voz estranha comandando ações preestabelecidas — mais ou menos o que Jaynes observou em pacientes esquizofrênicos. Para reforçar ainda mais essa ideia, podemos lembrar o que acontece nas experiências "Eureca!" de Laski, como foram observadas em Gordon Gould, William Hamilton, Kekulé e outros. Nesses casos, a mente (que é uma ação essencialmente do cérebro esquerdo) recebe um presente do hemisfério direito que o esquerdo não podia obter sozinho. Esse presente exige que o cérebro esquerdo interrompa sua atividade para deixar a mensagem entrar, por assim dizer. Talvez essa transição histórica tenha tido muitas fases diferentes, episódios de processamento claro do cérebro esquerdo interrompidos pela irrupção da função bicameral agora mais antiga, épocas de ressurgimento do pensamento bicameral e até conflitos entre as funções antiga e nova, como se observa nos adolescentes de hoje.

De novo sem mencionar aqui os aspectos técnicos, Jaynes examina o período arcaico em que o intercâmbio esquerdo-direito estava acontecendo no Mediterrâneo e no Oriente Médio, uma época da qual existem amplas evidências arqueológicas e históricas. A mudança cerebral parece ter se espalhado lentamente a partir daí, e sem dúvida ocorreu em outros lugares do mundo. Durante essa transição, o hemisfério direito conversava com o esquerdo como uma alucinação auditiva, de acordo com Jaynes — não só como pensamento aleatório, como vemos hoje em dia na poluição mental das pessoas, mas numa forma vocal precisa e impositiva, a voz de um eu independente — exatamente como na esquizofrenia.

Em épocas de stress ou circunstâncias fora do comum, a esquizofrenia parece se agravar em suas vítimas. Jaynes afirma que, nos períodos antigos de colapso bicameral, as condições novas e desconhecidas aumentaram, por exemplo quando as populações se expandiram a partir da grande família para grupos cada vez maiores como tribos, reinos etc. A cada transição, a situação social global mudava ou até piorava, exigindo novas reações e controles sociais. Podemos observar situações parecidas hoje em dia, com uma grande concentração populacional que exige mudanças no comportamento, nas leis, nos sistemas de governo etc. Com base em vestígios arqueológicos admiravelmente gráficos, Jaynes traçou a evolução da mente bicameral, com sua voz da direita para a esquerda que soava como uma ordem — em geral ameaçadora e humilhante — e criava uma reação automática e incontestada do hemisfério esquerdo fisicamente dominante, mas mentalmente incapaz. A independência dos cérebros inferiores ainda não tinha gerado o pensamento independente, deixando nosso hemisfério esquerdo dominante numa espécie de limbo.

Essa voz interior se forma a partir do nascimento e é bem possível que tenha origem nas ordens dos pais, como descobriu Jaynes nos esquizofrênicos que estudou. Jaynes mostrou que a voz da consciência se expandiu de uma voz individual e pessoal para a família, os grandes grupos sociais e tribos com seus tabus, para chefes de tribo ou xamãs com seus comandos, fixados num tipo de memória acionada pelos mesmos reflexos ligados à amígdala, até que o controle comportamental de populações se estendeu para além de todos os limites prévios, levando a situações como a observada nos astecas.

Outras explicações são possíveis, é claro, e podem funcionar com o modelo de Jaynes. No livro alemão *Vernetzte Intelligenz* [*Inteligência em Rede*], Grazyna Frosar e Franz Bludorf afirmam que "o DNA propicia uma 'hipercomunicação' para além dos fatores normais de tempo e espaço". Eles propõem que a comunicação entre membros de uma espécie pode ocorrer assim, e que talvez até pré-humanos conhecessem esse tipo de comunicação em grupo, perdido no desenvolvimento evolutivo da individualidade — o que certamente caberia na teoria global de Jaynes.

Basta pensar nos exemplos de sincronia e movimento conjunto observados em rebanhos, manadas ou cardumes de peixes. Um aspecto ainda mais surpreendente da hipercomunicação pode ser encontrado em colônias de insetos. Quando separamos a formiga-rainha da colônia, as formigas-operárias continuam trabalhando, por mais que a rainha esteja longe. Mas se matarmos a rainha em algum momento, todas as operárias cessam sua atividade. Essa comunicação entre animais pode ter desaparecido quando a individualidade humana se desenvolveu, mas o DNA de um grupo específico capaz de algum tipo de hipercomunicação para além do tempo-espaço normais pode ter ocorrido nas sociedades examinadas por Jaynes.

Frosar e Bludorf propõem que "em tempos antigos, a humanidade, como os animais, tinha fortes conexões com a consciência de grupo e agia como um grupo [... no entanto,] para desenvolver a individualidade, os humanos tiveram de descartar a hipercomunicação [... T]alvez a capacidade possa ser recuperada pelo DNA sem perda da individualidade, como modo de aceder à consciência de grupo independente do espaço-tempo". Esses pesquisadores sugerem que uma variante da consciência de grupo pode estar tentando se formar nas chamadas "novas crianças" de hoje, os adolescentes que parecem ter novos tipos de conexões com seus grupos. Talvez eles representem uma nova possibilidade elaborada pela evolução, e assim poderiam fornecer o imperativo necessário para outros desenvolvimentos. Se isso for verdade, explicaria também por que, num período anterior, as capacidades do hemisfério esquerdo podem ter se perdido e depois foram recuperadas, assim que a separação entre o novo cérebro e os cérebros animais começou a funcionar e uma nova etapa teve início. Afinal de contas, os cérebros também mudam.

Não devemos nos esquecer de Laurens van der Post e o povo !Kung no deserto de Kalahari, ou dos relatos de Robert Wolff sobre os Senoi da Malásia, com suas capacidades intuitivas e maneiras pacíficas e benignas. Capacidades assim, que envolvem influências de cima para baixo, são aspectos do efeito "Darwin 2" discutido na Primeira Parte — efeito que deu origem a todas as nossas noções de Deus e dos demônios pessoais.

A CULTURA TOMA O PODER

Na cronologia de Jaynes, as vozes do cérebro direito para o esquerdo foram aumentando até que finalmente, quando a população atingiu um tamanho ingovernável até para os reis, os deuses que estavam por trás dos reis e apoiavam suas ações foram acionados. A história do crescimento desses deuses é uma parte importante do livro de Jaynes. Os campos se formam a partir da atuação contínua e abrangente de uma sociedade. Campos de ação e de força, formas variadas de inteligência e relações emocionais sempre existiram na história, e certamente também nesse período arcaico.

Esculturas em baixo-relevo do período pré-axial (por volta de 500 a.C.), encontradas em vários locais do Oriente Médio, mostram claramente os reis conferenciando ou sendo aconselhados pelo deus no poder. Mas Jaynes observa que, com o tempo, houve uma crise. A voz do deus se apagou aos poucos, indicando talvez mais uma transição evolutiva da interação entre os hemisférios. O esquerdo pode ter acelerado sua evolução para o pensamento independente, ou então tentou restaurar seu poder e ainda não funcionava bem nessa função (assim como o bebê ou criança sem cuidados apropriados não consegue estabelecer um circuito orbitofrontal suficientemente funcional, o que leva a um retrocesso evolutivo).

A coleção de Jaynes de baixos-relevos desse período mostra o rei dirigindo-se ao trono vazio do deus, que já não dava resposta. ("Deus, por que nos abandonaste?") A evolução caminhava lentamente para uma inteligência autônoma que já não dependia tanto dos cérebros animais inferiores, pois conseguia usá-los ou apelar para eles quando necessário. Durante esse período bicameral, a natureza procurou a melhor compensação possível. Os grupos sociais continuaram unidos graças a um deus concebido como outra voz e aceito por todos, talvez em conjunção com uma voz individual do deus interior. A cultura, enquanto mecanismo de controle social, começou a dominar a consciência individual, tornando o indivíduo tão subserviente ao grupo como era antes subserviente às vozes ditatoriais.

Historiadores observaram que civilizações desse período, sobretudo as do Oriente Médio e do Mediterrâneo, foram gravemente afetadas por uma série de desastres naturais. Segundo um mito que pode ser verdadeiro, um enorme vulcão entrou em erupção na ilha grega de Tera (cerca de 100 quilômetros ao norte de Creta). Alguns arqueólogos supõem que um *tsunami* de proporções gigantescas, causado por erupção ou explosão, criou ondas enormes que se chocaram com a costa, inundando as áreas baixas do Oriente Médio e destruindo a vida numa escala inimaginável. Esse pode ter sido o Grande Dilúvio mencionado na Bíblia e no folclore do Mediterrâneo.

Os apelos aos deuses silenciosos se transformaram em graves clamores depois desses desastres, e então surgiu a ideia de fazer sacrifícios para acalmar a fúria divina. Nos grupos sobreviventes das áreas mais afetadas do Oriente Médio, esse tipo de compensação foi negociado com os deuses em larga escala. (A barganha com o fado, o destino, a sorte ou os deuses, um hábito humano antigo, continua existindo até hoje em nosso próprio diálogo interior, pois muitos de nós discutem com sua consciência.) Finalmente, o costume de sacrificar para deuses raivosos ficou tão enraizado nos imperativos culturais que algumas pessoas ofereciam seus próprios filhos nos altares desses deuses, que provavelmente eram tão terríveis e vingativos quando o Deus das Escrituras judaicas, mais tarde inventado como juiz de seu próprio povo e dos outros deuses, superando assim todos os deuses anteriores em ferocidade.

Tudo isso pode parecer uma teoria maluca ou artificial, mas basta ler os relatos sobre a estrutura da sociedade que os espanhóis encontraram na América Central em épocas mais recentes. Os astecas, capazes de construir monumentos enormes, templos e cidades, capazes de predizer os movimentos do céu, da Lua e das estrelas, pareciam atingidos em cheio pela loucura bicameral da desintegração, e tentavam desesperadamente manter sua ideação. Calcula-se que, em certo momento, nos altares sacrificiais no alto de seus templos imensos, o mais perto possível do céu, centenas de rapazes foram oferecidos aos deuses pelos sacerdotes astecas. Nesses altares, os sacerdotes arrancavam diariamente o coração de dezenas de rapazes, levantando bem alto o órgão ainda palpitante para que todos pudessem vê-lo. Durante algum tempo, as vítimas eram de grupos vizinhos capturados pelo exército, mas depois, quando todas as fontes secaram, os astecas se voltaram contra seus próprios filhos. (Do mesmo modo, na loucura bicameral do Oriente Médio muito tempo antes, dizem que os filhos primogênitos eram escolhidos para o sacrifício.)

Podemos perguntar como a vasta sociedade asteca e aqueles rapazes podem ter sido levados tão docilmente para a morte, a tal ponto que algumas populações astecas desapareceram completamente. Deixando de lado nosso senso de superioridade, devemos analisar de que maneira nós, enquanto nação e individualmente, fazemos sacrifícios parecidos para forças ou poderes invisíveis. Aqueles astecas podem ter sido tão capazes de racionalização quanto nós somos hoje em dia. Os campos mórficos de nossos tempos modernos podem nos levar, de maneira igualmente inexorável e cega, para novos tipos de imperativos culturais que só repetem os antigos.

SACRIFÍCIO CEGO, REAÇÃO CEGA

Estudos sobre os motivos subjacentes e os padrões dos atuais homens-bomba suicidas mostram que a crença na recompensa do deus predominante, sobretudo quando acompanhada de rancor social, leva rapazes a atos extremos. O fato de que as famílias dos homens-bomba muitas vezes comemoram essas mortes não é mera propaganda, pois, segundo tradições antigas, esse tipo de morte garante um lugar no Paraíso, não só para o suicida como para seus familiares. Outro fator é que rapazes e moças muçulmanos são rigorosamente separados, sob a ameaça real e sempre presente de morte humilhante e vergonhosa se alguém violar os tabus sociais estabelecidos. É claro que esses adolescentes — sobretudo os rapazes — são afetados pelos mesmos hormônios de todos os jovens humanos desde milênios. O antagonismo muçulmano contra a liberdade exibida pelas mulheres ocidentais contribui, assim, para o rancor social.

Além disso, a maioria dos jovens muçulmanos nunca ouviu ninguém questionar seus tabus sexuais e, em algumas culturas muçulmanas, muitos jovens não recebem outra instrução além de ler e decorar o vasto Alcorão, que de fato promete o Paraíso para aqueles que morrem em nome de Alá na guerra contra os infiéis. (É claro que as Escrituras hebraicas da herança judeucristã também falam na ira de Jeová; o Deuteronômio, por exemplo, descreve uma matança tão horrível quanto qualquer outra encontrada na história — e tudo em nome de um Deus ciumento.) A essa promessa do Paraíso soma-se a lenda muçulmana bastante conhecida sobre as jovens virgens vestais que esperam do outro lado pelos mártires culturais e religiosos, que conquistam assim aquela recompensa. (Os mártires cristãos também morreram em nome das recompensas divinas.) Vê-se portanto que uma rede complexa de questões culturais e religiosas está envolvida na violência suicida dos homens-bomba que cresce no mundo inteiro.

Nós, no Ocidente, também respondemos cegamente à violência, como no teste do reflexo no joelho, obedecendo a efeitos de campo cultural igualmente poderosos, transmitidos desde a concepção. Soterrada sob um vasto labirinto de mitos culturais, lendas, crenças religiosas e patrióticas, uma tradição sutilmente disfarçada está presente em nossa instrução, assim como na dos muçulmanos. Escolas, manuais, orientação vocacional, cursos de catecismo, aspirações de doutorado etc. fazem com que obsessões mentais incestuosamente congênitas, ditadas pela cultura, marcadas pelo corporativismo e veneradas pela religião, funcionem dentro de nós como todos os imperativos culturais desde sempre — de maneira racionalizada e aceita inconscientemente.

OUTRAS AÇÕES CULTURAIS CEGAS

Um exemplo, como já vimos, é o fato de que, em boa parte do século XX, nossas mulheres e bebês foram automaticamente forçados a um parto hospitalar e tecnológico que causa bastante dano, como mostraram várias pesquisas e publicações em mais de cinco décadas. Por quê? Não só porque isso envolve centenas de bilhões de dólares anualmente, mas também porque nós, como robôs culturais em nossos próprios campos, estamos sujeitos a qualquer ação que contribua para a manutenção e poder da cultura — como o parto tecnológico e o vínculo cultural que ele implica. Um artigo recente chegou a chamar o parto hospitalar de "rito de passagem da mulher moderna", como se ele fosse uma tradição sagrada e quase inviolável. Nós praticamos essas ações tão cegamente quanto os astecas fizeram, e com racionalizações igualmente elaboradas.

Com a mesma atitude cega, mandamos nossos filhos para escolas que não servem, apesar da grande quantidade de estudos e provas dos defeitos de nossa escolarização: crianças com sinais óbvios de stress, problemas de saúde, tendências violentas e suicídios. E quanto às lembranças dolorosas e bem-disfarçadas que a maioria dos pais guarda de sua própria infância? Automaticamente, nós as repetimos em nossos filhos — "para o bem deles" — e as crianças, por sua vez, moldam nos pais seu comportamento presente e futuro.

Nossos governantes mandam nossos jovens para que se matem uns aos outros aos milhões — e esses governantes são transformados em santos, ganham monumentos e são tratados com honra e obediência, não só porque caso contrário as consequências podem cair sobre nossa cabeça, mas também porque somos tão aculturados que a maioria de nós não consegue pensar de outra maneira. Do mesmo modo, nossos filhos sabem que, se se recusarem a lutar nas guerras que nós lhes preparamos, sofrerão isolamento e vergonha — um medo que, estranhamente, é mais forte do que a possível matança que os espera, como observou Susanne Langer anos atrás.

Julian Jaynes achava que a *Ilíada* de Homero, com seus heróis estranhamente irracionais mas cheios de paixão, conquistadores e conquistados, povoando suas páginas como autômatos, era claramente representativa da mente bicameral que governou as sociedades e a história.

Lendo a *Ilíada*, ficamos surpresos de que uma matança tão selvagem fosse aceita sem objeção, pois os perpetradores explicam que simplesmente seguiam as ordens de uma voz divina dominante. Essas vozes estavam aparentemente acima de qualquer censura e eram automaticamente aceitas por todos, embora fossem inconsistentes, contraditórias e ilógicas. São vozes divinas que ainda falam hoje em dia, mas com novas roupas e sob novos disfarces. "Quero que vocês entendam que fui salvo por Jesus Cristo." "Ajudem nossas tropas!"

Jaynes observou que na *Odisseia* (escrita talvez mil anos depois da *Ilíada*, mas mesmo assim atribuída a Homero), uma mente claramente individual, mas confusa e egocêntrica, tão típica do homem moderno, passa por peripécias aleatórias e sem sentido, ciladas e armadilhas sem fim, perplexa diante de cada nova situação, pois agora a segurança e a certeza do pensamento bicameral, com suas vozes divinas e suas ações definidas, são coisa do passado. Jaynes vê neste livro a origem de uma mente realmente individual, mas, olhando ao nosso redor hoje em dia, só podemos concluir que ela ainda não está completa.

A mente individual sempre foi o objetivo da evolução, embora seu surgimento tenha sido retardado várias vezes por uma estranha luta de vida ou morte entre o movimento do córtex pré-frontal e do coração, e de outro lado os reflexos de sobrevivência do cérebro antigo e da amígdala — uma verdadeira batalha entre as forças da luz e da escuridão, com a humanidade presa no meio, sem conseguir avançar em qualquer direção. Mas, como sempre, a natureza é sábia e pode apontar outros caminhos. Nem tudo está perdido, como veremos a seguir.

14

VOZES NO DESERTO

Venerar a Deus significa honrar seus dons em outras pessoas, cada uma de acordo com seu gênio, e amar sobretudo os grandes homens; aqueles que invejam ou caluniam os grandes homens odeiam a Deus, pois não há outro Deus.

WILLIAM BLAKE:
O Casamento do Céu e do Inferno

As raízes de uma cultura violenta e "dominadora" são tão obscuras que só podemos inferir sua gênese. Ramificações recentes dessas raízes hipotéticas foram estudadas por Riane Eisler, que comparou um modelo cultural pacífico, baseado na colaboração, como parece ter florescido na antiga Creta, com a invasão dos *Kurgan* no leste da Europa e no Oriente Médio.[14] A origem dos *Kurgan* é obscura, uma tribo nômade cujas invasões sangrentas aparentemente criaram ondas traumáticas na memória cultural dos sobreviventes do Mediterrâneo e do Oriente Médio. No entanto, a partir de então os sobrevi-

---

14. Segundo a linguista Marija Gimbutas, a cultura *Kurgan* surgiu no leste da Europa no quinto milênio a.C. e aos poucos se expandiu para oeste, dando origem a várias culturas indo-europeias com seus respectivos idiomas. (N. do T.)

ventes mostraram tendência a criar gerações cada vez mais violentas, pois os instintos reptilianos, o complexo da amígdala, os neurônios-espelho e os modelos imperativos passaram a agir.

Se compararmos os estudos de James Prescott, Alice Miller, Lloyd deMause e Riane Eisler, para mencionar só alguns poucos, veremos de que maneira as forças superiores de organização evolutiva que geraram a humanidade fortaleceram e renovaram a influência frágil do amor e do altruísmo na história. Nessa criação estocástica (aleatória), os seres humanos regrediram a níveis subumanos em várias ocasiões, mas as forças superiores que nos criaram agiram continuamente em nosso favor, encenando na prática lentas progressões evolutivas após cada regressão, embora até hoje estejamos rezando por uma libertação que "caia do céu" como um raio nos filmes de Cecil B. de Mille. (William Blake disse: "Assim como o arado obedece às palavras, Deus atende às nossas preces".) Existem indícios antropológicos e arqueológicos de que o córtex pré-frontal pode ter aparecido e desaparecido várias vezes antes de atingir um mínimo de estabilidade cerca de 40 ou 50 milênios atrás.

O comentário sóbrio de Maria Montessori, segundo a qual uma humanidade abandonada em seu período formativo inicial se torna uma grande ameaça para sua própria sobrevivência, foi feito anos antes do estudo de Alice Miller, segundo a qual o holocausto nazista na Europa pode ter sido causado só pela falta de cuidados apropriados na infância. Curiosamente, o estereótipo da mãe judia superprotetora, que sufoca os filhos com suas atenções, gerou 30% dos ganhadores do Prêmio Nobel (embora os judeus correspondam a meros 3% da população mundial) e uma parcela desproporcional de artistas precoces, músicos, escritores e pensadores criativos em geral. Parece que a Europa se beneficiou um bocado com esses cuidados maternos no final do século XIX, período no qual o antissemitismo contaminava a alma de um segmento tão grande e tão doentio da população europeia.

Graças à contribuição de Allan Schore baseada nas ideias de Alice Miller, podemos examinar os efeitos de longo prazo causados por abuso e maus-tratos no histórico familiar, na vida pré-natal, no nascimento e na primeira infância de Saddam Hussein. É uma história muito cruel de abuso infantil que começa com a mesma brutalidade praticada contra a mãe de Saddam, que passou a sofrer de problemas mentais. Esse trauma foi acompanhado pela influência de tios violentos, que assumiram a tutela do jovem Saddam e marcaram automaticamente seus neurônios-espelho, e pelo fato de que os próprios filhos de Saddam passaram a imitar suas atitudes e decisões. Isso nos dá uma ideia de como uma série de atos pode se multiplicar, inclusive hoje em dia, para formar uma nova tribo de *Kurgan*.

O tema principal deste livro é aquilo que Rudolf Steiner chamou de "mistério do Gólgota", pois há muito tempo cheguei à conclusão de que esse acontecimento dá uma pista para a superação do círculo vicioso de nossa loucura. Estamos tão enredados em questões de sobrevivência que não temos consciência plena do nosso papel nisso tudo, embora possamos enxergar a interação das forças no plano abstrato. Com sua antiguidade tranquilizadora e seu revestimento mitológico, o Gólgota, símbolo do conflito entre as sombras da cultura e a luz da criação, pode irromper em nossa vida sem nos darmos conta disso, driblando nosso radar protetor e mostrando que a maior parte de nossa condição humana e nosso dilema atual não são fatos novos, mas algo que se repetiu muitas e muitas vezes.

OS HEBREUS E A MENTE BICAMERAL DE JAYNES

Riane Eisler observou que os remanescentes da tribo assassina dos *Kurgan* se estabeleceram no Oriente Médio há muitos milênios, dando origem mais tarde aos povos conhecidos como semitas que, fiéis à sua herança, estavam sempre em guerra uns com os outros por questões de território. O grupo semítico que deixou registros históricos mais completos foi o dos hebreus, como se vê nas Escrituras judeu-cristãs estudadas por Eisler na segunda parte do seu livro *The Chalice and the Blade*. A história dessa tribo específica mostra que sua sobrevivência entre outras tribos semíticas que surgiam e depois desapareciam naquela região semidesértica se baseou em elos semíticos comuns de luta: de um lado, luta pela posse da terra (com resultados sangrentos) e, de outro lado, luta com o problema de Deus — paradoxo que é um símbolo de toda a nossa experiência humana.

Deixando de lado os problemas implícitos na teoria do colapso bicameral de Julian Jaynes, sua explicação genérica sobre o surgimento dos deuses no tempestuoso Oriente Médio é ao mesmo tempo intrigante e reveladora. Juntando as abordagens bastante diferentes de Jaynes e Eisler, podemos ver duas facetas do povo hebreu, descendente dos *Kurgan*: um povo que ansiava havia séculos por um Deus de amor e misericórdia e escreveu sobre isso numa das formas literárias mais belas da história também sentia necessidade crônica de defender seu território. Tendo roubado a terra de outros semitas pela força da espada, os hebreus se defrontavam com a pressão permanente de roubar cada vez mais, ou ver suas terras roubadas por outras tribos. Isso exigia que a população estivesse sempre em pé de guerra. Como em nosso capitalismo moderno, dominado pelos homens, eles sentiam inconscientemente um desejo incessante de expansão e novas conquistas para manter a ideação cultural estabelecida pelos *Kurgan* muito tempo antes.

Como se vê hoje em dia, as pessoas comuns acabaram se cansando dessa matança constante e de precisarem viver "como crustáceos armados, eternamente em guarda contra um mundo no qual não podiam confiar", nas palavras de William Blake. Mas a cultura baseada no amor e na colaboração, descrita por Eisler, sem dúvida continuou existindo sob a superfície, alimentada sobretudo pela população feminina — que há muito tempo se submetera à aberração masculina do modelo dominador.

O Deus dos hebreus precisava ter duas faces — uma cultural e outra espiritual. E eles criaram justamente essa entidade híbrida. O Deus que eles inventaram e adoraram passou por tantas transições e mudanças quanto o povo de seus seguidores. O resultado foi uma história contraditória e ambígua de rancor que é representativa de toda a experiência humana. Mas, apesar das várias faces de seu Deus, os anseios íntimos daquela tribo eram um vínculo tão eficaz quanto os mandamentos e o controle autoritário do comportamento.

Essa história hebraica se estendeu por séculos, num Oriente Médio cheio de templos sacrificiais para deuses invisíveis que mudavam constantemente, junto com os cérebros-mentes que os tinham inventado. Ao longo dos séculos, vários acontecimentos "Eureca!" de almas movidas pelo amor e pela benevolência impulsionaram a história hebraica numa busca ainda mais apaixonada, construindo um campo de desejo alimentado por gerações. "Como um cervo sedento durante a caça, minha alma anseia por Ti, ó Deus", diz um salmo daquela época que traduz e eterniza esse anseio do coração. Mas o anseio foi capitalizado por políticos tão desonestos e mentirosos como os que existem hoje em dia, e eles também traíram o coração em nome do dinheiro e do poder, ao mesmo tempo que controlavam a população para encher os cofres do templo e engrossar as fileiras do exército.

Foi nesse momento que a criação abstrata e mítica de Jeová (ou Javé), um deus bastante conveniente para os reis autoritários da tribo hebraica, emergiu como ponto focal daquela tribo e sua história. Julian Jaynes encontrou nisso vários exemplos do colapso da mente bicameral e do lento caminho em direção à mente individual. Uma analogia disso é a história de George Fox, fundador da seita dos quacres, que rompeu com as duras imposições culturais e tentou encontrar princípios interiores pelo tempo que fosse necessário. Quando esses princípios ficaram claros, ele os adotou sem hesitar — o que o levou à prisão por mais de uma vez. Como observamos no Capítulo 13, Jaynes comparou a situação dos hebreus com a do povo da *Ilíada*, que seguia cegamente a voz dos deuses interiores para se orientar em tempos de crise ou decisão. Os heróis daquele mundo grego se moviam realmente como autômatos, dirigidos por suas vozes interiores. Segundo a explicação de Jaynes, o cérebro direito comandava o esquerdo, incapaz de pensar mas fisicamente dominante, que obedecia sem discussão ao intuitivo hemisfério direito. Provavelmente, eram incursões evolutivas da mente na tentativa de restabelecer o equilíbrio — um equilíbrio que pode ter sido encontrado por George Fox.

Mas essa reação pode não ter sido tão mecânica ou inconsciente nos antigos hebreus como Jaynes supôs. Abraão, por exemplo, pai daquela tribo hebraica, lutou muito com sua consciência diante das instruções daquela voz interior que era o Deus de toda a tribo, e à qual todos obedeciam para preservar sua ideação cultural contra o colapso e o caos. O exemplo de Abraão pode ter sido típico do relacionamento entre Deus e os homens no período bicameral. Como mostram claramente as Escrituras hebraicas, a coesão da tribo dependia da obediência de cada cidadão ao Deus interior, e não era fácil romper essa regra. O limite em que a consciência acaba e Deus começa pode ser muito tênue — mas só em retrospecto. O conflito interior de Abraão criou bases para a individualidade e a razão, e a evolução continuou seu caminho no objetivo de restaurar o equilíbrio do sistema.

O diálogo entre o cérebro-mente direito e esquerdo, com sua contrapartida da mão direita e da mão esquerda, envolve uma divisão do trabalho dentro de nós reconhecível ao longo da história e expressa numa variedade de formas anatômicas. A tradição védica fala nas "duas mãos de Deus" presentes no ser humano. Quando o deus nórdico Odin, dirigindo-se ao guardião da fonte da Poesia e da Sabedoria, pediu um pouco de água da fonte, o guardião respondeu: "O preço é teu olho direito". Dizem que Jesus "se sentou à direita de Deus": ele era a mão ativa que obedece aos comandos da metade esquerda. Se nossa mão direita nos ofender, devemos cortá-la, e se nosso olho direito nos ofender, devemos arrancá-lo — como disse Jesus em poderosa linguagem figurada para ressaltar a importância da mão esquerda e do cérebro direito, num equilíbrio sem o qual nós, egos sujeitos à lógica do hemisfério esquerdo e da mão direita, afundamos no caos.[15] Jesus também comentou que nossos olhos enchem nosso corpo de luz. Mestre Eckhart fez eco a essa declaração dizendo que "sem mim, Deus está perdido" — não porque ele se julgasse Deus, mas porque era uma manifestação de Deus, um modo de ser sem o qual Deus não poderia existir.

Julian Jaynes diria que a individualidade estava se formando no período axial de Jesus, mas também devemos levar em conta a advertência mais pertinente de Jesus, segundo o qual o ego humano individualista, baseado no hemisfério esquerdo do cérebro e na mão direita, pode facilmente fugir do controle e destruir nosso equilíbrio, interrompendo assim o diálogo entre os lados esquerdo e direito (os planos divino e humano) e criando caos e desastre, em vez de sabedoria e criatividade.

O livro de Jerome Bruner, *On Thinking: Essays for the Left Hand*, estudo acadêmico sobre as dicotomias entre lado esquerdo e direito publicado em 1963, mostra que até nossa linguagem e seus rótulos refletem juízos de valor antigos, inerentes dentro de nós. Nosso lado esquerdo, a *sinistra*, o interior sombrio das partes ocultas e íntimas da mente, é a fonte intuitiva, sutil e poética de toda criação, sabedoria e novidade, mas fica em segundo plano quando o pensamento da metade esquerda, aberto, direto e agressivo, domina de maneira masculina a expressão feminina da metade esquerda.

Jesus e o deus nórdico da fonte da Poesia e da Sabedoria não pensavam em *sacrifício* no sentido convencional da palavra, como os sacrifícios sangrentos que os astecas ou as culturas do Oriente Médio faziam a seus deuses, mas no sentido de reação de defesa da mente contra o domínio da mão direita sobre nosso sistema. A palavra *sacrifício* significa "consagrar" ou "tornar inviolável", e grandes modelos como Jesus ensinaram que os dois planos da mente dentro de nós têm de funcionar como uma unidade. O hemisfério esquerdo pode ter assumido sua função dominadora muito cedo em nossa história, sufocando as contribuições do hemisfério direito e causando nossa ruína — um resultado que não estava previsto na evolução.

---

15. "Por isso, se o teu olho direito é para ti causa de queda, arranca-o e lança-o para longe de ti, porque é melhor para ti que se perca um dos teus membros, do que todo o teu corpo seja lançado na geena. / E, se a tua mão direita é para ti causa de queda, corta-a e lança-a para longe de ti, porque é melhor para ti que se perca um dos teus membros, do que todo o teu corpo seja lançado na geena" (Mateus 5:29-30). (N. do T.)

Existe aqui uma questão ainda mais importante: nos planos da evolução, nem o cérebro direito nem o esquerdo deveriam ser dominantes, pois esse domínio cabe ao coração. Mas as diretrizes e funções do coração dependem de um *equilíbrio* entre os cérebros esquerdo e direito. É o que diz a concepção védica citada acima: Deus *é* o coração, e suas duas mãos são nossas mãos, e os cérebros esquerdo e direito, são seus modos de ação. A mesma ideia também pode ser expressa como duas árvores genéricas no jardim da vida — uma é a árvore da vida e outra é a do conhecimento, sendo que cada árvore dá origem à outra para servir ao plano superior do coração, que abrange as duas.

Como vimos na Segunda Parte, pesquisas recentes mostram que o coração tem conexões neuronais sobretudo com o córtex pré-frontal e o cérebro emocional — mais estreitamente ligado ao hemisfério direito do que ao esquerdo. Nosso conceito de "ego" no sentido pejorativo descreve o tipo de mente individual que se forma quando a mente dentro de nós e sua absorção no mundo exterior nos invadem e dominam. O resultado é que o mundo interior do coração e do espírito fica em segundo plano, é ignorado ou até se extingue — de novo, algo que não estava ou não está previsto na evolução.

Segundo Jaynes, com o tempo as vozes dos deuses se calaram e as decisões começaram a ser tomadas pela mente individual, baseada no hemisfério esquerdo do cérebro. Mas, quando o hemisfério esquerdo não se desenvolveu plenamente ou não se comunica com o direito de modo cooperativo, surge um dilema. Apesar disso, a evolução continuava no Oriente Médio, e o silêncio de Deus se espalhou na região. Isso causou ou coexistiu com um grande fermento cultural e religioso, um lamento geral de súplicas e orações angustiadas para que o Deus silencioso voltasse a falar como antigamente.

Em algum momento da história antiga, surgiu a noção de fazer *sacrifícios* aos deuses, no sentido de matar ou ofertar, como uma incitação ou suborno para influenciá-los, abrandar o coração deles para que tivessem piedade dos suplicantes. Nesse sentido, o sacrifício equivale a fazer uma barganha com Deus — "Eu lhe dou isso se você me der aquilo" (uma equação lógica típica do cérebro esquerdo). Os deuses que exigiam sacrifícios logo começaram a dominar as culturas do Oriente Médio, e finalmente tornaram-se um esteio da coesão cultural. Os templos construídos para esses sacrifícios se tornaram finalmente o próprio lar do Deus a ser apaziguado, enquanto os sacerdotes poderosos que dirigiam o espetáculo e colhiam o lucro eram o foco central de uma população cegamente obediente (de novo, como no caso dos astecas), ou pelo menos uma população submissa pela recompensa ou pela ameaça, como costuma acontecer hoje em dia.

Com o tempo, obedecendo à voz oracular da casta dos sacerdotes no poder, as pessoas foram obrigadas a oferecer sacrifícios ao deus local — "Faça isso ou aguente as consequências". Em momentos de crise grave ou cataclismos, os sacrifícios chegavam ao extremo, até que finalmente crianças, muitas vezes primogênitos, foram sacrificadas (de novo, como aconteceu aos astecas mais recentes). Em Israel, vozes descontentes se manifestaram para exortar os sacerdotes e as pessoas, e acabaram conseguindo que os bebês fossem substituídos por animais (ao menos em Israel). Mais tarde, Deus passou a falar só com pessoas excepcionais (ou as que tinham coragem de reivindicar essa autoridade), com o rei ou com os sacerdotes que dirigiam os templos e santuários, construídos para pacificar os deuses e engordar as finanças terrenas dos líderes.

Num livro extraordinariamente belo e provocativo, *The Other Within: The Genius of Deformity in Myth, Culture, and Psyche*, Daniel Deardorff descreve os hereges, párias, profetas e ascetas marginalizados pela cultura, que arriscaram a vida para criar vários decretos por conta própria, geralmente em contradição direta com as regras vigentes em seu tempo. No período axial, esses decretos foram apresentados como algo ditado por Deus, é claro, assim como as leis dos sacerdotes e dos reis. Os decretos tratavam de mudanças necessárias de comportamento que a população tinha de fazer e dos castigos que ela sofreria se as mudanças não acontecessem. (Isso continua hoje em dia, pois nunca Deus teve tantos representantes na Terra.) Os hereges ameaçavam a estabilidade do governo sacerdotal, mas suas atividades também indicavam um progresso em direção à mente individual, em oposição à mente grupal e bicameral usada pelos sacerdotes para manter seu domínio sobre as culturas religiosas da época. Os retrocessos (como no caso de Amós, profeta do Antigo Testamento) ameaçavam romper o frágil equilíbrio entre os modelos sacerdotal e social de uma mente semi-individual num lento processo de estabilização. Não era politicamente correto procurar, como fez Amós, orientação direta de um Deus que não somente se calara publicamente, mas cujo nome não podia ser pronunciado e cuja imagem não podia ser esculpida, pois esse Deus era sobretudo propriedade privada do Estado — isto é, da classe sacerdotal. Em nome de suas abstrações vagas e suas necessidades bem concretas de manutenção cultural e social, os sacerdotes no poder conseguiam liquidar os hereges mais cedo ou mais tarde.

Tudo isso estava pairando no ar daquele período tempestuoso no Oriente Médio, uma atmosfera mental insuflada pelos hebreus e condensada para eles pelo patriarca da tribo, Abraão. Quando as condições pioraram, os sacrifícios a Deus ganharam caráter mais extremo, até que os hebreus passaram a colocar em perigo seus próprios filhos o que levou à ideia de substituí-los por animais (talvez porque isso fosse mais lucrativo para os sacerdotes — afinal, os animais podiam ser vendidos ou comidos, ao contrário dos bebês). Em Abraão encontramos um mito poderoso de uma ação essencialmente arquetípica: a disposição de um pai de sacrificar seu próprio filho em obediência cega à voz interior do Deus da tribo — uma obediência fundamental para a manutenção da cultura tribal. (Mais tarde, veremos um eco disso na reação de Caifás, o sumo sacerdote na época da prisão de Jesus: é melhor a morte de um homem do que a ruína de toda a nação.)

Depois de grande aflição psicológica, Abraão, preparando-se apesar de tudo para cumprir sua missão terrível, se livrou do problema no último minuto quando um carneiro que passava naquele momento ficou preso ao enroscar seus chifres num arbusto, oferecendo-se assim como substituto, enviado obviamente pelo mesmo Deus que esperava ser apaziguado.[16] Além de ter se tornado um dos exemplos clássicos da fé capaz de conquistar todas as coisas, mesmo ilustrando claramente a mente bicameral de Julian Jaynes que obedece às ordens da voz interior do Deus tribal, esse episódio mostra a esperteza racionalizadora de Abraão, um sinal precoce da estabilização da mente realmente racional numa época bicameral, caótica e decadente.

O EFEITO DE CAMPO QUE PRODUZIU JESUS

Enquanto isso, como uma nuvem negra atraindo a energia de vários grupos isolados de nuvens, o anseio da humanidade por um Deus de amor cresceu na antiga Israel. Esse anseio do coração acabou formando um efeito de campo de grandes proporções e, como em todos os fenômenos naturais, chegou a um ponto de saturação que exigia alívio. Como no modelo explicado por Marghanita Laski, um alvo da mesma ressonância foi escolhido entre as pessoas com origem naquele campo para a expressão do anseio. Estimulado pelo próprio efeito de campo, na típica dinâmica do efeito retroativo entre criador e criatura, o campo do anseio e o alvo se atraíram um ao outro.

---

16. "E eis que o anjo do Senhor gritou do céu, dizendo: Abraão, Abraão. E ele respondeu: Aqui estou. / E (*o anjo*) disse-lhe: Não estendas a tua mão sobre o menino e não lhe faças mal algum; agora conheci que temes a Deus e não perdoaste a teu filho único por amor de mim. / Abraão levantou os olhos e viu atrás de si um carneiro preso pelos chifres entre os espinhos e, pegando nele, o ofereceu em holocausto, em lugar de seu filho" (Gên 22:11-13). (N. do T.)

As instituições religiosas podem se sentir ofendidas diante da ideia de que o efeito de campo que gerou o "Eureca!" de Gordon Gould, criador do raio *laser*, é o mesmo que gerou Jesus. Os campos envolvidos nos dois casos são diferentes, mas o mesmo processo criativo gerou o mesmo relâmpago. No caso de Jesus, a resposta encontrada foi cosmológica ou ontológica, relacionada com a cultura e com nossa disfunção primitiva, ressaltando o próprio processo por trás do fenômeno "Eureca!". Jesus descreveu o processo retroativo que nos gerou e que nós também geramos, mesmo que de maneira inconsciente.

Os teólogos se referem a Jesus como alguém que sabia o que estava dizendo. Isso é verdade, mas eles nem sempre entenderam que mensagem era essa. Não era uma mensagem apocalíptica, com anjos e harpas e as adulterações e distorções acrescentadas depois por São Paulo, e sim um processo criativo do qual Jesus e todos nós somos parte integrante. Sua mensagem era um tipo de metanoia (conversão espiritual), um processo implícito em seu próprio "Eureca!", e ele e sua tradução eram resultados desse processo. Se entendermos o processo do qual somos parte, a posse do resultado deixa de ser uma coisa do outro mundo.

Os anjos e as harpas são um acréscimo muito posterior às ideias cosmológicas e ontológicas de Jesus. Vários conceitos políticos e religiosos foram acrescentados por outras religiões e grupos apocalípticos, e alterações constantes no texto dos ditos e atos de Jesus acabaram construindo um evangelho aceitável muito depois de sua morte, como demonstra Elaine Pagels, teóloga e historiadora da Princeton University.

Em Jesus, o alvo do "campo de anseio" (isto é, o campo do que as pessoas desejavam) longamente elaborado foi um israelita em posição social inferior, quase um pária, vagueando no deserto de sua mente. Nenhum sacerdote erudito do templo, de boa família e com bom patrimônio, exibindo seu conhecimento, sua importância e convicções, poderia servir como alvo para o evento que estava em jogo. Era necessária uma ânsia espiritual que chegasse quase ao limite do desespero ou da loucura, alguém capaz de se despojar de si mesmo para mergulhar nas profundezas do ser e da existência, sem se importar com o próprio ego.

Jesus foi um produto de sua cultura, mas não se acomodou nela. Caso contrário, não poderia se abrir para algo radicalmente diferente daquela cultura. Como produto de sua cultura, levou à realização plena um aspecto central do campo de anseio cultural do qual fazia parte. Isso levou séculos, assim como Mozart ou Bach foram produtos do rico campo musical de sua época, ou Gordon Gould foi um produto do campo da Física em seu tempo. O relâmpago que Jesus vivenciou resultou não só da longa busca daqueles semitas, mas também da busca genérica do período histórico como um todo. Os grandes seres que surgiram em várias regiões e épocas ao longo da história se concentraram em questões ontológicas sérias, não na política local.

Ao longo do tempo, portanto, os hebreus, talvez sem querer, criaram as circunstâncias certas que abriram caminho para a ruptura evolutiva que tentou desenrolar-se nos acontecimentos que culminaram no ermo "Lugar da Caveira" (Gólgota). O verbo *tentou* é essencial, pois devemos lembrar que este é um mundo estocástico (aleatório) que resulta da interação entre criador e criatura. Em outras palavras, o Gólgota não foi suficiente para criar um efeito direto, mas ainda não falhou completamente num possível efeito de longo prazo. As rodas da evolução podem girar devagar.

O PERÍODO AXIAL

Os teólogos se referem ao período histórico que vai aproximadamente de 500 a.C. a 600 d.C. como período axial. A palavra *axial* vem de *eixo* e designa o ponto central ao redor do qual gira nossa história evolutiva, dividida em a.C. (antes de Cristo) e d.C. (depois de Cristo, ou A.D. em latim, isto é, Anno Domini ou Ano de Nosso Senhor). São conceitos cristãos para dizer o mínimo, mas têm valor simbólico autêntico. Em termos de duração, esse período equivale ao que vai de 900 d.C. ao século XXI — um tempo bem longo de qualquer ponto de vista. Esse longo milênio viu surgir uma série de grandes homens, sendo que os principais, por ordem de aparecimento em nosso registro histórico, provavelmente incluem Lao-tsé, Buda, Krishna, Jesus e Maomé. Graças a minuciosas pesquisas arqueológicas e antropológicas sobre esses seres, os historiadores podem nos dizer muito sobre esse período histórico, embora as ideias das verdadeiras pessoas envolvidas continuem bastante obscuras.

Essas personagens tiveram papel central e também foram exemplos das mudanças de mentalidade cultural que ocorreram em sua época, e nas quais ainda estamos enredados. Subjacente a esse milênio axial e suas figuras lendárias, encontramos um tema central que é teológico, cosmológico, psicológico ou histórico — como quisermos defini-lo —, mas que na tradição védica foi descrito como a luta de Deus para resgatar sua noiva, alma da Terra e coração da humanidade, das forças da escuridão. Essa luta ainda está longe de acabar, obviamente, apesar dos esforços de vários heróis que ajudaram Deus em sua luta. O resgate em questão envolve uma mudança evolutiva importante na estrutura cerebral, e o tempo, como vimos, não conta muito nos ciclos evolutivos.

Examinando atentamente as várias influências envolvidas no evento do Gólgota, chegamos à conclusão de que o impulso evolutivo de forças superiores do tipo "Darwin 2" — o mesmo impulso que levou ao surgimento da humanidade — ocorreu naquela época para *restaurar* o equilíbrio da humanidade. O que estava em jogo era, de um lado, a unidade pré-frontal e emocional do coração, e do outro o complexo da amígdala e os antigos instintos de sobrevivência do cérebro reptiliano. Em outras palavras, o conflito evolutivo que se seguiu foi biológico, sendo que *biologia*, aqui, significa lógica, ordem, coerência ou estrutura desse sistema vital.

TRANSFORMANDO OS GRANDES HOMENS EM MITOS

Sabemos que cada uma das personagens axiais tinha uma base histórica de uma pessoa em carne e osso que assombrou seus amigos e confundiu seus inimigos, o bastante para fornecer aquilo que o antropólogo cultural Mircea Eliade define como "núcleo de revestimento mitológico". Eliade ressalta que os revestimentos míticos, seja qual for seu poder e dimensão, não são construídos para pessoas de pouca importância ou meros sonhadores. Só os verdadeiros líderes e revolucionários, quer acreditemos ou não em sua liderança e suas revoluções, podem capturar a imaginação e tornar-se alvos dos movimentos históricos da mente.

Quando começa o processo de revestimento mitológico, a personagem original pode ser modificada pelos jogos mentais de qualquer pessoa atraída por ela ou capaz de entrar em ressonância, mesmo quando a atração é negativa. Essa atração, positiva ou negativa, faz com que um indivíduo possa acrescentar à figura mitológica sua própria concepção interpretativa ou imaginativa. Esse revestimento interpretativo e a compulsão que o gerou podem se converter no valor verdadeiro da personagem original.

Graças ao revestimento mítico, o cerne ou a semente de origem dessas grandes personagens cresce como as camadas que uma ostra acrescenta sobre um grão de areia irritante. E as figuras míticas, por mais variados que sejam seus disfarces linguísticos, eram provavelmente verdadeiros focos de irritação cultural em sua época. Apesar disso, muitas finalmente emergiram como pérolas autênticas de grande valor — um preço que em geral elas tinham de pagar pessoalmente. Com o tempo, essas figuras lendárias, com suas camadas acumuladas de fé, teorias e paixões, foram negociadas, compradas, vendidas, serviram de pretexto para mentiras e guerras, às vezes muito tempo depois que a pessoa original sob a lenda já tinha sido esquecida.

Um artigo recente propôs que a personagem de Buda, por exemplo, é quase com certeza um amálgama de vários santos hindus excepcionais com ideias diferentes da cultura convencional em que nasceram, brâmane e hinduísta, inspirada nos Vedas e no Upanishad. Podem ter sido um bando heterogêneo de desajustados sociais espalhados ao longo de gerações, talvez, mas aos poucos chamaram a atenção e foram reunidos graças ao efeito de campo de gerações de seguidores e fiéis. Os relatos e lendas dispersos que esses seguidores deixaram foram agrupados e reagrupados várias vezes numa coletânea por seus intérpretes e divulgadores. O resultado é uma figura simbólica final tão poderosa e impressionante que nos dá uma imagem estável e atraente que podemos manter na memória.

Investigando esses começos míticos, geralmente encontramos uma infância reconstruída em termos de ficção e uma história romântica que nos permite ancorar aquela personagem em nossa própria memória emocional e em nosso espaço-tempo. No caso de Buda, temos um rapaz que renuncia às riquezas do mundo e se refugia no deserto, condenando-se a ficar 20 anos sentado sob uma figueira-de-bengala, com uma grande serpente pairando acima dele, esperando pacientemente por uma iluminação perfeita e equilibrada. (Marghanita Laski poderia perguntar: depois de um esforço tão enorme, o que mais se pode esperar?)

Geração após geração, discípulos posteriores se concentraram nas palavras e sentenças de sabedoria que ficaram gravadas na memória cultural e ainda são relevantes numa época em constante mudança. Isso acrescentou ainda mais camadas sobre a pérola. Portanto, podemos perguntar: quem foi o verdadeiro Buda? Pode ser uma pergunta irrelevante, mesmo que a resposta fosse encontrada algum dia, pois a pessoa original pode ter sido bastante insignificante — e até de pouco valor — sem a aura acrescentada ao longo dos séculos. O valor de uma figura mítica pode residir na ressonância que atrai, alimenta e estimula nossa imaginação febril, o que nos permite acrescentar ou modificar a roupagem exterior da personagem, geração após geração, para satisfazer as necessidades espirituais de nossa época. Como todo efeito de campo, o mito se apoia numa atuação recíproca entre campo e mente, e nosso investimento no campo vale como uma parte interdependente, recíproca e necessária daquilo que recebemos dele. Os deuses que semeamos são os deuses que colhemos.

A ideia de afastar as camadas do mito para chegar à pessoa em carne e osso pode, portanto, destruir a eficácia de qualquer mito. Os antigos eruditos hindus tentaram preservar a pureza do idioma sânscrito criando leis sintáticas complexas que tinham de ser aprendidas por qualquer pessoa que quisesse ler textos em sânscrito ou tornar-se um erudito do sânscrito — o que não era fácil. Limitado por essas restrições, o sânscrito não podia mudar de acordo com a evolução cultural e as novas necessidades, e mais tarde tornou-se língua morta. Essencialmente, a mesma coisa aconteceu com o latim clássico, que era menos rígido mas só foi preservado de maneira útil (ainda que deturpada) nas línguas românicas mais flexíveis a que deu origem. Também podemos tentar ler o inglês antigo que existia antes de Geoffrey Chaucer (c. 1340-1400), ou mesmo o inglês médio original de Chaucer, para encontrar outro exemplo. Chaucer, no entanto, foi essencial para conceber o inglês que conhecemos hoje em dia, pois sua linguagem era uma invenção flexível o suficiente para sobreviver por séculos. O inglês ainda é uma língua dinâmica, mudando ao nosso redor. Um idioma que não muda acaba morrendo, por mais que os novos dialetos irritem os mais velhos (que podem ser incapazes de abrir sua mente para as mudanças).

A mesma coisa acontece às grandes personagens de nossa história. Quando elas não conseguem se desvincular nem um pouco da tradição, também perdem sua eficácia — e nós passamos a reverenciar uma tradição morta. No entanto, todo discípulo ou estudioso que investe suas interpretações e versões das figuras históricas tende a criar vínculos ao redor dessas interpretações, e depois defende esses vínculos com muita energia. Esses indivíduos podem então procurar seus próprios discípulos e fundar sua própria tradição. Luteranismo, calvinismo, catolicismo, metodismo, islamismo, budismo, hinduísmo — todas essas religiões são variantes do mesmo fenômeno.

A palavra *tradição* vem do latim *traditus*, particípio de *tradere*, que significa "caluniar" ou "trair" (daí a semelhança entre "tradição" e "traição"), além de "negociar", "transferir", "passar adiante". A tradição é uma armadilha que transforma o presente numa réplica do passado, uma dinâmica parecida com aquela que levou à morte do sânscrito, que teve sua vitalidade diminuída e seu conteúdo imobilizado até se estagnar e perder toda a utilidade — exceto para eruditos teimosos que mantiveram a tradição, pois sua identidade, seu ego ou sua fortuna dependiam disso. Tradição e religião andam de mãos dadas — duas muletas culturais que nos amarram às réplicas do passado e bloqueiam a manifestação de nosso futuro no presente.

Os tradutores das personagens originais, feitas de muitas camadas, sonham com outras camadas que determinem um novo valor para a pérola que vai crescendo, mesmo quando embaralham ainda mais a gênese de toda a operação. É o caso de Chuang-Tzu, que traduziu os textos do místico Lao-tsé e assim contribuiu para sua mitologia, dando uma interpretação eficaz e brilhante que funciona hoje em dia tão bem como naquela época. Mas depois veio Confúcio, que está para a tradição taoísta assim como São Paulo para os seguidores de Jesus, pois construiu um ensinamento falsificado, diferente do original, desviando as pessoas da gênese do processo, ao mesmo tempo que fazia sucesso no mercado político-religioso.

Buda teve seguidores e tradutores parecidos, um exército sempre crescente, ainda em atividade hoje em dia, competindo entre si pela atenção dos fiéis, cada um se apresentando como dono da Verdade. Meu amigo George Jaidar, já falecido, sugeriu certa vez que os relatos que herdamos sobre Jesus, um nome popular naquela época, podem ser construções, os atos de muitas pessoas reunidos numa síntese única nas duas ou três breves décadas depois da morte do profeta. Israel teve muitos líderes revolucionários naquela época, que criavam confusão e também acabavam em dificuldades.

Não pude concordar com Jaidar no caso específico de Jesus, mas, segundo ele, a construção heterogênea do mito pode explicar as sérias contradições entre as pessoas que agiram e escreveram em nome do profeta. Ao longo de muitas gerações, cada editor omitiu ou acrescentou o que bem entendia, ou simplesmente reescreveu toda a história de Jesus em novos cenários. É um processo valioso e contínuo que transforma grandes seres em mitos. Hoje em dia, vários *best-sellers* do mercado editorial tratam da relação entre Jesus e Maria Madalena. (Alguns anos atrás, James Carse, teólogo da Universidade de Nova York, escreveu um livro curioso, *The Gospel According to the Beloved Disciple*, vendo na personagem central do Evangelho segundo São João, descrita em termos muito vagos, a figura de Maria Madalena. O livro de Carse era uma construção hipotética assombrosa do que poderia ter sido o relato pessoal de Maria Madalena sobre o acontecimento do Gólgota — um relato que diferia dramaticamente de qualquer outro escrito até hoje e que abalava radicalmente quase todos os dogmas da fé cristã sobre o assunto. Li e reli o livro de Carse, e a cada leitura fui obrigado a reexaminar minha compreensão do assunto — pois o revestimento mítico serve justamente para isso.)

Achei menos interessantes os muitos outros livros sobre o assunto de Madalena e Jesus publicados depois, que criaram uma onda crescente de interesse, com vários autores tentando tirar partido disso. No entanto, como minha editora Elaine comentou, apesar do meu desdém e ceticismo por toda aquela exploração, essa agitação recente ilustra claramente minha ideia de que a grandeza das personagens míticas está em sua capacidade de criar uma agitação dentro de nós. Quem está disposto a ouvir tem uma chance de abandonar noções estéreis e abrir-se para a novidade infinita que as grandes personagens inspiram. (Basta lembrar a afirmação apócrifa de Jesus: "Eu sempre me torno aquilo que vocês precisam que eu seja".)

Com certeza, como também ressaltou Elaine, construir uma nova mitologia sobre o amor dessas duas personagens memoráveis e divinas pode ser um passo verdadeiro para ressantificar o próprio amor sexual, tirando-o da vulgaridade barata e da atual degradação corporativa e cultural, com seu dilúvio de realidades virtuais que enquadram o sexo numa mentalidade rasteira e o associam a tipos de violência cada vez mais intensos. Num típico efeito retroativo, essa prática lucrativa cria uma ideologia e um mercado que pede mais lixo do mesmo tipo, afetando sobretudo os jovens e os adolescentes.

Seja como for, o revestimento mitológico torna inútil a busca de um Jesus verdadeiro, embora ele tenha um lugar de destaque na imaginação divina daqueles de nós enredados no drama da alma, que de qualquer modo é onde está o verdadeiro poder. No meu caso, em vários momentos de crise de minha vida adulta, a imagem mítica de Jesus formada dentro de mim desde o nascimento (herdada de meus pais, que por sua vez a herdaram de seus pais) foi consolidada na infância e rejeitada na adolescência. Mas, quando eu tinha por volta de 30 anos, Jesus reapareceu dramaticamente em meu horizonte mental, o que me levou claramente a um estado menos caótico e até, às vezes, me ajudou a tomar uma decisão específica ou mostrou uma direção concreta a seguir. Além disso, essa figura mítica parecia me dar forças para cumprir minhas decisões. Não sei que partes de minha psique conversavam entre si, mas minha experiência mostrou que a mente bicameral de Julian Jaynes está sempre conosco, ativando de alguma maneira a experiência "Eureca!" de Laski — e que as coisas não são tão simples como gostaríamos que fossem.

SÓCRATES E JESUS

Os relatos clássicos sobre a crucificação sempre evocaram para mim os textos de Platão sobre seu mentor Sócrates. Pensei muito sobre essa ressonância pois, como Jesus, Sócrates se viu diante de um dilema. De um lado, podia cair em desonra traindo seus seguidores fiéis (se aceitasse a oferta de partir para o exílio), e de outro podia aceitar uma morte honrosa. Sua condenação à morte iria confirmar e manter viva, pelo menos na memória de seus discípulos, a maior parte de suas convicções e princípios. Portanto, não foram tanto os textos de Platão sobre a filosofia e personalidade de Sócrates que marcaram seu nome na história, mas o fato muito mais impressionante da aceitação voluntária da morte. Se ele tivesse morrido em idade avançada, mesmo numa atitude de nobreza e alegria, cercado por discípulos em prantos, e se depois sua filosofia fosse assimilada e amplificada por Platão, a memória do mestre provavelmente teria se apagado na história — e, do mesmo modo, as lembranças e invenções poéticas de Platão poderiam ter tido um poder menos duradouro.

"Vamos agora louvar homens célebres e outros pais que nos geraram", diz o Eclesiastes, referindo-se aos seres que conhecemos e dos quais a história guarda algum registro. A citação continua: "pois alguns existem que não deixaram lembrança e morreram como se nunca tivessem existido". A glória de Sócrates se deve ao relato de Platão sobre sua morte, não necessariamente à sua filosofia ou às adulações de seus discípulos. Não é preciso dizer que, sem a crucificação, as ideias cosmológicas de Jesus também poderiam ter caído no esquecimento.

Os intérpretes e cronistas de Jesus, que foram legiões nas décadas após sua morte, reuniram uma grande coleção de fragmentos sobre ele e acrescentaram muitas outras coisas. Classificando, cotejando, editando e corrigindo livremente, esses cronistas e intérpretes compensaram as lacunas dos detalhes que não sabiam com imaginação e às vezes com rasgos de gênio. Eles também acrescentaram citações clássicas e referências apropriadas às Escrituras hebraicas, igualmente míticas. Esses textos antigos, que tinham perpetuado a tradição hebraica, foram usados para dar substância e credibilidade a Jesus, por assim dizer, mas também o sobrecarregaram com uma bagagem fatal que não era realmente necessária.

Julian Jaynes observa que, durante o período axial, todo o Oriente Médio, como é descrito nas Escrituras hebraicas e judeu-cristãs, passava por uma mudança histórica e evolutiva das funções cerebrais, já discutida acima. Para apoiar sua tese, Jaynes encontrou paralelos tanto nas Escrituras bíblicas, do Antigo e do Novo Testamento, quanto na história mítica de todo o Oriente Médio no período axial. Como veremos, o livro *Approaching the Mystery of Golgotha*, de Rudolf Steiner, também ajuda a esclarecer essa teoria.

As ideias de Steiner sobre o que pode ter acontecido no período axial foram formuladas em estruturas teóricas bastante complexas que tratam de um conflito cósmico entre o que ele chama de "forças de Ahriman" e "forças de Lúcifer". Ahriman era um antigo deus da Escuridão, enquanto a palavra "Lúcifer" vem de "luz, lucidez, iluminação, clareza de pensamento", e foi o nome escolhido pela mitologia para designar o anjo enviado do céu para trazer luz ao mundo. (É claro que "luz do mundo" foi um dos atributos mitológicos atribuídos a Jesus.) Steiner reconheceu que, naquela colina cinzenta, com seus "troncos e vergas" onde o Filho do Homem foi crucificado, o enigma evolutivo da natureza, depois de um longo processo de busca de solução por tentativa e erro, caminhava para uma conclusão possível. A inteligência do coração, a força superior da benevolência e do amor segundo "Darwin 2", tinha amadurecido na figura do homem que mostrara essa compreensão — talvez pela primeira vez na história, até onde sabemos — e pagara todo o seu esforço com seu sacrifício. A inteligência do coração representada por Jesus poderia ter causado a dissolução completa do efeito de campo antiquíssimo que chamamos de "cultura da dominação" — mas a cultura, enquanto entidade psíquica capaz de se regenerar, não iria deixar que isso acontecesse... nem naquela época, nem agora.

Os conceitos de Ahriman e Lúcifer propostos por Steiner são símbolos do enigma evolutivo gerado pela antiga amígdala — e mostram um caminho para contornar esse obstáculo. Sempre pronta por natureza a nos levar de volta à atitude de defesa e sobrevivência do cérebro reptiliano, a amígdala é o lugar onde acontece realmente a replicação da cultura, geração após geração. Foi esse o poderoso círculo vicioso que a natureza tentou romper no acontecimento do Gólgota.

Jesus surgiu portanto no auge do caótico período axial. Como aconteceu tantas vezes aos grandes seres que são "elevados" a uma posição superior, ele não foi tanto vítima dos romanos e da cruz, mas sim de São Paulo, seu principal cronista e mitólogo. Na verdade, Jesus desapareceu nas invenções de São Paulo que, uma vez no comando, usou em seu próprio benefício (como no caso de tantos seguidores) todos os fragmentos de relatos que davam algum respaldo à história de Jesus. Talvez o ego de São Paulo precisasse disso, mas não o acontecimento do Gólgota.

Como acontece tantas vezes, a personalidade extraordinária e gigantesca de São Paulo também sofreu extenso revestimento mitológico, destinado a ofuscar mais tarde a figura original que ele tinha explorado. Como discuti em detalhes no livro *The Biology of Transcendence*, se examinarmos atentamente o fenômeno de São Paulo, encontraremos algumas explicações para a confusão em que estamos metidos hoje em dia e nossos problemas ao longo de dois milênios, em vez da vida em paz e harmonia que aquele Príncipe do Coração tentou, e ainda está tentando, criar.

15

MOMENTOS E RUPTURAS "EURECA!"

Deus só age e vive / Em seres ou homens vivos.
WILLIAM BLAKE: *O Casamento do Céu e do Inferno*

Dois grandes acontecimentos "Eureca!" podem ser propostos para o período axial. O primeiro é a metanoia de Jesus, que o levou até o Gólgota, e o segundo tem origem nos acontecimentos que se seguiram ao Gólgota. Uma busca antiquíssima do povo hebreu por um Deus de amor tinha criado a resposta que poderia ter rompido a casca de seu ovo cultural — e portanto do nosso, pois teria dado início a uma mudança de consciência de toda a espécie humana. Em vez disso, o segundo "Eureca!" rapidamente fechou a brecha que o primeiro tinha aberto.

As brechas no ovo cósmico geralmente são fechadas quase de imediato pelo próprio ovo, tema que explorei em meu primeiro livro *Crack in the Cosmic Egg*, meio século atrás. A ruptura que foi a experiência de Jesus e sua manifestação concreta subsequente, visível para todos, poderia ter inspirado não só uma nova imagem de Deus como uma nova compreensão sobre como funciona esse mundo assombroso. Ela poderia ter sido um facho iluminando a caverna cultural da mente, mas isso teria apagado o efeito cultural, que rapidamente partiu para o contra-ataque.

A cultura enquanto campo de força não mudou desde o acontecimento do Gólgota, a não ser pelo aumento exponencial do negativismo. Nuvens sombrias se acumulam hoje em dia numa escala global — talvez girando ao redor da mesma região do Oriente Médio. A história pode ser cíclica, embora a natureza talvez tenha de abandonar a partida dessa vez, pois parecemos decididos a destruir o próprio planeta.

O FECHAMENTO DA BRECHA

O fenômeno "Eureca!" de Gordon Gould representa uma soma do campo de física óptica até aquela época e deu origem a um novo aspecto da criação que não existia antes. Esse aspecto novo gerou um novo efeito de campo na Física que não parou de aumentar desde então e que também pode atingir um ponto de saturação até ocorrer outro "Eureca!". E esse processo evolutivo cíclico pode continuar indefinidamente.

Do mesmo modo, o "Eureca!" de Jesus foi um resumo e um ponto alto da longa história do povo hebraico-judaico. Essa soma "Eureca!" também trouxe um novo aspecto da criação que não existia antes e que poderia ter criado um novo efeito de campo, levando a uma evolução de nossa espécie, uma ação recíproca entre a mente e os campos da mente em potencial.

O historiador e crítico literário francês René Girard escreveu sobre o valor das Escrituras hebraicas em nossa história. Mas talvez essa avaliação só seja válida se inserirmos as Escrituras hebraicas na mesma categoria da teoria "Darwin 1", enquanto Jesus corresponderia a "Darwin 2". A abordagem "Darwin 2" do "Eureca!" de Jesus teria automaticamente levado ao resumo e à conclusão do "Darwin 1" das Escrituras hebraicas, dando-lhes mais valor sem replicar seus aspectos grotescos e violentos.

Como vimos na Segunda Parte, cada novo estágio do desenvolvimento infantil se baseia no anterior e o incorpora em suas próprias operações, elevando ou transformando assim o plano mais antigo e inferior segundo as características genéricas do plano mais recente ou superior. A síntese modificada, por sua vez, é incorporada em círculos ainda mais altos à medida que forem surgindo. Esse efeito retroativo é como os "turbilhões em espiral" que encontramos na rica linguagem poética de William Butler Yeats (1865-1939).

Assim como o "Eureca!" de Gould (a descoberta do *laser*) elevou o campo da física óptica, o "Eureca!" de Jesus poderia ter elevado o campo de onde surgiu (a antiga Israel) para uma nova ordem de funcionamento que, mais cedo ou mais tarde, teria se alastrado no mundo inteiro. Mas essa elevação, embora tenha sido tentada muitas vezes ao longo de nossa história, ainda não se realizou plenamente. Em vez disso, o que vemos repetidamente é um colapso regressivo do impulso evolutivo. Se pensarmos, como fez Jaynes, nos longos séculos envolvidos na transição entre a mente bicameral e a individual, a manifestação do "Eureca!" de Jesus, que estava no cerne dessa transição, quase com certeza teria levado gerações para se completar, se tivesse sido permitida. Mas a intervenção de São Paulo brecou esse impulso, e a humanidade reverteu ao estágio mental anterior sem perceber que algo tinha se perdido.

Assim, a cristologia de São Paulo usurpou o Deus de Jesus no coração e restaurou o antigo Jeová, ressuscitado das Escrituras hebraicas. O Deus que Jesus mencionava só pode ser encontrado no coração, a força criadora que beneficia os justos e os injustos igualmente, sem juízo de valor. São Paulo, no entanto, apresentou Jeová em novos trajes, um Deus que alegava ser o epítome do amor, mas que como sempre esbravejava a respeito de leis, pedidos de sacrifício, incentivo às guerras de retaliação e à vingança sem fim. Na prática, o resumo da história hebraica representado por Jesus e seu coração foi cancelado por São Paulo e seu Cristo, e as mazelas da história foram restauradas quase totalmente intactas.

O Apóstolo Paulo, portanto, foi a autoridade mais respeitada da cristandade e sua voz mais alta. Ele fechou a brecha criada por Jesus no ovo cósmico e deu início a um retrocesso cultural, estabelecendo mais tarde o controle social e comportamental mais poderoso que já existiu. Concebeu a essência desse drama reacionário graças a sua própria revelação "Eureca!", que teve um efeito oposto ao de Jesus. (Mais uma vez, não existe um aspecto único do efeito "Eureca!", assim como não existe a dimensão moral. Ele acontece independentemente das implicações positivas ou negativas. Na verdade, a cultura também desempenha um papel na maioria dos casos "Eureca!" — e isso não tem muito a ver com moralidade.) Com certeza, outros momentos "Eureca!" surgiram no período de efervescência depois da morte de Jesus, vividos por outros seres marginais e apaixonados. É preciso lembrar que, quanto mais intensa a atividade de um campo, maior a incidência de relâmpagos — e mais intensas são também as ações de oposição. Os romanos no poder fizeram parecer tímida a reação sacerdotal anterior, e as cruzes se enfileiraram nas estradas por décadas.

Se a história cristã foi em grande parte uma invenção de São Paulo, também serviu para criar a fama de seu próprio "Eureca!". O batismo de Jesus no Jordão é um mito bastante viável para explicar o "Eureca!" e a metanoia de Jesus, mas o "Eureca!" do próprio São Paulo, que ele divulgou em toda parte e por tanto tempo, pode ter sido autêntico. Por ironia do destino, o alarde que ele fez para criar autenticidade cancelou em grande parte o efeito de campo do amor antes dele e lhe deu ímpeto para fazer seu próprio jogo. Sua campanha de autopromoção pode ter ajudado a derrubar seus adversários, os sacerdotes do templo. Mas, ao mesmo tempo, a trama de São Paulo abriu caminho para os dois milênios seguintes de violência sempre maior e uma classe sacerdotal que ainda reina hoje em dia.

O "EURECA!" DE SÃO PAULO E SUA TRADUÇÃO

Por vários anos, segundo supõem os historiadores, São Paulo refletiu sobre sua antipatia fundamental contra a classe dos sacerdotes, mas também sobre sua aliança com eles na corrida para calar a multidão irritante de descontentes e fanáticos de uma nova onda religiosa que tomava conta de Israel, à medida que a história da ressurreição de Jesus ia ganhando mais e mais adeptos.

A fonte arquetípica da revelação de São Paulo está na tradição hebraica, que ajudava o povo na luta pela sobrevivência nas águas turvas do Oriente Médio, com sua coleção de deuses adorados pelos hebreus. Como povo, eles foram várias vezes conquistados por invasores, que eles também conquistavam depois. A longa história imaginária da criação hebraica de um Deus com o qual eles conversavam, e seu lamento posterior sobre o silêncio de Deus, forneceram a base para a nuvem negra que produziu as respostas "Eureca!" tanto de São Paulo quanto de Jesus, independentemente de ser respostas certas ou erradas.

Parte integrante da construção do "Eureca!" de São Paulo foi a imagem arquetípica do pai sacrificando seu filho, que os hebreus conheciam da famosa história de Abraão e que impregnara a mentalidade de todo o Oriente Médio em séculos de prática cultural. O cenário estava pronto para a chegada de São Paulo — um ajuntamento longo e demorado de forças escuras de um Deus raivoso e o sacrifício de vítimas humanas de um lado, formando uma nuvem de energia negativa, e de outro lado um povo que ansiava por um Deus de amor e benevolência. Esse anseio do coração foi celebrado ao longo das Escrituras hebraicas nas passagens mais divinas que a linguagem consegue exprimir, lado a lado com a fúria demoníaca de Jeová, que no melhor dos casos foi um Deus imperfeito. Assim, as Escrituras hebraicas refletiram fielmente tanto as criaturas divididas e contraditórias que somos, quanto a natureza dos deuses contraditórios que criamos em nossa guerra constante dentro e fora de nós.

Como foi sugerido acima, a expressão do anseio positivo por um Deus de amor levou ao acontecimento do Gólgota, que por sua vez deu origem a eventos bastante contrários formados a partir da nuvem cultural arquetípica depois da morte de Jesus, e inconscientemente expressos pelo próprio São Paulo enquanto ele lutava com sua consciência sobre o acontecimento do Gólgota. Assim, temos a história de Paulo (ou Saulo, como era conhecido antes do "Eureca!") que, em confusão mental, atormentado como Ulisses pela dúvida e pela incerteza, vagueia como um sonâmbulo em direção a Damasco. Sob a superfície carrega as feridas de suas antipatias, conflitos, anseios e amores, e sua mente é como uma página em branco. Nesse momento, no verdadeiro estilo Laski, ele foi atingido por um raio vindo do nada, como Jesus antes dele. Nós "semeamos" ventos de uma só cor e "colhemos" tempestades de todas as cores e dimensões.

Depois do acontecimento de Damasco, que simbolicamente cegou Saulo com o brilho de sua própria visão, o novo São Paulo teve de traduzir seu "Eureca!" na linguagem comum do seu meio social. Os historiadores propõem que vários anos podem ter se passado entre o "Eureca!" na estrada para Damasco e as traduções definitivas escritas por São Paulo. Na verdade, ele nunca acabou de escrever — simplesmente escrevia quando vinha a inspiração —, mas encontrou uma síntese que parecia reverter o poder cultural que combatia. Mais tarde, esse esforço iria justamente apoiar o efeito de campo daquela cultura, mas, assim que concebeu seu sistema, São Paulo começou sua pregação incansável.

Seu "Eureca!" e a tradução que encontrou eram extensões de uma imaginação criadora que refletia ou emergia do arquétipo central da herança mítica do seu povo. Ele propôs que o Deus ausente, que se calara por tanto tempo mas era o centro da vida religiosa e da Lei Judaica, enviara seu próprio filho à Terra, para o bem da humanidade, num gesto de autossacrifício. Para completar seu feito sangrento, Deus chamou seu filho de volta ao Céu. Isso seguia uma lógica estranha e tortuosa — ou falta de lógica, na verdade —, mas um aspecto dessa lógica desempenhou um papel no drama que se seguiu.

Na tradução de São Paulo, o novo filho de Deus, numa inversão curiosa da história de Abraão, foi enviado como substituto do carneiro ou cordeiro do Antigo Testamento que aparentemente não tinha dado conta do recado. Com efeito, Jesus é muitas vezes chamado Cordeiro de Deus. Como todas as ideias revolucionárias, a ideia de São Paulo incorporou inadvertidamente e mais tarde tornou-se aquilo que ela deveria ter suplantado ou abolido. Assim, com o tempo, a tradução de São Paulo nos deu mais uma leva de padres que se alimentaram do corpo social.

A ironia da história de São Paulo é sua noção de que nós, um povo parcialmente louco, não estamos lidando só com as questões banais da política, da economia e da defesa militar, mas também com os principados e poderes. São Paulo parece ter caído nas mãos do mesmo poder que ele combatia e ameaçava, mas isso é típico das revoluções, pois elas sempre parecem restaurar as condições que geraram a revolta original.

JESUS SAI DE CENA

Assim surgiu a cristologia de São Paulo, na qual Jesus saiu de cena para dar lugar a uma figura etérea ou imagem arquetípica de um Além celestial. Todas as atenções começaram a se voltar para essa imagem e a vida após a morte, o outro mundo. Como Moisés na Antiguidade judaica, o Cristo de São Paulo também era sustentado pela Lei — a mesma Lei que São Paulo combatera mas da qual se tornou o principal expoente em sua nova versão. A Lei de São Paulo supostamente tornou obsoletas todas as outras leis (do mesmo modo como existem guerras para acabar com todas as guerras). Mas a própria Lei, como a cultura e suas guerras, é um erro primário independente da maneira como se apresenta, pois cria emaranhados infinitos de sofrimento e conflito.

Os escritos abundantes de São Paulo para erigir sua nova Lei geraram mais e mais leis, e sua invenção foi retomada e completada por muitos imitadores. Várias injunções do Evangelho foram atribuídas a São Paulo e mais tarde preservadas sob seu nome numa espécie de Novo Pacto. As configurações paulinas se consolidaram, tornando a cosmologia de São Paulo uma coisa concreta e acessível a todos, numa linguagem clara e às vezes bela e poderosa. (É interessante o fato de que, segundo a tradição, o próprio Jesus, suposto modelo de São Paulo, se recusou a escrever suas ideias.) A nova cosmologia de São Paulo e suas leis cada vez mais numerosas tratavam de um Deus entronizado no Céu, tirado diretamente das Escrituras hebraicas, bem conhecidas mas cheias de paradoxos. A humanidade poderia retomar contato com esse Deus se seguisse as injunções e instruções do próprio São Paulo ou dos vários imitadores que o seguiram. Apesar dos detalhes intricados dessa teoria, o Cristo de São Paulo tirou Jesus de cena. Tomando a dianteira numa espécie de roubo de identidade, o novo Cristo se tornou o Cristo-Jesus que passou a reinar na história.

Assim, a confusão mental que é a marca registrada do colapso da mente bicameral aumentou ainda mais com o aparecimento de Jesus, em vez de ser resolvida por uma mente realmente nova para a humanidade, como estava na intenção de Jesus e no destino da natureza. O "Eureca!" de Jesus apontava para uma mente nova e, se ele tivesse sido ouvido e compreendido, teria revolucionado a sociedade que o gerou e as sociedades futuras. Ele formulou uma súmula da história hebraica que lhe dera origem — pois era seu ponto alto —, só para ser usado mais tarde como fator de reação.

A construção mitológica de Rudolf Steiner sobre o mistério do Gólgota admite que, naquela colina com seus "troncos e vergas", um antigo enigma evolutivo da natureza, depois de um longo processo de busca de solução, caminhava para uma conclusão possível. A solução vinha do campo de força mais positivo da própria evolução (amor e altruísmo), que chegara a um ponto de saturação por causa do anseio do coração daquela sociedade específica e da humanidade como um todo. A inteligência do coração, portanto, caminhava junto com o amor para a construção de um novo ego que era o único capaz de resolver o dilema de nossa espécie em apuros. A vida estava tentando se elevar à altura dos acontecimentos na figura de Jesus, que manifestou claramente essa inteligência pela primeira vez, mas cujo esforço foi destruído.

Talvez o amor não precisasse daquela manifestação em épocas anteriores, quando a conexão entre coração, cérebro e mente ainda estava intacta e era funcional. O amor poderia ser apenas uma vida humana sem conflitos. Afinal de contas, se a teoria "Darwin 2" for correta, Deus é esse amor e a própria vida, e se Plotino (filósofo greco-romano, c. 205-270) estiver certo, o amor é a vida exprimindo-se a si mesma exteriormente e integrando nosso ser individual no universo. Em algum momento, esse conhecimento se perdeu e a cultura enquanto processo assumiu o comando, mas isso envolveu longos milênios, e não temos registros do que pode ter acontecido. Na sua verdadeira expressão, o amor só precisa do eterno presente do seu preenchimento, não de registros escritos nem de monumentos de pedra.

Podemos supor que a reafirmação do amor pelo acontecimento no Gólgota teria causado a dissolução completa do efeito de campo negativo da cultura, acumulado ao longo de séculos. A aculturação não teria resistido se nos fixássemos na imagem da cruz, nem poderíamos aculturar nossos filhos. Mas a cultura, enquanto entidade psíquica, não deixou que isso acontecesse. Para começar, não podemos nos fixar na imagem do crucificado se a cruz estiver vazia, e em vez disso o que vemos é a imagem apocalíptica do Cristo de São Paulo, que podemos manipular infinitamente em debates teológicos e racionalizações e usar para justificar qualquer ação de vingança e "justiça". Um padre católico famoso e recente (um cardeal!) chamou nosso holocausto diabólico no Vietnã de "guerra santa de Cristo". "Avante, soldados cristãos!", grita nosso salvador da democracia cristã no século XXI. Mas é possível imaginar Jesus comandando um bombardeio?

A criação de São Paulo afastou Jesus do anseio de seu povo por libertação cultural, levando esse povo em direção a Cristo. Isso dificultou enormemente a tentativa da natureza de restabelecer ou restaurar o circuito orbitofrontal e a conexão com o coração, única maneira de superar um sistema bicameral falido. A metanoia de Jesus poderia ter sido um antídoto biológico para nós, a lógica da vida tentando endireitar seu sistema. A cosmologia de Jesus era um produto da criação e sua evolução e refletia ambas as coisas.

Nossa constituição precisa obrigatoriamente do modelo de uma nova possibilidade, e essa possibilidade se apresentou na figura do crucificado. Mas o clímax e a conclusão de uma longa busca que levou ao próprio período axial foram revertidos por São Paulo e pela atitude defensiva reptiliana subjacente à cultura. O lema fatal da cultura — "Faça isso ou aguente as consequências" — ganhou um significado cósmico, "eterno" e terrível com o Deus da justiça de São Paulo e seu executor Cristo, sentado à direita de Deus.

O Cristo de São Paulo tornou-se não só Legislador, mas também Juiz de uma humanidade pecadora que tinha perdido o coração e a integridade mental. A representação feita por Michelangelo de Cristo no papel de Juiz, na Capela Sistina do Vaticano, mostra a ambiguidade dessa síntese final e a tragédia de nossa espécie. Se analisarmos esse rosto, veremos a mistura paradoxal de paciência infinita e compaixão de um Deus de amor, junto com a frieza e a indiferença diante do sofrimento infinito que a humanidade supostamente teria merecido, sem dúvida para seu próprio bem.

E o que se perdeu nesse processo? A Grande Mãe, a sabedoria e a inteligência da natureza que Rudolf Steiner chamava Sofia, Ela, a Alma e o coração do mundo, a noiva do Deus védico que deveria ser salva da escuridão, aquela que Robert Sardello chama de criadora e fonte da sabedoria do mundo, nascida no coração. O que se perdeu foi esse espírito evolutivo do futuro manifestando-se no momento presente que Jesus encarnou com tanta perfeição. A força dominadora de São Paulo, inteiramente masculina, reintegrou e fortaleceu a mesma cultura destrutiva que Jesus tinha levado adiante e que também poderia nos levar adiante.

Já dissemos na Segunda Parte deste livro que, a cada concepção humana e nas etapas seguintes de desenvolvimento, a natureza pergunta: "Podemos passar para uma inteligência superior ou temos de nos defender de novo?" Essa pergunta foi feita em vários momentos decisivos da nossa triste história, e pela primeira vez foi respondida positivamente por Jesus, produto de sua cultura e sua sociedade, nascido justamente para isso. Num momento crítico da evolução, construído ao longo de séculos pelo anseio da humanidade, a Sofia de Rudolf Steiner olhou para sua criação, procurando a mente ressonante que poderia receber e transmitir sua solução para a busca da humanidade. A nova tentativa de Sofia de unir nossa mente dividida e fragmentada surgiu do deserto dos marginalizados para atingir um ponto alto, pondo a nu nossa identidade verdadeira — mas quase imediatamente foi anulada pelas forças negativas do interior da mesma estrutura social.

O povo judeu saiu perdendo nesse conflito entre forças evolutivas e antievolutivas, pois a resposta que eles tinham acionado foi usada contra eles — e por um dos antigos defensores da Torá (texto central do judaísmo que equivale ao Pentateuco, ou cinco primeiros livros da Bíblia cristã). O impacto causado por São Paulo, que inverteu a resposta da evolução, levou a uma das grandes ironias da história: Jesus, depois do sacrifício que fez pelo povo que amava, levando sua longa história de conflitos para o que deveria ter sido uma conclusão e uma ruptura triunfantes, foi usado contra aquele mesmo povo pelos cristãos que o sucederam. O fato de que o antissemitismo nasceu da cruz que deveria ter representado a libertação dos semitas foge a qualquer lógica. Mas essa manobra política foi só um exemplo da vasta rede demoníaca que está sendo tecida hoje em dia com mais empenho do que nunca. Tudo isso são armadilhas de uma criação estocástica.

A religião, voltada para Deus e para o sobrenatural e a vida após a morte, tende a ignorar a vida como um presente dado neste momento que, para ser aceito, tem de ser vivido plenamente no aqui e no agora. Mais ainda, a cultura nos diz que primeiro temos de ajeitar nossa vida, enterrar nossos pais, fazer isso ou aquilo — tudo sob a ameaça de "aguentar as consequências" se agirmos de outra maneira. A cultura diz à criança que ela não pode viver no mundo alegre da brincadeira, pois tem de passar os anos mágicos e preciosos da infância numa preparação implacável de algo que nunca chega. Encarar o dom milagroso da vida como mera preparação para uma fantasia apocalíptica é a maior tentação da cultura e da religião. Mas nossa vida não é um ensaio geral para a eternidade monótona e abstrata. Ela é o verdadeiro espetáculo, nosso planeta é o palco e nossos corpos são os atores. Como escreveu a poetisa inglesa Elizabeth Barrett Browning (1806-1861):

O Céu tomou conta da Terra
E todo arbusto arde na chama de Deus;
E só aquele que vê tira os sapatos...

16

ORIGEM E CAMPO

Impulso vindo de baixo ou empurrão vindo de cima,
Quem pode saber? Quem aqui pode dizer?
Essa criação — quando nasceu e de onde veio?
Os deuses chegaram depois da criação do mundo.
Portanto, quem sabe como o mundo surgiu?
Aquilo que gerou a criação,
Quer a tenha conservado intacta ou não,
Ele que a vê no ponto mais alto do céu,
Só Ele sabe — ou talvez nem Ele saiba!

RIG VEDA

O Rig Veda menciona a Origem sempre presente e os portões infinitos que se abrem para o efeito de campo, o fenômeno "Eureca!" de Laski, criador e criatura gerando um ao outro em efeito retroativo e recíproco, "Darwin 1" como impulso vindo de baixo, "Darwin 2" como empurrão vindo de cima, o amor e o mundo de Sardello, a separação e reunião de Einstein, a criação do estado estacionário, os *big-bangs*, qualquer coisa que você quiser. Quem pode saber? Quem aqui pode dizer como surgiu a criação?

243

Mas a religião, para aqueles que acreditam nela, é uma resposta que anula a pergunta do Rig Veda e o diálogo que ele implica, uma comunicação entre impulso de baixo e movimento para a frente, a retroação fundamental que dá origem à nossa realidade. Amor e altruísmo enquanto forças motrizes da evolução são um efeito de campo "de cima para baixo" trazido à consciência plena no acontecimento "de baixo para cima" que levou ao Gólgota. A religião projeta no Além apocalíptico uma resposta que, se fosse aceita, fecharia o circuito — coisa impossível.

O fundamentalismo que surge em toda parte hoje em dia se deve à consciência crescente da morte progressiva da religião — e a religião, enquanto conceito e força cultural, é, como vimos no início deste livro, um esteio básico da plataforma da ideação cultural. O comportamento violento dos fundamentalistas se tornou uma ameaça grave, e lutar aqui, numa época como a nossa, em nome de uma base autêntica para a imagem de Jesus, falsificada pela mitologia e destituída de brilho, parece perda de tempo. No entanto, este livro é um argumento a favor da cosmologia da mente apresentada por Jesus, uma força contracultural tão poderosa que levou ao acontecimento do Gólgota, mas que depois foi reduzida ao silêncio. Desde então, a cultura enquanto força destrutiva cresceu sem parar, e seu divórcio entre mente e criação caminha agora para um clímax final e absolutamente desastroso.

É significativo o fato de que hoje em dia, em qualquer ambiente ou reunião, podemos discutir abertamente a filosofia de Sócrates, por exemplo, sentindo que o tema é válido e pertinente, mas, se alguém mencionar a filosofia de Jesus, a resposta é um silêncio constrangido. Esse é o preço que pagamos ao cristianismo, lembrando o comentário de Robert Wolff sobre a tribo dos Senoi, na Malásia: não temos ideia do que perdemos.

PERMITIR O DIÁLOGO ENTRE MENTE E CORAÇÃO

Os episódios muito conhecidos de um hipotético período axial cerca de dois milênios atrás retratam graficamente o retrocesso evolutivo no desenvolvimento do nosso cérebro, que estava chegando a um ponto de conexão naquela época. Como vimos, Julian Jaynes afirmou que a passagem da mente bicameral para a individual aconteceu em grande parte nesse período, a não ser em nichos isolados do mundo. Mas parece que a mudança evolutiva descrita por Jaynes não se manteve nem se expandiu ou, já que o retrocesso não teve solução, com certeza não se completou, pois a fragmentação da mente nos atormenta há dois milênios até os dias de hoje. De novo, estamos nos aproximando de um colapso bicameral enquanto espécie, e as questões que se colocavam naquela época remota se avolumaram maciçamente, talvez em direção a um fim terrível.

Este livro seguiu a observação de Piaget de que a mente é uma propriedade emergente do cérebro que, ao atingir a maturidade, pode tomar outro rumo e influenciar a própria estrutura que a produziu. Steiner viu isso sob uma luz mais abrangente e falou em *permitir* que o coração nos ensine uma nova maneira de pensar, para que ele mesmo descubra sua próxima etapa evolutiva. A metamorfose do pensamento pelo coração iria, por sua vez, dar ao coração o elemento necessário de reciprocidade para gerar uma nova criação. Desse modo, um sistema (o coração) cria um produto (a mente humana) que permite ao sistema transcender a si mesmo. Mas a cultura trouxe uma divisão entre o coração e a mente, fazendo com que a evolução perdesse o rumo.

É significativo o uso de Steiner da palavra *permitir*. A ligação entre coração e mente não é uma ação que fazemos, mas um movimento que *permitimos*, exatamente como no caso da experiência "Eureca!". George Fox, fundador da seita dos quacres, esperou que sua mente se abrisse, seguindo pistas que lhe mostraram direções alternativas; Sócrates falou num demônio que o dirigia; e Jesus falou num espírito de unidade que habitava dentro dele e iluminava seu caminho — descrições claras do diálogo entre mente e coração. O ato de permitir envolve os dois aspectos do efeito retroativo: um aspecto só pode existir se deixar que o outro exista. A religião tenta interromper esse circuito e imobilizá-lo numa projeção apocalíptica ou num objeto ou força que podemos manipular com nossa mente.

Na verdade, o diálogo entre coração e cérebro acontece abaixo do nível da consciência, ou da mente, tornando necessária sua recepção ou tradução, o que por sua vez requer outra retroação para criar uma nova possibilidade em nossa percepção consciente. A resposta só poderia ser acionada por esse efeito recíproco, por sistemas neuronais compatíveis com os materiais fornecidos *por* eles mesmos. Então, haveria um reconhecimento e uma tradução numa realização definitiva. Se entendermos a importância desse processo retroativo, veremos as deficiências e a mesquinhez das duas religiões — o cientismo e o fundamentalismo.

O desafio de Rudolf Steiner de permitir que o coração nos ensine uma nova maneira de pensar pode ter sido formulado muitas vezes e de várias maneiras nos vastos períodos do tempo evolutivo — talvez de modo semelhante ao surgimento do córtex pré-frontal em épocas distintas. Sem apoio suficiente para se manterem, o novo cérebro e a expressão superior de inteligência que chamamos "pensar com o coração" podem ter surgido várias vezes, mas depois se atrofiaram e desapareceram, como talvez esteja acontecendo hoje em dia.

Pode ser que o amor enquanto força evolutiva, que nos gerou cerca de 40 ou 50 mil anos atrás, funcionou como estava previsto por longos períodos depois do nosso aparecimento. E por que não deveria? Houve uma longa preparação para isso. A conexão entre o córtex pré-frontal e o coração pode ter funcionado bastante bem até entrar em colapso em algum momento. As forças estocásticas do acaso são parte do processo. Traumas do pós-guerra ou desastres de grandes proporções podem modificar o desenvolvimento do cérebro em gerações sucessivas, e essas gerações seriam então incapazes de perceber a mudança em seu modo de ser, que sempre é encarado como a "condição humana", nosso estado supostamente natural. As duas guerras mundiais do século XX podem ter causado retrocessos quase irreversíveis à humanidade — e, desde aquela época, cada vez mais funções estáveis entraram em colapso, enquanto a disfunção se generalizou rapidamente.

Mas o efeito de campo do amor e do altruísmo que nos gerou ainda está presente em algum lugar, mesmo quando seu produto — a humanidade — entra em pane ou perde o rumo. Sempre agindo por nosso bem-estar e preenchimento, a inteligência do coração nos ampara e intercede para corrigir o curso de seu produto em constante mudança, a humanidade, embora esses processos evolutivos possam ser lentos para nossa dimensão do tempo. A força evolutiva do amor, segundo "Darwin 2", pode ter se acumulado ao longo de décadas como um efeito de campo que levou ao Gólgota. A energia envolvida estava e ainda está aí, no cérebro humano, mas não lhe pertence totalmente. Essa força, a sabedoria e a inteligência da natureza, Sofia, Ela, a Grande Mãe, funciona por meio do coração.

Vale lembrar mais uma vez o conceito de Steiner do coração como centro do universo, que ele (o coração) recolhe para dentro e irradia para fora simultaneamente, uma observação que está na base da psicologia espiritual de Robert Sardello, foi decifrada pelo Shivaísmo de Caxemira (a mais antiga das quatro seitas do hinduísmo) no século X e, nos dias de hoje, foi aprofundada em termos cientificamente quantificáveis pelo Instituto de HeartMath e pela neurocardiologia. Essa sabedoria é o espírito do futuro que se manifesta no presente, no qual Jesus exclamou exultante: "Eis que eu renovo todas as coisas" (Apocalipse 21:5) e "Eu sempre me torno aquilo que vocês precisam que eu seja". Recriar o mundo a todo momento, em vez de seguir o caminho fatal da religião que só faz reproduzir nosso passado e todos os seus sofrimentos, é uma opção que continua valendo.

A tradução da revelação "Eureca!" de Gordon Gould sobre o raio *laser* foi bastante difícil, pois envolvia algo de novo sob o sol. As operações concretas que essa revelação requeria eram complexas mas, uma vez estabelecido, como explica Sheldrake, qualquer fenômeno novo fica cada vez mais fácil, assim como o procedimento do *laser* se tornou depois uma coisa banal. O mesmo deveria ter acontecido com Jesus e a tradução de seu "Eureca!" — que finalmente teria se tornado lugar-comum, simplesmente a vida como ela é, criando um novo patamar de onde poderíamos seguir em frente. A resposta trazida por Jesus no vasto plano sociocultural não era mais simples do que a descoberta de Gould no campo especializado da física óptica. Mas a solução sociocultural de Jesus só podia ser vivida na prática, expressa por meio do relacionamento. A invenção de Gould, por outro lado, dependia de construir novas relações entre os fenômenos físicos, coisa mais fácil do que construir novas relações entre emoções e reações humanas, revertendo reflexos instintivos da amígdala e restaurando os vínculos do coração.

Como Lao-tsé descobriu há muito tempo, a linguagem é um veículo pobre para operar uma verdadeira mudança da mente humana. Jesus sabiamente se recusou a escrever (pois a escrita tende a se transformar em dogma), mas criou um repertório rico em metáforas, símiles, parábolas, alusões, fábulas e histórias capazes de transmitir sua mensagem, pois são recursos flexíveis e facilmente adaptáveis às mudanças de nossas necessidades. Do começo ao fim, sua mensagem era uma nova cosmologia, uma descrição biológica, não mítica, não teológica e antropomórfica de como nossa realidade se manifesta e qual nosso papel dentro dela. (*Antropomórfico* significa algo que vem da humanidade e tem ligação com ela, não uma abstração etérea. Vale lembrar que Jesus nunca se referia a si mesmo como Filho de Deus, mas como Filho do Homem, alguém como todos nós.) O fato de que essa tradução foi distorcida para reforçar a mesma armadilha da cultura que ela tentava superar foi simplesmente um acidente no caminho da criação estocástica.

De modo algum temos de "reinventar a roda" que Jesus imaginou ou tentar seguir seus passos, pois isso amarraria nosso futuro ao passado. Nosso papel é só permitir que o coração reaja de acordo com esse modelo. A validade do relato de Gerald Feinberg sobre pessoas que caminham sobre brasas no

Ceilão está no simples fato de que esse fenômeno é possível — mas não significa que devemos sair por aí tentando fazer a mesma coisa. Temos de abrir nossa mente para o que está além da nossa compreensão atual, com suas restrições e limites.

A VASTIDÃO DO DESCONHECIDO E O AGORA

A epígrafe do Rig Veda no começo deste capítulo descreve o que aconteceu antes da Criação, antes da humanidade e das miríades de deuses que inventamos. Talvez a Origem sempre presente de que fala Jean Gebser seja a Vastidão que reside para além até mesmo do Fundamento do Ser. Nossa ligação com o Fundamento do Ser, que dá origem à Criação, e com a Vastidão, que dá origem ao Fundamento do Ser, acontece pelo coração. Só o coração pode nos ensinar uma nova maneira de pensar, que pode ser um primeiro passo para preencher a lacuna entre a mente e o Fundamento, de um lado, e o Fundamento e a Vastidão, de outro. Essa ponte para o desconhecido pode ser exatamente a meta evolutiva do coração para a espécie humana.

Lao-tsé afirmou que não existe interação possível entre nós e a Vastidão. Não é uma rua de duas mãos. Talvez a evolução (ainda) não tenha criado uma via de acesso — mas isso pode acontecer algum dia. Mestre Eckhart disse que, para entrarmos na nuvem do desconhecido, temos de deixar de fora todos os nomes, identidades e todo o nosso saber. Portanto, depois de experimentá-lo e tentar exprimi-lo, o resultado só pode ser o silêncio.

Como muitos outros autores, falo em Vastidão como algo absolutamente alheio, um fenômeno de desligamento radical com o cérebro-mente, com seus conceitos, preceitos e percepções. O pouco que posso dizer sobre isso parte de minha experiência limitada. Por volta dos 40 anos de idade, como expliquei brevemente em *The Biology of Transcendence*, mergulhei temporariamente num estado de desligamento radical com tudo o que eu conhecia até então. Por mais breve e fugaz que esse instante tenha sido (embora parecesse infinito e eu não tivesse ideia do tempo marcado no relógio), a experiência quase acabou comigo. Depois disso, fiquei arrasado por um bom tempo. É claro que tentar descrever o estado ou conteúdo dessa experiência, até para mim mesmo, seria uma inutilidade ou tolice.

Como o psicólogo William James (1842-1910) sugeriu em sua obra épica *As Variedades da Experiência Religiosa*, imagino que muitas pessoas experimentaram algum aspecto dessa fusão com a Origem ou a Vastidão, mas não souberam lidar conceitualmente com ela, como no meu caso. Talvez as pessoas automaticamente "apaguem" essas vivências da memória para manter sua integridade. Algo tão absolutamente diferente de qualquer coisa compreensível tem de ser afastado da mente e da memória, ou nossa ideação vem abaixo. Mas a experiência é tão avassaladora que sua perda posterior às vezes intensifica o desejo do coração num limite quase insuportável. Depois de passar por uma experiência assim, uma pessoa nunca esquece seu impacto nem esquece o fato de que a Vastidão continua existindo bem aqui.

Essa Vastidão pode ser o que Eckhart tinha em mente em sua prece: "Ó Deus! Livra-me de Deus". Nada mais do que ele poderia experimentar depois se compara com o que ele viveu no grande desconhecido, que pode deixar uma pessoa sentindo-se desnorteada, desamparada e apartada do mundo cultural, onde nunca mais vai se sentir à vontade.

Bernadette Roberts conta que foi arrancada de sua "dimensão física" e durante semanas respirou um "ar divino", expressão apropriada para o Fundamento do Ser quando se encontra com a Vastidão. A volta para o mundo de todos os dias foi horrível, conta ela, pois o contraste era grande demais para ser avaliado no plano consciente. Com certeza, o grande ser crucificado no Gólgota dois milênios atrás experimentou algo tão poderoso ou mais ainda — algo que se fixou em nossa consciência ou inconsciência coletiva para se tornar um núcleo de revestimento mitológico constante. Isso pode explicar por que tantos de nós gravitam intuitivamente em direção àquela figura simbólica e mítica, sentindo ressonância com ela, mesmo quando rejeitamos seriamente a religião sombria da cristologia de São Paulo, que escondeu aquela luz.

Talvez o fato de Jesus ter aceito seu destino voluntariamente se explique pela explosão avassaladora de amor que sentimos quando a Vastidão toma conta de nós. Sejam quais forem os detalhes, alguma coisa no estado de Jesus cimentou o acontecimento do Gólgota na psique de nossa espécie e, desde então, esse estado foi a meta de todas as experiências e projeções de inclinação espiritual. O revestimento mitológico dessa figura simbólica de amor capaz de transcender o ego agiu desde então como um ponto de gravitação para o desejo de amor no mundo inteiro. Mesmo que a pessoa nunca tenha ouvido falar em Jesus, esse anseio do coração gravita em direção ao mesmo centro. George Leonard fala com muita emoção de seus 16 anos de idade e do anseio que ele não conseguia exprimir, tão intenso que ele achava que nunca seria aplacado. Um anseio parecido, por mais efêmero que seja, existe em todo adolescente e talvez em toda a humanidade. Toda experiência desse tipo entra em ressonância com o alvo e tende a gravitar para ele, fortalecendo-o ainda mais. De maneira semelhante, Plotino compara o cosmos a uma expressão de amor procurando por seu próprio reflexo. (Ele também descreveu o mergulho na Origem em sete ocasiões de sua vida. Homem de sorte.) Nossa busca e anseio de amor é ao mesmo tempo uma jornada para Deus que pode não acabar nunca, pois o amor enquanto força está além de si mesmo, como o horizonte de um universo em eterna expansão.

O acontecimento no Gólgota funciona não só como um ponto focal mas como uma espécie de mediador entre nós e o Fundamento do Ser, que pode nos conectar com a Vastidão, concretizando um conceito ou possibilidade que de outra maneira seria abstrato, e transformando assim em realidade o momento presente em que tudo isso acontece. Nada nas declarações ou atos originais de Jesus indica que a vida após a morte tivesse importância central. Como ele mesmo disse, Deus é um Deus dos vivos, não dos mortos. Deus é a própria vida, com sua inteligência natural de criatividade. Jesus mostrou algo que nos abre para a vida de hoje, deste momento. Para merecer essa vida superior, temos de abrir mão da obediência medrosa diante da cultura e suas "consequências", embora nossa mente aculturada encare a renúncia desse modelo como um mergulho no caos ou uma morte aparente. A palavra que devemos "odiar" é a palavra cultura — não as vítimas dela ou dentro dela.

O objetivo de Jesus era mostrar que o momento presente contém todas as possibilidades — não só as necessárias, mas todas elas. O dia é hoje, a hora é esta. Ele aconselhou cuidado com juramentos de qualquer tipo, toda espécie de contratos, acordos legais etc. (inclusive o casamento), pois eles amarram nosso futuro, e com isso perdemos o espírito sempre presente da unidade e do momento. Tomar uma grande decisão, por mais que a intenção seja nobre, pode nos paralisar. Decidir é eliminar alternativas, prendendo-nos a uma decisão passada que só exclui o momento presente. Tudo tem de ser visto como provisório; o acontecimento presente prepara o futuro que flui para ele, um futuro que só podemos aceitar e permitir. Se entendermos isso, veremos a figura de Jesus tal como ela é, e também teremos ideia da dimensão plena do cientismo e da religião — criações negativas da cultura.

O mesmo cuidado para nos mantermos abertos ao presente vale apesar de todos os princípios nobres que possam ser importantes para nós. Nós nos orgulhamos teimosamente de nossos princípios e nos achamos virtuosos pelo fato de segui-los. Essa virtude nobre simplesmente determina nossas ações, reproduzindo nosso passado e bloqueando nossa mente para o espírito de novidade do presente. O resultado é um estado de isolamento do coração que nos deixa à deriva, pois não somos capazes de enxergar o futuro.

Tudo na ontologia e na cosmologia de Jesus abre nosso coração para o futuro que flui em direção ao presente. É a presença do coração, o espírito de unidade juntando nossa vida fragmentada numa visão única que nos mantém abertos, independentemente de toda a insensatez do mundo lá fora. Ele nos protege contra as nuvens escuras que se levantam a todo momento, hoje e sempre. A Sofia de Steiner ainda pode nos dar uma resposta centrada no coração, mais perto do que nossa própria respiração, capaz de nos inspirar de novo a cada momento.

> *Agora, floco de gelo no vidro da janela*
> *Numa noite de inverno, a lareira aberta*
> *Luzindo para além de Andrômeda, a anêmona-*
> *do-mar e a semente ao sabor do vento,*
> *Ó momento retido na poeira dos relógios —*
> *O tempo em todos os hospitais é agora,*
> *É sempre agora sob as luzes onde a sentinela*
> *Caminha ao longo do muro solitário,*
> *E o grito na célula também é agora,*
> *E agora é o silêncio do túmulo e agora*
> *Explode dentro do sol, e é agora*
> *Na depressão do tempo, onde galeões de pó*
> *Velejam ao largo, luzindo, e a mente de Deus,*
> *Um facho por sobre a brecha do ser, pensa*
> *Na ausência momentânea do sempre: agora.*
> Howard Nemerov: "Momento"

BIBLIOGRAFIA

Acuff, Daniel S. e Reiher, Robert H.. *Kidnapped: How Irresponsible Marketers Are Stealing the Minds of Our Children*. Chicago, Dearborn, 2005.

Armour, J. Andrew. *Neurocardiology: Anatomical and Functional Principles*. Boulder (Califórnia), Institute of HeartMath Publications, 2003.

Armstrong, Allison e Casement, Charles. *The Child and the Machine: Why Computers May Put Our Children's Educations at Risk*. Toronto, Key Porter Books, 1998.

Austin, James H. *Zen and the Brain*. Cambridge, Mass.: Massachusetts Institute of Technology, 1998.

Axness, Marcy. "The Trauma of Separation: Some Socio-cultural Perspectives on Motherloss". Capítulo de tese de Doutorado para o Union Institute do University Graduate College, 2003.

——. "Abortion and the Collective Soul: Questions of Autonomy, Responsibility, and Meaning". Capítulo de tese de Doutorado para o Union Institute do University Graduate College, 2003.

Bailie, Gil: *Violence Unveiled: Humanity at the Crossroads*. Nova York, CrossRoad Publishing, 1995.

Bateson, Gregory: *Mind and Nature: A Necessary Unity*. Nova York, E. P. Dutton, 1979.

Blake, William: *Selected Poetry and Prose*. Organização e introdução de Northrop Frye. Nova York, The Modern Library, Random House, 1953.

Bohm, David: *Causality and Chance in Modern Physics*. Londres, Routledge and Kegan Paul, 1957.

———. *Wholeness and the Implicate Order*. Londres, Routledge and Kegan Paul, 1980.

Buhner, Stephen Harrod: *The Secret Teaching of Plants: The Intelligence of the Heart in the Direct Perception of Nature*. Rochester (Vermont), Bear and Co., 2004.

Caplan, Mariana: *Untouched: The Need for Genuine Affection in an Impersonal World*. Prescott (Arizona), Hohm Press, 1995.

Cobb, Jennifer: *Cybergrace: The Search for God in the Digital World*. Nova York, Crown, 1998.

Damasio, Antonio R.: *Descartes Error: Emotion, Reason, and the Human Brain*. Nova York, Avon Books, 1994.

Deardorff, Daniel: *The Other Within: The Genius of Deformity in Myth, Culture, and Psyche*. Ashland (Oregon), White Cloud Press, 2004.

de Caussade, Jean Pierre: *The Sacrament of the Present Moment*. San Francisco, HarperCollins, 1982.

DeMarco, Frank: *Muddy Tracks: Exploring an Unsuspected Reality*. Charlottesville (Virgínia), Hampton Roads, 2001.

Denton, Michael: *Nature's Destiny*. Old Tappan (Nova Jersey), Free Press, 2002.

Eisler, Riane: *The Chalice and the Blade: Our History, Our Future*. San Francisco, HarperSanFrancisco, 1987.

Eliade, Mircea: *Cosmos and History: The Myth of the Eternal Return*. Nova York, Harper Torchbooks, 1959.

———. *Yoga: Immortality and Freedom*. Nova York, Pantheon, Bollingen Series, 1958.

Farcet, Gilles (org.): *Radical Awakening: Conversations with Stephen Jourdaine*. Carlsbad (Califórnia), Inner Directions Foundation, 2001.

Forman, Robert K. C.: *Meister Eckhart: Mystic as Theologian*. Rockport (Massachusetts), Element Books, 1991.

Gebser, Jean: *The Ever Present Origin*. Stuttgart, Deutsche Verlags-Anstalt, 1949.

Goldberg, Elkhonon: *The Executive Brain: Prefrontal Cortex and Civilized Mind*. Nova York, Oxford University Press, 2001.

Goswami, Amit: *A Quantum Explanation of Sheldrake's Morphic Resonance*. Eugene (Oregon), University of Oregon Institute of Theoretical Science, monografia, s.d.

Grossinger, Richard: *Embryos, Galaxies, and Sentient Beings: How the Universe Makes Life*. Berkeley (Califórnia), North Atlantic Books, 2003.

Hannaford, Carla: *Smart Moves: Why Learning Is Not All in Your Head*. Salt Lake City, Great Rivers Press, 1995.

Harris, Sam: *The End of Faith: Religion, Terror, and the Future of Reason*. Nova York, W. W. Norton, 2004.

Harrison, Steven: *What's Next After Now?: Post Spirituality and the Creative Life*. Boulder (Colorado), Sentient Publications, 2005.

Hart, Tobin: *The Secret Spiritual World of Children*. Makawao (Maui), Havaí, Inner Ocean, 2003.

Hartmann, Thom: *The Last Hours of Ancient Sunlight*. Nova York, Three Rivers Press, 1998.

——. *The Prophets Way: A Guide to Living in the Now*. Rochester (Vermont), Park Street Press, 2004.

Hoffstadter, Douglas R.: *Gödel, Escher, Bach: An Eternal Golden Braid*. Nova York, Basic Books, 1979.

Jahn, Robert e Dunne, Brenda. *Margins of Reality: The Role of Consciousness in the Physical World*. Nova York, Harcourt Brace Jovanovich, 1979.

Jaynes, Julian. *The Origin of Consciousness in the Breakdown of the Bicameral Mind*. Nova York, Houghton Mifflin, 1976.

Laszlo, Ervin: *Science and the Akashic Field: An Integral Theory of Everything*. Rochester (Vermont), Inner Traditions, 2004. [*A Ciência e o Campo Akáshico: Uma Teoria Integral de Tudo*, publicado pela Editora Cultrix, São Paulo, 2008.]

Lehman, Christine: "Young Brains Don't Distinguish Real from Televised Violence". *Psychiatric News* 39, nº 15 (2004), p. 37.

Lipton, Bruce: *The Biology of Belief: Unleashing the Power of Consciousness, Matter, and Miracles*. Santa Rosa (Califórnia), Mountain of Love / Elite Books, 2005.

Loye, David: *Darwin's Lost Theory of Love*. Lincoln (Nebrasca), iUniverse, 2000.

MacLean, Paul: "The Brain and Subjective Experience: Question of Multilevel Role of Resonance". *Journal of Mind and Behavior* 18, nºs 2 e 3 (primavera de 1997), pp. 247-68.

——. *The Triune Brain in Evolution*. Nova York, Plenum Press, 1990.

——. "Women: A More Balanced Brain?". *Zygon Journal of Religion and Science* 31, nº 3 (1996).

Malinowski, Bronislaw: *The Sexual Life of Savages in North-western Melanesia: An Ethnographic Account of Courtship, Marriage and Family Life among the Natives of the Trobriand Islands*. Boston, Beacon Press, 1987.

Marinelli, Ralph; Furst, Branko; van der Zee, Hoyte; McGinn, Andrew e Marinelli, William: "The Heart Is Not a Pump: A Refutation of the Pressure Propulsion Premise of Heart Function". *Frontier Perspectives* 5, nº 1 (1995).

Marshak, David: *The Common Vision: Parenting and Educating for Wholeness*. Nova York, Peter Lang, 1997.

McCraty, Rollin; Atkinson, Mike; Bradley e Raymond Travor. "Electrophysiological Evidence of Intuition, Part 1: The Surprising Role of the Heart". *Journal of Alternative and Complementary Medicine* 10, nº 1 (2004), pp. 133-43.

McCraty, Rollin; Bradley, Raymond Travor e Tomasino, Dana. "The Social Heart: Energy Fields and Consciousness". Boulder Creek (Califórnia), HeartMath Research Center Bulletin, Institute of HeartMath, 2004.

Mead, Margaret: *Coming of Age in Samoa: A Study of Adolescence and Sex in Primitive Societies*. Nova York, Penguin, 1965.

Montanaro, Sylvana Quattracchi: *Understanding the Human Being: The Importance of the First Three Years*. Mountain View (Califórnia), Montessori, 1991.

Montessori, Maria. *The Absorbent Mind*. Madras (Índia), Kalakshetra Press, 1992.

Narby, Jeremy. *The Cosmic Serpent: DNA and the Origin of Knowledge*. Nova York, Tarcher/Putnam, 1998.

Nemerov, Howard: *The Selected Poetry*. Org. por Daniel Anderson. Athens (Ohio), University of Ohio Press, 2003.

Nichol, Lee (org.). *The Essential David Bohm*. Nova York, Routledge, 2003.

Nicolescue, Basarab: *Science, Meaning, and Evolution: The Cosmology of Jacob Boehme*. Nova York, Parabola Books, 1991.

Odent, Michel: *The Scientification of Love*. Londres, Free Association Books, 1999.

Pagels, Elaine. *The Gnostic Gospels*. Nova York, Random House, 1979.

———. *The Gnostic Paul*. Filadélfia, Trinity Press International, 1992.

———. *The Origin of Satan*. Nova York, Random House, 1995.

Prescott, James W. *The Origins of Human Love and Violence*. The Societal Impact. Monografia apresentada pelo Institute of Humanistic Science no Congresso Internacional da Associação de Psicologia e Saúde Pré- e Perinatais.

Roberts, Bernadette: *The Contemplative: Autobiography of the Early Years*. Manuscrito digitalizado disponível somente no endereço http://bernadettesfriends.blogspot.com/.

———. *What Is Self? A Study of the Spiritual Journey in Terms of Consciousness*. Austin (Texas), Goens, 1989.

Sardello, Robert. *Love and the World: Conscious Soul Practice*. Great Barrington (Massachusetts), Lindisfarne Books, 2001.

———. *Silence*. Benson (Carolina do Norte), Goldenstone Press, 2006.

Schore, Allan: *Affect Regulation and the Origin of Self: The Neurobiology of Emotional Development*. Mahwah (New Jersey), Lawrence Erlbaum Associates, 1994.

———. "The Experience-Dependent Maturation of a Regulatory System in the Orbital, Prefrontal Cortex and the Origin of Developmental Psychopathology". *Development and Psychopathology* 8 (1996), pp. 55-87.

Schurman, Reiner (trad.). *Wandering Joy: Meister Eckhpart's Mystical Philosophy.* Great Barrington (Massachusetts), Lindisfarne Books, 2001.

Segal, Suzanne: *Collision with the Infinite: Life beyond the Personal Self.* San Diego, Blue Dove Press, 1996.

Sheldrake, Rupert: *A New Science of Life.* Rochester (Vermont), Park Street Press, 1995.

———. *Dogs That Know When Their Masters Are Coming Home and Other Unexplained Powers of Animals.* Nova York, Three Rivers Press, 1999.

———. *The Sense of Being Stared At.* Nova York, Crown, 2003. [*A Sensação de Estar Sendo Observado e Outros Aspectos da Mente Expandida*, publicado pela Editora Cultrix, São Paulo, 2004.]

Tiller, William; Dibble Jr., Walter E. e Kohane, Michael J. "Exploring Robust Interactions Between Human Intention and Inanimate/Animate Systems". Monografia apresentada no simpósio "Toward a Science of Consciousness: Fundamental Approaches", 25 a 28 de maio de 1999, United Nations University, Tóquio, Japão.

Velmans, Max: *Understanding Consciousness.* Londres, Routledge, 2000.

Williamson, G. Scott e Pearse, Innes. *Science, Synthesis and Sanity: An Enquiry into the Nature of Living.* Edimburgo, Scottish Academic Press, 1980.

Wilson, Frank: *The Hand: How Its Use Shapes the Brain, Language and Human Culture.* Nova York, Knopf, 1999.